WAS FEHLT DER EVANGELISCHEN KIRCHE?

RALF FRISCH

WAS FEHLT DER EVANGELISCHEN KIRCHE?

Reformatorische Denkanstöße

EVANGELISCHE VERLAGSANSTALT
Leipzig

Ralf Frisch, Dr. theol., Jahrgang 1968, ist Professor für Systematische Theologie und Philosophie an der Evangelischen Hochschule Nürnberg, Theologischer Referent der Landessynode der Evangelisch-Lutherischen Kirche in Bayern und Dozent am Zentralinstitut studium plus der Universität der Bundeswehr München. Besonders am Herzen liegen ihm die Grundfragen des Glaubens und ihre Vergegenwärtigung, der Dialog zwischen Theologie und Naturwissenschaft sowie die bildende Kunst der Moderne.

Bibliographische Information der Deutschen Nationalbibliothek:
Die Deutsche Nationalbibliothek verzeichnet diese Publikation in der Deutschen Nationalbibliographie; detaillierte bibliographische Daten sind im Internet über http://dnb.dnb.de abrufbar.

© 2017 by Evangelische Verlagsanstalt GmbH · Leipzig
Printed in Germany

Das Buch wurde auf alterungsbeständigem Papier gedruckt.

Gesamtgestaltung: Makena Plangrafik, Leipzig
Coverbild: Margarethe Kollmer, imitating the inside of your eyes with the outside of my hand, © Margarethe Kollmer
Druck und Binden: druckhaus köthen GmbH & Co. KG

ISBN 978-3-374-05030-7
www.eva-leipzig.de

Für
Annekathrin Preidel
und die Weggefährten

Wir sind es doch nicht, die da könnten die Kirche erhalten, unsere Vorfahren sind es auch nicht gewesen, unsere Nachkommen werden es auch nicht sein. Sondern der ist es gewesen, ist noch, wird es sein, der da spricht: »Ich bin bei euch bis an der Welt Ende.«

Martin Luther

Wenn schon die Illusion im Leben der Menschen eine so große Macht hat, dass sie das Leben in Gang hält, wie groß ist dann erst die Macht, die eine absolut begründete Hoffnung für das Leben hat, und wie unbesiegbar ist so ein Leben.

Dietrich Bonhoeffer

VORBEMERKUNG

Ich lehne mich mit diesem Buch weit aus dem Fenster. Das ist riskant, weil jemand, der sich weit aus dem Fenster lehnt, leicht das Gleichgewicht verlieren kann. Es ist aber auch erfrischend, weil nicht drin, sondern nur draußen die frische Luft weht, die Körper und Geist neuen Sauerstoff zuführt.

Der Theologe Karl Barth (1886–1968) sah die Gefahr, dass es in den Räumen der Kirche, wenn diese nicht gelegentlich durch reformatorisches Denken gelüftet werden, »zu muffeln« beginnt. »Wer«, so Barth, »eine feine Nase hat, der wird das riechen und schrecklich finden!« Im Christentum »weht die frische Luft des Geistes. Sonst ist es nicht Christentum. Es ist eine ganz und gar ›weltliche‹ Sache: offen zur Menschheit hin ... Man kann wohl oft einen Ekel bekommen vor dem ganzen kirchlichen Wesen. Wer diese Beklemmung nicht kennt, wer sich einfach wohl fühlt in den Kirchenmauern, der hat die eigentliche Dynamik dieser Sache bestimmt noch nicht gesehen. Man kann in der Kirche nur wie ein Vogel im Käfig sein, der immer wieder gegen die Gitter stößt.«[1] – Oder man kann ein Fenster öffnen, tief Luft holen und mit klarem Kopf und leidenschaftlichem Herzen über Gott und die Welt und die Kirche nachdenken. Das habe ich in diesem Buch, das ein sehr persönliches Buch ist, getan. Ich habe dabei kein Blatt vor den Mund genommen. Weil ich es

---

[1] Karl Barth, Dogmatik im Grundriss, Zürich, 7. Aufl. 1987, 172.

zwischendurch mit der Angst bekam, ob ich das, was ich geschrieben hatte, wirklich so schreiben sollte, war ich mehr als einmal versucht, das Ganze aufgrund der zu erwartenden Kritik an meiner Kirchenkritik sein zu lassen.

Zwei starke Frauen haben mich ermutigt, das Buch trotz meiner Skrupel zu veröffentlichen: Dr. Annette Weidhas, die Programm- und Verlagsleiterin der Evangelischen Verlagsanstalt Leipzig, und Dr. Annekathrin Preidel, die Präsidentin der Landessynode der Evangelisch-Lutherischen Kirche in Bayern. Annette Weidhas danke ich für ihr unbestechliches Lektorat, für ihr weitherziges Vertrauen und für ihr weises Einschreiten, wenn ich es zu bunt trieb. Annekathrin Preidel danke ich dafür, dass sie nie an diesem Buch gezweifelt hat. Ihr und den Weggefährten in der Kirchenleitung der Evangelisch-Lutherischen Kirche in Bayern, die eine höchst vitale, intellektuell und spirituell quicklebendige Widerlegung aller kirchenkritischen Thesen der folgenden Seiten darstellen, widme ich, was ich geschrieben habe.

Mein Buch hätte nicht die von mir gewünschte Gestalt gewonnen, wenn mir nicht Anne Grabmann, die Leiterin Buchherstellung der Evangelischen Verlagsanstalt, nahezu jeden Design- und Layoutwunsch erfüllt und wenn mir die Künstlerin Margarethe Kollmer nicht in letzter Minute einen Filmstill für das Cover zur Verfügung gestellt hätte. Danke!

Prof. Dr. Ralf Frisch
Erlangen, im Mai 2017

INHALT

1. DAS ERSTE WORT: Liebe

Ich habe dieses Buch aus Liebe zur evangelischen Kirche und aus Liebe zum christlichen Glauben geschrieben. Diese Liebe ist eine glückliche Liebe. Denn die evangelische Kirche in Deutschland ist liebenswert. Sie ist in guten Händen. Hinter ihr stehen kluge Köpfe. In ihr schlagen weite Herzen. Viele Menschen auf diesem Globus beneiden den deutschen Protestantismus um seine Möglichkeiten, um seine Infrastruktur, um sein haupt-, neben- und ehrenamtliches Personal, um seine Mittel, um seine pastorale und theologische Professionalität, um seine Privilegien, um seinen Einfluss und um seine große Vergangenheit. Deutschland ist das Mutterland der Reformation. Die evangelische Kirche in Deutschland hat Substanz.

Dennoch kehren ihr immer mehr Menschen den Rücken. Die Zahl der Kirchenaustritte in Deutschland ist hoch. Viele Gottesdienste sind gespenstisch schlecht besucht. Woran liegt das? Liegt es am immer selbstverständlicher werdenden Atheismus und am viel beklagten Traditionsabbruch unserer ehedem christlichen Gesellschaft? Aber warum wenden sich dann auch Menschen, die sich als Christen verstehen, von der Kirche ab? Lieben sie, die ihren Glauben und Gott lieben, ihre Kirche nicht mehr? Sagt und gibt ihnen die Institution Volkskirche nichts? Ist sie nichtssagend, weil sie in ihr keine spirituelle Erfüllung finden, die sie dann anderswo suchen – etwa in Freikirchen oder jenseits der organisierten Kirche? Und falls dem so sein sollte: muss man es einfach hinnehmen, dass Christentum und Volkskirchlichkeit in der Moderne auseinanderdriften und dass es eben der Geist unserer Zeit ist, dass sich religiös ansprechbare Menschen als selbstbestimmte »Drifter« verstehen und die Bereitschaft, sich lebenslang an eine Institution oder eine Organisation zu binden, schlicht nachlässt? Oder liegt es an der Kirche selbst, dass sich immer mehr Menschen nicht mehr mit ihr identifizieren können? Ist die Kirche vielleicht kein Ort mehr, an dem Menschen die Erfahrung der Gegenwart des Heiligen machen können? Steht die Kirche nicht mehr zu ihren religiösen Inhalten? Ist sie religionsvergessen? Ist sie gar gottesvergessen? Und kreiden ihr die Menschen genau dies an, weil sie sich wünschen, dass die Kirche das ist, was sie eigentlich sein sollte: ein Ort der Begegnung mit dem Göttlichen?

Es gibt unzählige Studien, die das Phänomen der Entkirchlichung aus unterschiedlichsten Perspektiven beleuchten und unterschiedliche Gründe dafür suchen und finden, warum sich Menschen von der sichtbaren Institution Kirche distanzieren oder nie auf die Idee kämen, sich für die Kirche zu interessieren. Ich könnte auf den folgenden Seiten all diese Analysen präsentieren und in der dritten Person Singular oder Plural, also aus der Außenperspektive, eine Antwort oder viele Antworten auf all die soeben gestellten Fragen finden. Aber ich wähle einen anderen Weg – den heikleren und riskanteren, weil unweigerlich subjektiveren Weg der ersten Person Singular. Ich frage mich, warum ich – theologischer Hochschullehrer und theologischer Begleiter und Referent der Leitung dieser Kirche – selbst nicht nur glücklich, sondern auch unglücklich in meine Kirche verliebt und von der real existierenden Kirche enttäuscht bin. Woran liegt es, dass ich mich in der Kirche keineswegs wie ein Vogel im Käfig, sondern zu Hause fühle und in keiner anderen Institution arbeiten möchte, aber mich zugleich aus tiefstem Herzen nach einer anderen evangelischen Kirche sehne? Was trübt meine Liebe? Und was müsste geschehen, dass ich wieder ungetrübt glücklich in diese Kirche verliebt wäre und mir nichts mehr von ihr und in ihr zu wünschen übrig bliebe?

Dieses Buch in der ersten Person Singular ist eine Liebeserklärung an den christlichen Glauben und eine Liebeserklärung an die evangelische Kirche. Zugleich ist es Ausdruck einer enttäuschten Liebe. Aber ich gebe die Hoffnung nicht auf, dass ich eines Tages doch noch mein Glück just in jener Kirche finde, in die ich manchmal so unglücklich verliebt und von der ich manchmal so enttäuscht bin. Ich halte es mit dem Osterlied[2] von Paul Gerhardt (1607–1676): »Die Trübsal trübt mir nicht / mein Herz und Angesicht.« Und ich halte es mit dem Philosophen Theodor W. Adorno (1903–1969), der schrieb: »(D)er Schritt aus Trauer in Trost ist nicht der größte, sondern der kleinste.«[3] Gewiss hat auch Jochen Klepper (1903–1942) Recht, dessen berühmtes Adventslied mit dem Vers beginnt: »Die Nacht ist vorgedrungen, / der Tag ist nicht mehr fern.«[4] – Es gibt also Hoffnung. Zweifellos. Und sie ist begründet. Denn die evangelische Kirche hat ungeheure Ressourcen.

---

[2] Evangelisches Gesangbuch, Ausgabe für die Evangelisch-Lutherischen Kirchen in Bayern und Thüringen, München 1994, 225.

[3] Theodor W. Adorno, Kierkegaard. Konstruktion des Ästhetischen, Gesammelte Schriften Bd. 2, hrsg. v. Rolf Tiedemann, Frankfurt am Main 1979, 200.

[4] Evangelisches Gesangbuch, a. a. O., 52.

Weil ich glaube, dass Enttäuschung, Schmerz und Selbsterkenntnis die ersten Schritte auf dem Weg der Besserung sein können, habe ich dieses Buch geschrieben. Und ich würde mich freuen, wenn es für Sie, die Sie es lesen, weil Sie noch eine Rechnung mit der Kirche offen und mit ihr noch nicht abgeschlossen haben, zu einem Denkanstoß der Inspiration wird. Geben Sie die Hoffnung nicht auf und lassen Sie sich, wenn Sie wie ich von der evangelischen Kirche gelegentlich gelinde oder gehörig enttäuscht sein sollten, von dieser Enttäuschung nicht davon abhalten, der Kirche der Reformation treu zu bleiben und sie im Geist Jesu Christi gemeinsam mit Anderen so zu gestalten, dass sie als reformatorische Kirche kenntlich ist und bleibt!

2. SELBSTKRITIK:
Eine reformatorische Tugend

Dass evangelische Christen und Christinnen von der Kirche enttäuscht sind und sie kritisieren, weil sie ihnen am Herzen liegt – und nicht etwa, weil sie den christlichen Glauben und die christliche Kirche an sich verachten –, ist weder verwunderlich noch skandalös, noch sollte es ein Tabu sein. Es sind Menschen, die die Kirche verkörpern und ihre Inhalte transportieren. Menschen können Großartiges bewirken. Sie können aber auch Fehler machen und sich irren: etwa so, wie bei dem bekannten Kindergeburtstagsspiel »Stille Post«, das uns lehrt, dass nach vielen Stationen leiser Mund-zu-Ohr-Kommunikation am Ende ein anderes Wort ankommen kann als das Wort, das am Anfang eingeflüstert wurde. Was in einer bestimmten Phase der kirchlichen Überlieferungsgeschichte kommuniziert wird, kann aus unterschiedlichsten Gründen nicht das sein, was ursprünglich kommuniziert wurde oder kommuniziert werden sollte.

Die Erkenntnis, dass die römisch-katholische Kirche einer bestimmten historischen Gegenwart nicht der ursprünglichen Idee von Kirche entsprach, aber sich dieser Sinn zurückgewinnen ließ, stand am Anfang der Reformation der Kirche des 16. Jahrhunderts. Sie war gewissermaßen die Urerkenntnis des Protestantismus. Die Reformatoren hatten jedoch eine hohe Hürde zu nehmen. Denn war die Kirche nicht heilig? Waren ihre Päpste, Bischöfe, Synoden und Priester nicht unantastbar, weil sie ja doch Heilsmittler und nicht einfach nur Menschen, sondern gleichsam gottmenschliche Zwischenwesen waren? Der Blick ins Neue Testament zeigte den Reformatoren – allen voran Martin Luther (1483–1546) – allerdings, dass kein Mensch mehr als ein Mensch und dass der einzige Heilsmittler Christus ist. Die Tatsache, dass das Apostolische Glaubensbekenntnis die Kirche als heilige Kirche bekennt, bedeutet aus Luthers Sicht weder, dass die Kirche zwischen Mensch und Gott steht und am Nadelöhr des heilsspendenden Priesters niemand vorbei kommt, noch, dass sie aus theologisch, spirituell und moralisch vollkommenen Menschen besteht. Die Kirche – so die Reformatoren – ist allein deshalb eine Gemeinschaft der Heiligen, weil sie eine Gemeinschaft der Geheiligten ist. Alle Getauften sind Priester, weil der Geist Christi, des Herrn der Kirche, in ihnen lebendig ist und in ihnen Gestalt gewinnt. In der Kirche, dem Leib Christi, wird dies bezeugt und erfahrbar. Und weil vor Gott alle Menschen gleich, weil alle Menschen Menschen sind und weil alle Menschen allein aufgrund der Gnade und der Barmherzigkeit Gottes leben, können – so Martin Luther – Päpste, Synoden und Bischöfe irren. Sie sind nicht unfehlbar, weil sie nicht Gott, sondern fehlbare Menschen sind. Und so gibt es denn keinen theologischen Grund dafür, dass sich gerade die evangelische Kirche, die sich auf Martin Luther beruft und deren Lebenselement die Inspiration und Vergebung ihres Herrn Jesu Christi ist, für fehlerlos halten wollen und mit theologischer Selbstkritik Schwierigkeiten haben sollte. Gerade den Reformatoren, die die Kirche ihres Herrn Jesu Christi liebten, war es darum zu tun, dass sich die Kirche reformwillig und reformfähig zeigen muss, wenn dies um Christi willen geboten und an der Zeit ist. Dieses aus Liebe geborene und theologisch motivierte Reformationswollen war der Motor der Reformationen des 16. Jahrhunderts, und mit dem Slogan »*Ecclesia semper reformanda!*« erklärte die reformatorische Kirche ihre ständige Reformationsbereitschaft geradezu zu ihrem Prinzip. Die evangelische Kirche kann und darf also kein Interesse daran haben, die Augen vor den Dingen zu verschließen, die es zu verändern und zu reformieren gilt, wenn sie wirklich Kirche Jesu Christi bleiben will. Wer aber die Augen wirklich offen hält, muss unter Umständen auch bereit sein, radikale Konsequenzen in den Blick zu nehmen.

Weil die Institution Kirche aus evangelischer Sicht keine Heilsmittlerin ist, es also nicht Priester sind, die dafür sorgen, dass Gott uns Menschen gewogen bleibt, hat der Protestantismus die Herausbildung von Frömmigkeiten begünstigt, die – überspitzt formuliert – ihr Heil in der Flucht aus der Kirche oder schlicht unabhängig von der Kirche suchten und möglicherweise sogar fanden und bis heute finden. Wenn man Luthers Einsicht der Gottesunmittelbarkeit jedes und jeder Einzelnen und seine Kritik der Heilsmittlerschaft der Institution Kirche ernstnimmt, kann und darf man diese Kirchenflucht eigentlich nicht beklagen oder muss zumindest damit leben, dass das, was die Kirche evangelisch macht, die sichtbare Kirche zum Verschwinden bringt. »Die prekäre Balance aus Zugehörigkeit und Desinteresse schädigt die Institution, aber sie zählt zu den Phänomenen, die der deutsche Protestantismus nicht los wird, weil er sie selbst produziert. Denn der protestantische Glaube bestimmt sein Verhältnis zu Gott nun einmal nicht aufgrund seines Verhältnisses zur Kirche, sondern geht den

Weg sekundärer Institutionalisierung.«[5] Bereits in dieser Beobachtung zeigt sich, dass das seit Jahrhunderten evangelischerseits befürchtete und durch eine zunehmende Zahl von Kirchenaustritten derzeit womöglich beschleunigte Ende der Institution Volkskirche dem Protestantismus gewissermaßen im Blut liegt. Dass es auch evangelisch sein könnte, dass es die Institution Kirche irgendwann nicht mehr gibt und die Volkskirche aus protestantischen Gründen zugrundegeht, ist die Crux des reformatorischen Protestantismus. Jedes Nachdenken über die Zukunft der evangelischen Kirche, das mit dem Gedanken einer erneuerten Kirche spielt, steht daher auch vor der Herausforderung, sich immer wieder mutig bewusst zu machen, dass das Ende der Volkskirche, wie wir sie heute in Deutschland erleben, keine Katastrophe wäre, ja sogar ein Zeichen dafür sein könnte, dass es in unserer Gesellschaft auch andere Akteure gibt, die das, wofür die evangelische Kirche steht, auf ihre Weise und vielleicht sogar besser erfüllen. Was man Säkularisierung nennt, muss mitnichten das Vergessen des Christlichen sein. Es könnte auch seine Verwirklichung im nichtchristlichen oder sogar nichtreligiösen Gewand sein. Wer die Kirche, wie sie ist, kritisiert, sollte dies also nicht allein deshalb tun, weil er oder sie will, dass diese Kirche um jeden Preis – und sei es um den Preis ihrer geistlichen und theologischen Substanz – in irgendeiner vertrauten institutionellen Form weiterexistiert.

---

[5] So Michael Moxter, In beweglichen Grenzen. Die Mitglieder und ihre Kirche in: Weltsichten, Kirchenbindung, Lebensstile. Vierte EKD-Erhebung über Kirchenmitgliedschaft, Hannover 2003, 76.

So schwer es fällt, sich von liebgewonnenen Formen von Kirche zu verabschieden, so sehr könnte es also gerade reformatorisch geboten sein, den Gedanken eines solchen Abschiedes nicht zu tabuisieren, um geistig und geistlich wirklich frei und wirklich evangelisch zu bleiben. Das Gedenken der Reformation darf jedenfalls kein Festhalten an der Vergangenheit, es muss eine Erinnerung an die Zukunft sein. Oder – pathetischer und in Abwandlung eines dem Komponisten Gustav Mahler (1860–1911) zugeschriebenen Zitats formuliert: Reformation ist Bewahrung des Feuers, nicht Anbetung der Asche. Dass das Wort »Asche« umgangssprachlich auch als Bezeichnung für Geld verwendet wird, steht auf einem anderen Blatt. Diese Bedeutung muss an dieser Stelle nicht unbedingt mitgehört werden. Es schadet aber andererseits auch nicht, sie mitzuhören.

Um nach dem Ende der Reformationsjubiläumseuphorie des Jahres 2017 nicht verkatert aufzuwachen und in den Jahren danach kein blaues oder graues Wunder zu erleben, darf und muss man also einen kritischen Blick auf die Kirche der Gegenwart werfen und fragen, wie es um die Zukunft des deutschen Protestantismus nach 2017 bestellt sein könnte und sollte. Wenn dieser kritische Blick der Blick eines Menschen ist, der seine evangelische Kirche liebt und sie keineswegs in Grund und Boden kritisieren will, sondern von Herzen evangelischer Christ und Diener seiner Kirche ist, dann ist diese Kritik womöglich umso sachdienlicher, umso glaubensdienlicher und umso kirchendienlicher.

Aber warum bin ich von der deutschen evangelischen Kirche enttäuscht? Welche Gefahren könnten ihr drohen? Welche Weichenstellungen könnten sie gefährden?

Was sollte in der evangelischen Kirche anders werden? Und warum? Was fehlt der evangelischen Kirche?

Das Nachdenken über diese Fragen ist mein Beitrag, Verantwortung für eine reformatorische Kirche der Zukunft zu übernehmen.

3. RELIGION:
Berauschende Bewusstseinserweiterung

In unserer Gegenwart pflegen viele Menschen ihre christliche Religiosität in unterschiedlichsten Facetten und Schattierungen auch außerhalb der Kirche. Dennoch ist und bleibt die Kirche der sichtbarste Ort, an dem die christliche Religion kommuniziert wird. Ebenso wie der Mensch und ebenso wie die Kirche ist auch die Religion eine durchwachsene Angelegenheit. Religiöse Gefühle können durchaus gemischte Gefühle sein. Die Brille des Glaubens taucht – auch, wenn manche sich dies wünschen und genau deshalb religiös sind – nicht alles in ein rosarotes Licht. Religion kann uns Trost, Geborgenheit und tiefe Gelassenheit spenden. Aber sie ist kein Opium des Volkes. Und auch die Volkskirche ist nicht das Opium des Volkes. Sie erfüllt – jedenfalls aus evangelischer Sicht – nicht die Funktion, Menschen mit Morphinschwaden in ein Jenseits ihres Alltagsbewusstseins zu versetzen und wegdämmern zu lassen. – Oder doch?

Ich will im Folgenden zumindest mit dem Gedanken spielen, dass sich die christliche Theologie die Religionskritik des Philosophen Karl Marx (1818–1883) vielleicht zu unhinterfragt zu eigen gemacht und die bewusstseinserweiternden und berauschenden Wirkungen der Religion vergessen haben könnte. Es war bekanntlich Marx, der Religion als Opium interpretierte, dessen Konsum soziale und politische Veränderung verhindere, weil es den Menschen ruhig stelle, ihn sich bis zu seiner Befreiung am Sankt-Nimmerleinstag ins gesellschaftliche Jammertal füge lasse und ihn am revolutionären, gesellschaftsverändernden Handeln hindere. Die absolutistischen Preußenkönige konnten nach dem Motto »Brot, Spiele und Religion« nicht genug von Pfarrern bekommen, die die Untertanen bei Laune hielten und auf das Jenseits vertrösteten, damit sie ja nicht auf die Idee kämen, dieses Jenseits schon im Diesseits zu verwirklichen und etwas an ihrer sozialen Lage ändern zu wollen. Ein solches Verständnis von Religion hielt Marx für fatal. Ihm zufolge gilt es vielmehr, das sozialrevolutionäre Potenzial des jüdisch-christlichen Glaubens politisch, ökonomisch und gesellschaftlich so zu verwirklichen, dass das Seufzen der Kreatur verstummt und dass es keiner religiösen Vertröstung auf ein jenseitiges Reich Gottes und infolgedessen überhaupt keiner Religion mehr bedarf. Nach der Revolution aller gesellschaftlichen Verhältnisse muss, so Marx, der Mensch kein religiöses Opium mehr konsumieren, weil das, worüber er seufzt und was der christliche Glaube ersehnt, verwirklichte gesellschaftliche Realität ist.

Marx notierte zwischen den Jahren 1843 und 1844 folgende berühmt gewordenen Sätze: »Der Kampf gegen die Religion ist also mittelbar der Kampf gegen jene Welt, deren geistiges Aroma die Religion ist. Das *religiöse* Elend ist in einem der *Ausdruck* des wirklichen Elendes und in einem die *Protestation* gegen das wirkliche Elend. Die Religion ist der Seufzer der bedrängten Kreatur, das Gemüt einer herzlosen Welt, wie sie der Geist geistloser Zustände ist. Sie ist das *Opium* des Volkes. Die Aufhebung der Religion als des *illusorischen* Glücks des Volkes ist die Forderung seines *wirklichen* Glücks. Die Forderung, die Illusionen über einen Zustand aufzugeben, ist die *Forderung, einen Zustand aufzugeben, der der Illusionen bedarf.* Die Kritik der Religion ist also im Keim die *Kritik des Jammertales,* dessen *Heiligenschein* die Religion ist.«[6]

Hat Karl Marx etwas Wesentliches und Wahres erkannt und sich zugleich am Ende grundlegend getäuscht? Hatte er Recht, als er die Religion Opium des Volkes nannte? Und hatte er Unrecht, als er forderte, man müsse dem Volk dieses Opium rauben, das Proletariat auf die Barrikaden treiben und dazu nötigen, für einen Zustand zu kämpfen, in dem es sich nicht mehr nach Opium sehnt? Hatte er Unrecht, weil das Volk eben – auch, wenn es ihm den Verstand trübt und es dumpfsinnig macht – lieber Opium konsumiert, statt Revolution zu machen? Wenn dem so sein sollte, dann täuscht sich aber die evangelische Kirche genauso wie Karl Marx, wenn sie meint, ihr Auftrag bestehe ausschließlich darin, Anwältin gesellschaftlicher und politischer Zustände zu sein, in welchen Religion, weil ihre Ideen verwirklicht sind, nicht mehr notwendig ist. Die evangelische Kirche täuscht sich, wenn sie meint, ihr Auftrag bestehe weniger in religiöser, sondern vielmehr in politischer Bewusstseinsbildung. Könnte es sein, dass das Problem des gegenwärtigen Protestantismus darin liegt, dass er die marxistische Religionskritik so verinnerlicht und so als Wesenszug der Kirche äußerlich sichtbar gemacht hat, dass Religion in der evangelischen Kirche zum Bedauern vieler religionssehnsüchtiger Christen und Nichtchristen kein Thema mehr ist und kei-

---

[6] Karl Marx, Zur Kritik der Hegelschen Rechtsphilosophie. Einleitung, Karl Marx/Friedrich Engels, Werke Bd. 1, Ost-Berlin 1976, 378–391, dort 378f.

nen selbstständigen Ort neben Politik, Sozialromantik, Ökonomiekritik, politischer Bildung und Ethik mehr hat? Wenn dies stimmt, dann wäre das fatal. Denn einer Kirche, die sich nicht mehr an der Religion berauscht und die ihr Trost- und Spiritualitätspotenzial geringschätzt, weil sie meint, das Heil allein durch Pädagogisierung und sozioökonomische Systemveränderung erzwingen zu können, ist ihr Lebenselixier abhanden gekommen[7]. Politik, Pädagogik, soziale Arbeit und Ökonomiekritik können Religion nie und nimmer ersetzen. So sehr Religion zweifellos eine soziale, eine politische und eine ökonomiekritische Dimension hat, so sehr sollte sich das institutionalisierte Christentum davor hüten, in sozialer Arbeit, Politik und Ökonomiekritik aufgehen und sich darin erschöpfen zu wollen. Kirche ohne Religion, ohne metaphysischen Anspruch und ohne den Glauben an die Wahrheit Gottes ist blutleer und kann keine Antworten mehr auf die letzten Fragen des Lebens geben.

Ich plädiere also nachdrücklich dafür, dass die evangelische Kirche wieder zu einem Ort wird, an dem ernstgenommen und sichtbar wird, dass – wie es in Johannes 18,36 heißt – Jesu Reich nicht von dieser Welt ist. Christen haben den Auftrag, zum Guten zu ändern, was zum Guten zu ändern ist. Sie müssen sich aber darüber im Klaren bleiben, dass dies immer nur punktuell und vorläufig geschehen kann. Niemals werden sie die Ursachen von Leid und Trauer abschaffen und alle Tränen von allen Augen abwischen können. Sie sind nicht Christus selbst. Und das, was Christen »Sünde« nennen, wird aus den Erfahrungsräu-

---

[7] Siehe dazu auch Jörg Lauster, Der ewige Protest. Reformation als Prinzip, München 2017.

men dieser Welt ebensowenig verschwinden wie Glaube, Liebe und Hoffnung. Denn in ihnen kommt zum Vor-Schein, dass die Welt nicht das Reich Gottes ist und dass sie sich auch nicht aus eigener Kraft in das Reich Gottes verwandeln kann. Auch die Kirche ist nicht das Reich Gottes – selbst jene Kirche nicht, in die ich ungetrübt glücklich verliebt wäre.

Wenn die evangelischen Kirchen in Deutschland dennoch mit dem Status quo nicht zufrieden wären, sondern zu Orten des Vor-Scheins einer ganz anderen Wirklichkeit werden wollten, müssten sie ihre spirituellen Wurzeln freilegen und ein neues Gefühl dafür gewinnen, dass der christliche Glaube ein Medium des Kontakts zu den letzten Dingen und zu den Tiefenschichten des menschlichen Daseins ist und nicht nur eine religiöse Gestalt der sozialen, politischen und moralischen Verbesserung der Lebensumstände von Menschen.[8] Keine Revolution wird das Seufzen der Kreatur je verstummen lassen. Denn viele Menschen sehnen sich nach mehr als nach einer Gesellschaft, in der ihre materiellen Bedürfnisse erfüllt sind. Es ist eben nicht wahr, dass nur jene Menschen die Sinnfrage stellen, die kein leiblich oder seelisch erfülltes Leben führen – so sehr es auch wahr ist, dass keineswegs alle Menschen die Sinnfrage stellen und sich nach Spiritualität sehnen.

Religion ist mehr als der Schrei nach diesseitiger Erfüllung. Sie ist mehr als Ethik. Sie stellt uns vor letzte Fragen: Wer sind wir? Woher kommen wir? Wozu sind wir da? Was ist der Mensch? Was ist der Sinn des Ganzen? Gibt es Gott? – Es kann einem schwindlig werden, wenn

---

[8] Siehe dazu Hans Joas, Kirche als Moralagentur?, München 2016.

man diese Fragen meditiert – auch in einer vermeintlich aufgeklärten Welt. Die Suche nach Antworten auf diese sogenannten metaphysischen Fragen, auf die uns die Naturwissenschaften keine Antworten geben können, kann aber auch berauschend sein. Das muss allerdings nicht heißen, dass Religion und Metaphysik uns den Blick und den Sinn für die Tiefenschärfe der Wirklichkeit trüben oder gar vernebeln. Im Gegenteil: sie erweitern unser Bewusstsein.

Den Geistlichen unserer Kirche wächst, wenn Religion im kirchlichen Raum tatsächlich eines Tages wieder als eine im besten Sinne bewusstseinserweiternde Droge wirken sollte, eine hohe Verantwortung zu. Sie müssten nämlich zu spirituellen Mentoren, Mediatoren und Tutoren werden – mit anderen Worten: zu guten Hirten und Hirtinnen.

So sehr das Evangelium Jesu Christi nüchtern macht für eine illusionslose Wahrnehmung realer Unterdrückungs-, Ungerechtigkeits- und Benachteiligungsverhältnisse und eine ungeheuere ethische Energie zur Veränderung dieser Verhältnisse freisetzt, so sehr kann es uns allein dadurch begeistern und berauschen, weil es uns den letzten Sinn und das letzte Geheimnis des Seins offenbart. Das Evangelium entrückt, wenn wir es wirklich als Offenbarung des Geheimnisses Gottes und der Welt ernstnehmen, unser Bewusstsein den Normativitäten, Gravitationskräften und Wirklichkeitswahrnehmungsweisen der Alltagserfahrung und führt uns in die Tiefe der Dinge. Das Evangelium schläfert uns also nicht ein. Es schärft unsere Wahrnehmung. Unser durch das Evangelium tiefengeschärfter Blick bohrt Löcher in den Boden der Tatsachen und sprengt Öffnungen in die Wände des Tunnels, der so oft unseren Blick verengt. Das Evangelium hat, wo es Menschen unbedingt angeht, eine ekstatische Wirkung, die unseren Horizont auf ungeahnte Weise erweitert und uns Gott und die Welt neu sehen lässt.

Der Theologe und Religionsphilosoph Paul Tillich (1886–1965) beschrieb »den Zustand des Offenbarungsempfangs als Ekstase, also als Außersichsein der Vernunft, die nur in dieser Ausnahmesituation Einblick in die letzten Tiefen des Seins und in seinen göttlichen Grund und Abgrund erhält. Man kann die ekstatische Vernunft als geheiligte, emporgehobene, erleuchtete und auratische Vernunft bezeichnen«[9]. Wenn dies stimmt, dann gibt es tatsächlich eine symbolische Analogie zwischen Religion und bewusstseinserweiternden Drogen. Es wird dann aber auch deutlich, dass der Vergleich der religiösen Erfahrung mit der Erfahrung des Opiumrausches nicht ins Schwarze trifft. Denn Opium wirkt einschläfernd. Es lässt uns die Realität gerade nicht deutlicher und klarer wahrnehmen, sondern lähmt Körper und Geist. Ich müsste mich also nach einer anderen Art von Droge umsehen, wenn es mir um die Beschreibung von religiöser und metaphysischer Erfahrung als Ekstase geht. Wie soll ich sie nennen? Theophilium vielleicht?

Und doch: ich halte daran fest, dass Religion auch eine anästhesierende und beruhigende Wirkung haben muss. Da gerade die entscheidenden Probleme im Leben des Menschen sich nicht durch politische, soziale, ethische, medizinische und technologische Aktivitäten und Errungenschaften und auch durch materielles Glück und Geld

---

[9] Siehe Ralf Frisch, Was können wir glauben? Eine Erinnerung an Gott und den Menschen, Stuttgart 2017, 280.

nicht aus der Welt schaffen lassen, weil Geld nur glücklich macht, wenn man schon glücklich ist, braucht es metaphysische Tranquillizer, um angesichts der Unbilden der Welt nicht wahnsinnig zu werden. Der Glaube an einen Gott, der uns trägt und aus dessen Barmherzigkeit und Liebe wir nicht ins Nichts fallen können, ist ein solcher Tranquillizer. Er macht uns, wenn das Leben, wie es ist, nicht zu ändern ist, gelassen und befreit uns von der Sorge, die uns das Leben nimmt. Er ist also in der Tat Opium des Volkes. Der Weihrauch könnte ein sinnlich wahrnehmbares Symbol dafür sein, wäre er nicht – vorgeblich aus opfertheologischen Gründen – aus den Kirchenräumen des Protestantismus verbannt.

Der britische Arzt Thomas Sydenham (1624–1689), Vater der englischen Medizin und leidenschaftlicher Puritaner, beschrieb im 17. Jahrhundert die Wirkung des Opiums, das er ungeachtet seiner Nebenwirkungen als Geschenk Gottes bezeichnete, wie folgt: »Von allen Arzneien, die Gott der Allmächtige dem Menschen zu geben beliebt hat, um seine Leiden zu lindern, ist keine so universal und so wirksam wie das Opium.«[10] Wahre christliche Spiritualität wird in einer beunruhigten, auf die abschüssige Bahn geratenen, aufwühlenden und aufgewühlten Welt also auch als Narkotikum wirken, uns eine gelassenere Sicht der Dinge ermöglichen und uns zu einer heilsamen Ruhe kommen lassen, die tiefer ist als die umtriebige, weltverändernde und weltzerstörende Vernunft des Menschen. Wahrhaft christliche Spiritualität wird also

---

[10] »*Of all the remedies it has pleased almighty God to give man to relieve his suffering, none is so universal and so efficacious as opium.*« Siehe Glyn B. Steventon und Steve C. Mitchell, Molecules of Death, Imperial College Press, 30. Dezember 2007, 97 ff.

auch ein Psychopharmakon sein müssen, das uns gelöst und gelassen und zugleich wach, geistesgegenwärtig und aufmerksam auf die Not unserer selbst, unserer Nächsten und unserer Welt macht. Außerdem muss es unseren Horizont für die Wirklichkeit Gottes erweitern. Wenn die Spiritualität des christlichen Glaubens den Anspruch nicht aufgibt, Letztgültiges über die Realität zu Tage zu fördern, dann muss sie auch »*pharmakon athanasias*«, Medizin der Unsterblichkeit sein. So nannte der Kirchenvater Ignatius von Antiochien im zweiten Jahrhundert nach Christus das Heilige Abendmahl. Im Heiligen Abendmahl nehmen wir diese Medizin, die uns das Leben rettet, symbolisch zu uns.

Mir ist nicht bekannt, ob es eine Droge gibt, welche die beschriebene Dreifachwirkung entfaltet. Aber eines weiß ich sicher: wenn die Theologie der Volkskirche der Gegenwart keine religiöse Pharmakologie mehr ist und wenn die opiatischen, berauschenden und bewusstseinserweiternden Wirkungen des christlichen Glaubens in Deutschland fünfhundert Jahre nach der Reformation nicht mehr so zu erleben sind, dass Menschen wirklich und nachhaltig mit dem Geheimnis und den Fundamenten ihres Daseins in Kontakt kommen und ihrer rationalistischen, entzauberten und trostlosen Sicht der Dinge entrückt werden, dann hat sich die Kirche einer wesentlichen Dimension beraubt, die sie erst zur Kirche macht. Dann ist sie trotz aller Kleider, die sie trägt, nackt. Und dann ist sie trotz aller Aktivitäten, die sie pflegt, leer und in spiritueller, erkenntnistheoretischer, metaphysischer und ästhetischer Hinsicht eine Enttäuschung.

Man könnte nun einwenden, dies sei ein elitärer Tunnelblick, der vermisst, was niemand vermisst, und nicht sieht, was er nicht sehen will: nämlich die großartigen Errungenschaften des deutschen Protestantismus. Man könnte einwenden, bei meiner Forderung nach Freigabe der Droge Religion handle es sich schon allein aufgrund des heiklen Vergleichs um eine Provokation um der Provokation willen, die vorsätzlich ignoriert, dass die deutsche evangelische Kirche eine nicht nur sozialethisch, sondern auch religiös blühende Landschaft ist. Allerdings habe ich in den vergangenen Jahren viele Gespräche mit vielen evangelischen Christen geführt, in denen mir deutlich wurde, dass ich nicht der Einzige bin, der die Leere und die Nacktheit des Protestantismus empfindet und einen ganz anderen evangelischen Traum träumt. Und weil ich diesen Traum träume, würde ich nicht im Traum daran denken, dem Protestantismus den Rücken zu kehren. Denn auch das andere Empfinden in mir ist wie in vielen anderen Protestanten stark: das Empfinden, dass die evangelische Kirche auch fünfhundert Jahre nach Martin Luther ein Raum nahezu unbegrenzter religiöser Möglichkeiten ist.

4. DES KAISERS NEUE KLEIDER:
Die Nacktheit der evangelischen Kirche

Aber verhält es sich mit der evangelischen Kirche in Deutschland tatsächlich so wie mit des Kaisers neuen Kleidern im berühmten Märchen des dänischen Schriftstellers Hans Christian Andersen (1805–1875)? Dort ruft das Kind, was jeder rufen könnte, würden es ihm Anstand und Konvention nicht verbieten: »Der Kaiser ist ja nackt!« Wenn dergleichen außerhalb des Märchens in der sogenannten Realität geschieht, dann lächeln die Erwachsenen peinlich berührt, sehen dem Kind, weil es ein Kind ist, seine Ungezogenheit als Narrenfreiheit des Kindermunds aber nach. Sie züchtigen es nicht. Sie weisen es sanft zurecht. Wenn dasselbe ein Erwachsener sagen würde, wäre dies anders. Man würde ihn einen unmöglichen Menschen und ein *enfant terrible* heißen, das sich nicht um die Etikette und Gepflogenheiten einer Gesellschaft schert, in der man manches einfach nicht sagt oder tut.

Darf man als Erwachsener – noch dazu als einer, der im Herzen dieser Kirche daheim ist und sie theologisch begleitet und mitgestaltet – sagen: »Die Kirche ist ja nackt!«? – Vielleicht muss man es sogar sagen. Denn wer seine Kirche und seinen Glauben liebt, kann diese Erkenntnisse dem Geliebten nicht vorenthalten. – Aber vielleicht ist dies blanker Unsinn. Gerade wahre Liebe kann es ja manchmal gebieten, die Wahrheit aus Barmherzigkeit für sich zu behalten. Und so sollte ich denn vielleicht besser davon schweigen, dass mich in der evangelischen

Kirche manchmal das Gefühl überkommt, im Innersten des kirchlichen Wesens, Webens und Werkelns verberge sich eine große Leere, die leider nicht mystischer, sondern nichtssagender Natur ist. Doch weil ich mir von Herzen wünsche, dass die evangelische Kirche nicht nur ein Ort eines guten zwischenmenschlichen Miteinanders, sondern auch ein Ort der Kommunikation und der Kommunion der letzten Dinge ist, kann und will ich nicht mit meinem Gefühl der Leere hinter dem Berg halten. Diese Leere ist das vielleicht größte Hindernis für eine wirklich spirituelle Kirche. In einer leeren, innerlich nackten Kirche kann man keine wirklich tiefen und wirklich erhebenden religiösen Erfahrungen machen.

Die bunten und vielfältigen Kleider, in die sich die evangelische Kirche mitunter hüllt, vermögen die spirituelle Nacktheit, die sich in weiten Teilen des modernen Protestantismus ausgebreitet hat, nicht zu verbergen. Ich will damit nicht sagen, dass es in der evangelischen Kirche nicht auch Menschen und Orte gibt, die spirituell keineswegs nackt sind, sondern eindrucksvoll, authentisch und glaubwürdig von einer anderen Nacktheit Zeugnis ablegen: der Nacktheit des nackten, elementaren Lebens, mit der wir angesichts des Kindes in der Krippe und des Mannes am Kreuz konfrontiert werden und die uns auf das wahrhaft Elementare aufmerksam macht. Das Gewahrwerden dieser Nacktheit bringt uns in Kontakt mit den Fundamenten unseres Daseins, weil es ein mystisches Gewahrwerden ist, das uns das nackte Leben und das ungeschützte Lieben auf einem winzigen und zerbrechlichen blauen Planeten inmitten eines unendlich fremden und rätselhaften Alls als das eigentliche Wunder empfinden lässt. Wenn wir diese Nacktheit spüren – und sei dies noch so schmerzhaft, noch so erbärmlich und noch so hart –, spüren wir das Geheimnis der Welt, das darin besteht, dass der göttliche Schöpfer und Erbarmer auch dem nacktesten Leben nicht fern ist, sondern als zerbrechlicher Mensch, der wir alle sind, zur Welt kommt. Wenn wir im Raum der Kirche in die Nähe dieses Gefühls versetzt – um nicht zu sagen: verrückt – werden, entspricht die Kirche ihrem Wesen. Deshalb ist es heilsam, wenn die Kirche ihre Nacktheit sieht und fühlt, die sie aus Angst, nicht zu gefallen, so oft zu verbergen und durch Umtriebigkeit, Weltveränderungspathos und sozialmoralische Appelle zu kompensieren sucht. In diesem Sehen und Fühlen könnte sich eine existenzielle Einsicht offenbaren, die in religiös sensibleren Zeiten vielleicht sogar als Offenbarung begriffen worden wäre. Der Begleiter der Offenbarung ist das Erschrecken. Dieses Erschrecken ist heilsam, weil es Veränderungspotenziale freisetzt. Erschrickt die evangelische Kirche des Jahres 2017 in Deutschland vielleicht zu wenig oder in falscher Hinsicht über sich selbst?

5. KEINE ANGST VOR DER ZUKUNFT:
Jedem Ende wohnt ein Zauber inne

Wenn die evangelische Kirche inmitten allen Getriebes und allen Getriebenseins ihrer inneren Leere inne wird und den Punkt erreicht hat, an dem es nicht mehr so weiter geht, ist sie womöglich am Ort der Umkehr angekommen. Der Schriftsteller Franz Kafka (1883–1924) war der Meinung, dieser Punkt, an dem es kein Zurück gibt, sei zu erreichen[11]. Aber wann ist dieser Punkt erreicht? Muss es so weit kommen, dass der Volkskirche, wie wir sie kennen, das Wasser durch immer mehr Kirchenaustritte und durch einen immer größeren Mangel an theologisch-pädagogisch-diakonischem Nachwuchs bis zum Hals steht und Ressourcen- und Relevanzschwund einander wechselseitig verstärken? Lernt der Mensch und lernt die Kirche wirklich nur durch Schmerz? Werden wirklich fundamentale Reformationen der Kirche an Haupt und Gliedern nur aus Katastrophen geboren?

Martin Luther erlebte die Kirche seiner Gegenwart, die ihm doch so am Herzen lag, als Katastrophe. Und der Philosoph Walter Benjamin (1989–1940) notierte in seinen »Geschichtsphilosophischen Thesen«[12] ganz im Sinne der Kirchengegenwartswahrnehmung Martin Luthers

---

[11] Franz Kafka, Betrachtungen über Sünde, Leid, Hoffnung und den wahren Weg. Aphorismen, Frankfurt am Main 1970, 195.

[12] Walter Benjamin, Über den Begriff der Geschichte, in: Gesammelte Schriften Bd. I.2, hrsg. v. Rolf Tiedemann und Hermann Schweppenhäuser, Frankfurt am Main 1980, 697 f.

vierhundert Jahre nach diesem, die Katastrophe sei nicht das jeweils Bevorstehende, sondern das jeweils Gegebene. So übertrieben und unzutreffend dies im Blick auf die deutsche evangelische Volkskirche des Jahres 2017 sein mag: Benjamins Gedankengang, der übrigens von der Idee der Erlösung aus der Katastrophe durch einen Messias gespeist wurde, könnte ein Fünkchen Wahrheit enthalten. Denn nicht alles, was endet, war gut. Und nicht allem, was endet, braucht man Tränen der Trauer nachzuweinen. Nicht nur, dass es mit unserer Volkskirche einmal nicht mehr so weiter geht, sondern dass es auch weiterhin so weiter geht, könnte im Blick auf manche Wesenszüge dieser Volkskirche katastrophal sein. Haben wir also keine Angst vor der Zukunft unserer Kirche! Auch einem Ende kann ein Zauber innewohnen: der Zauber des neuen Anfangs und der Zauber echter Reformation.

6. DIE UNVERSCHÄMTHEIT DER KINDER GOTTES:
Geistesgegenwärtige Seismographie

Wenn die Kinder Gottes also erstaunt ausrufen: »Die Kirche ist ja nackt!«, dann muss dies nicht als schlechtes Zeichen und ganz und gar nicht als Ausdruck von Miesepetrigkeit oder Ungehörigkeit verstanden werden. Es könnte auch der Geistesblitz eines im besten Sinne unverschämten Glaubens, ein Zeichen reformatorischer Liebe und ein Ausdruck ungetrübter Hoffnung der Kinder Gottes sein, die sich nicht mit dem abfinden und anfreunden wollen, was in der Kirche im Argen liegt.

In ihrer Geschichte tat der Kirche eine gewisse Unverschämtheit und Frechheit der Kinder Gottes immer wieder ganz gut. Oft waren diese sogar notwendig, weil sie die Not der Kirche in angefochtenen Zeiten wendeten. Kinder Gottes müssen – und seien sie noch so erwachsen, noch so realistisch und noch so vernünftig – daher immer wieder von ihrem Freimut Gebrauch machen und zu *enfants terribles* und unbestechlichen Seismographen und Detektoren der kirchlichen Realität werden. Sie müssen immer wieder den Puls ihrer Kirche fühlen und aufzeichnen, wie es um den Protestantismus bestellt ist. Die Kirche der Kinder Gottes muss sich immer wieder selbst fragen und prüfen, ob sie noch auf dem richtigen Weg ist und in guter christlicher Weise an Gott und den Menschen erinnert. Die alttestamentlichen Propheten, Jesus von Nazareth, Paulus, Franz von Assisi (1181–1226), Martin Luther,

Friedrich Schleiermacher (1768–1834), Karl Barth, Dietrich Bonhoeffer (1906–1945), Dorothee Sölle (1929–2003) und viele Andere waren – wenn man so will – *enfants terribles* ihrer Zeit und ihrer Kirche. Wenn sie dies nicht gewesen wären, wenn sie das Mütchen ihres heiligen Zorns anderweitig gekühlt oder in Watte gepackt hätten und leiser oder diplomatischer aufgetreten wären, wären viele notwendende Reformationen des Glaubens und der Kirche wahrscheinlich unterblieben. Ich bin fern davon, mich in diese Reihe einreihen zu wollen oder zu können. Dennoch nehme ich mir die Freiheit eines geistesgegenwärtigen Christenmenschen, in diesem Buch reformatorische Denkanstöße zu geben, die eigentlich nur ein einziges Ziel haben: das Ziel, dass die evangelische Kirche der Zukunft keine unfreiwillige Anleitung zum Kirchenaustritt darstellt, sondern zu Christus und ins Herz des Heiligen führt.

7. DAS CHRISTLICHE ABENDLAND:
Denk- und Glaubensraum der Freiheit

Die evangelische Kirche und der christliche Glaube sind meine geistliche und meine geistige Heimat. Seit ich denken kann, blicke ich auf die Welt, in der ich lebe, mit christlichen Augen. Nicht, weil mir irgendwann ein spektakuläres Bekehrungserlebnis die Augen geöffnet hätte und ich daraufhin fromm geworden wäre, sondern weil das Christentum das kulturelle und religiöse Fundament ist, auf dem ich stehe. Ich weiß wohl, dass dies auch anders sein könnte. Wäre ich in einem arabischen Land groß geworden, würde ich dasselbe vermutlich über den Islam sagen. Hätte ich meine Kindheit in Indien oder Tibet verbracht, wäre ich buddhistisch oder hinduistisch geprägt. Aber egal, woher ich stammen würde: ich hätte im Laufe meines bisherigen Lebens, wenn ich dieses Leben nicht in engstirnigen, provinziellen und fundamentalistischen Milieus verbracht, sondern eine gewisse Bildung zur Mündigkeit genossen hätte, die Gelegenheit gehabt, in das Gewand einer anderen Religion zu schlüpfen, wenn mich diese mehr überzeugt hätte als meine Heimatreligion. Am leichtesten wäre mir dies aber zweifellos innerhalb einer aufgeklärten, vom Christentum geprägten Kultur gefallen.

Die ehedem christlichen Gesellschaften des Abendlandes haben in den vergangenen fünfhundert Jahren eine Entwicklung befördert, die wissenschaftlichen Fortschritt und soziale, wirtschaftliche, sexuelle, kulturelle, politische und religiöse Emanzipation begünstigte. Als Mitglied dieser Gesellschaft hätte ich also alle Möglichkeiten gehabt, dem christlichen Glauben den Rücken zu kehren. Ja, ich muss es eigentlich sogar noch zuspitzen: vielleicht hat *nur* die Tatsache, dass ich einer christlichen Kultur entstamme, mir die Freiheit verschafft, meine eigene – die christliche – Religion kritisch in Frage zu stellen. So einflussreich meine Erziehung durch Eltern war, die seit acht Jahrzehnten ihrer dörflich geprägten evangelischen Volkskirche die Treue halten, so sehr hat mich gerade das Studium der christlichen Theologie zu einem Denker gemacht, der das Christentum fundamental in Zweifel ziehen konnte. Nie freilich geriet ich während dieses Studiums ernsthaft in Versuchung, den christlichen Glauben ganz abzuschütteln, weil ich immer davon überzeugt war, alle scheinbar einleuchtenderen Sichtweisen Gottes, des Menschen und der Welt christlich reformulieren und in ein christliches Wirklichkeitsverständnis integrieren zu können. Das veränderte sich auch im Laufe meines weiteren Glaubens- und Berufslebens nicht. Im Gegenteil. Mir wurde immer deutlicher, welch fruchtbaren Nährboden des freien Geistes der Denk-, Glaubens- und Lebensraum der christlich-abendländischen Gesellschaft darstellt. Wohin ich denkend und glaubend auch floh: immer fand ich zurück zu jenem Glauben, der mein Fluchtpunkt war und blieb. Stets verhielt es sich letztlich so wie in den Versen des 139. Psalms, in welchen der freiheitssuchende, lebensneugierige und geistlich und leiblich offenbar weitgereiste Beter rückblickend bekennt, dass ihn bisher noch jeder Weg in die Ferne in die Nähe Gottes geführt hat: »Wo soll ich hin gehen vor deinem Geist, und wo soll ich hin fliehen vor deinem Angesicht? Führe ich gen Himmel, so bist du da. Bettete ich mir in die Hölle, siehe, so bist du auch da. Nähme ich Flügel der Morgenröte und bliebe am äußersten Meer, so würde mich doch deine Hand daselbst führen und deine Rechte mich halten. Spräche ich: Finsternis möge mich decken! so muß die Nacht auch Licht um mich sein. Denn auch Finsternis ist nicht finster bei dir, und die Nacht leuchtet wie der Tag. Finsternis ist wie das Licht.«

Ein Christenmensch, der nirgendwo, wohin er sich bewegt, geistig und spirituell heimatlos werden kann, braucht kein Abenteuer des Denkens und des Glaubens zu scheuen. Er muss sich nicht ängstlich besorgt in irgendeine geistige und geistliche Provinzialität einkapseln, sondern kann guter Dinge offen für Neues und offen für Reformationen bleiben.

8. DAS KREUZ JESU:
Platz für Glaubenszweifel und Atheismus

Der christliche Glaube war in meinem Leben auch dann da, wenn nichts mehr für ihn zu sprechen schien und es nur noch ein kleiner Schritt in einen fundamentalen Atheismus hinein gewesen wäre. Aber interessanterweise führte mich dieser kleine Schritt dann immer unter das Kreuz Jesu von Nazareth. Inmitten des christlichen Glaubens fand ich einen Ort, an dem jeder denkbare Zweifel an Gottes Wirklichkeit und Wahrheit möglich war. Mir ging das Licht auf, dass im Herzen der christlichen Religion die Kritik dieser Religion, Glaubenskrisen und selbst die Gottlosigkeit ihren legitimen Raum und ihre legitime Zeit haben.

Am Karfreitag kann und darf der christlichen Religiosität der Atem stocken. Am Karfreitag können Gläubige ihren Glauben verlieren. Als ich dies zu begreifen begann, eröffnete sich mir ein ungeheurer intellektueller und spiritueller Freiraum. Ich musste das Christentum und die christliche Kirche nicht verlassen, wenn ich an ihnen oder unter ihnen litt und ihrer überdrüssig wurde. Welche andere Religion hätte mir diesen Freiraum eröffnet? Welcher Gott hätte meine Füße derart auf weiten Raum gestellt? Das Wort »Kreuzestheologie« – oder »*Theologia crucis*«, wie Martin Luther es auf Lateinisch schrieb – gewann für mich einen neuen Sinn, durch den der Sinn auch dort in den christlichen Glauben zurückkehrte, wo mir seine Sinnlosigkeit und die Sinnlosigkeit der ganzen

Unternehmung Kirche bedrückend deutlich wurden. Mir ging das Licht auf, dass es sich für den christlichen Glauben und die evangelische Kirche einzutreten und für ihre Zukunft zu kämpfen lohnt. Keine Misere der Kirche und keine noch so traurige, ausstrahlungsarme Gestalt kirchlichen Wesens und Handelns könnten ein Grund sein, sie aufzugeben und mich von ihr abzuwenden. – Ohnehin kann keine noch so tiefe Krise der Kirche, kein menschliches Versagen und keinerlei gesellschaftliche, kulturelle, politische und weltanschauliche Entwicklung die Kirche gefährden oder ruinieren – ebensowenig, wie unsere Gestaltungen, Reformationen, Reformen und Reförmchen sie retten können. Weil Christus ihr Grund und ihr Herr ist und weil sie nicht auf Gedeih und Verderb auf den Schultern weiser oder unweiser Kirchenleitungen ruht, kann die Kirche niemals verloren sein.

9. DAS CHRISTENTUM:
Religion angstfreien Anderssehens

Religionskritik und wissenschaftlicher Fortschritt haben die Leitreligion der europäischen Kultur nicht zerstört. Sie haben die christliche Religion – insbesondere in ihrer protestantischen Gestalt – vielmehr zur Auseinandersetzung mit sich selbst geführt und sie genötigt, ihr eigenes Wesen immer wieder neu zu entdecken und immer wieder neu zu reflektieren. Im ehedem christlichen Abendland wirkte die Religionskritik gewissermaßen wie eine Schutzimpfung, weil die christliche Theologie immer wieder gezwungen und willens war, sich intellektuell und spirituell mit den scharfsinnigsten Kritikern des christlichen Glaubens auseinanderzusetzen. Wäre der christliche Glaube nicht stets aufs Neue den Erregern nichtchristlichen Denkens ausgesetzt gewesen und hätte er nicht erfolgreich Antikörper dagegen zu bilden vermocht, wäre er nicht stärker, sondern schwächer und womöglich längst hinfällig geworden. Dass religiöser Fundamentalismus nie eine ernsthafte Versuchung des Hauptstroms des christlichen Glaubens und Denkens und des kirchlichen, evangelischen wie katholischen Lebens in Europa war, hat es begünstigt, dass das Christentum noch immer als wesentliches Sediment der europäischen Kultur und als wirklichkeitserschließendes kulturelles Symbolsystem gelten kann. Das Christentum braucht keinen wissenschaftlichen, kulturellen, religiösen oder terroristischen Angriff und letztlich auch keinen Angriff durch eine andere

Denk-, Glaubens- und Lebensweise zu fürchten. Warum? – Nicht etwa deshalb, weil es sich erfolgreich gegen das Anderssehen, das Andersdenken, den Andersglauben und das Anderssein abgeschottet hätte, sondern weil es das angstfreie Anderssehen, das angstfreie Andersdenken und das angstfreie Andersglauben und Andersglaubenlassen von Anfang an als Keime einer spirituellen und intellektuellen Erfolgsgeschichte in sich trug, die in allen Reformationsbewegungen der Kirche aufgingen. Anderssehen, Andersdenken, Andersglauben und Anderssein sind keine Anfechtungen eines weltoffenen, evangeliumsgewissen modernen Christentums, sondern sein Lebenselixier. Christen können der Andersheit gelassen und furchtlos begegnen – anders als der fundamentalistische Islam, dessen Fundamente die Angst vor Gott, die Angst vor dem Andersglauben und die Angst vor dem Andersleben sind und der keine Zukunft in einer modernen Gesellschaft haben wird, deren Freiheit in ihrem christlichen Grund wurzelt. Dem fundamentalistischen Islam fehlen wie jedem Fundamentalismus die Gelassenheit und die Freiheit selbstkritischer Selbstgewissheit. Was ihm Bestand verleiht und zugleich zum Untergang verurteilt, sind menschen-, gottes- und schöpfungsverachtende Unterwerfungs- und Gewaltverhältnisse, die leider in politischer Hinsicht derzeit auch in nichtmuslimischen Gesellschaften immer attraktiver werden.

Das Christentum hat eine lange Geschichte des theologischen Kampfes gegen die Versuchung der Vergöttlichung der Gewalt hinter sich. Es ist dieser Versuchung nicht erlegen, weil in seinem Zentrum die Kritik menschen- und gottesverachtender Gewalt und die Möglichkeit, ja Notwendigkeit des Zweifels an einem Gott steht, der Unterwerfung und Gehorsam fordert und seinen Willen und die Wahrheit mit aller Gewalt durchsetzt. Mit anderen Worten: es ist dieser Versuchung nicht erlegen, weil in seinem Zentrum der gekreuzigte Christus steht.[13]

Gerade im Streit mit dem Islam um die religiöse Wahrheit sollten sich Christen daher nicht davor scheuen, selbstbewusst zu artikulieren, was das aus der Erfahrung seiner eigenen Gewaltgeschichte klug gewordene Christentum in den vergangenen Jahrhunderten unermüdlich auch sich selbst eingeschärft hat: dass Gewalt und Unterwerfung gottlos sind und auf tönernen Füßen stehen, so mächtig sie auch zu sein scheinen, und dass sich Gewalt nicht durch Gewalt aus der Welt schaffen lässt. Schämen wir uns unseres christlichen Glaubens und des Evangeliums nicht! Haben wir den Mut, Gläubigen wie Nichtgläubigen gegenüber für die befreiende Wahrheit des Evangeliums einzutreten – so, wie wir uns selbst gegenüber im Laufe unserer Geschichte für diese Wahrheit eingetreten sind!

---

[13] Siehe dazu Ralf Frisch, Gewalt als Krise der Religion. Eine theologische Auseinandersetzung mit der dunklen Seite der Macht, in: Wilhelm Schwendemann, Barbara Städtler-Mach u. a. (Hrsg.), Krise und Konflikt. Evangelische Hochschulperspektiven Bd. 11, 2015, 229–244.

10. DER WEG, DIE WAHRHEIT UND DAS LEBEN: Die Liebe Jesu Christi

Ich zögere etwas, an dieser Stelle den französischen Schriftsteller Michel Houellebecq (*1956) zu zitieren. Denn was er in seiner Rede zur Verleihung des Frank-Schirrmacher-Preises des Jahres 2016 gesagt hat – noch dazu mit Bezug auf Maurice Dantec (1959–2016), einen umstrittenen, den »Neuen Reaktionären« in Frankreich zugerechneten Romancier und Essayisten – könnte man leicht so hören, dass man sofort die Ohren davor verschließt, weil man eine ungute christliche Position dahinter vermutet, an deren Wesen die Welt womöglich auf eine Weise genesen soll, die andere Glaubensformen diskreditiert und bekämpft. Dennoch hat Houellebecqs Satz, den ich gleich zitieren will, einen Wahrheitskern. Man muss das, was in ihm unter dem Christentum verstanden wird, nur eben so verstehen, wie ich es soeben zu interpretieren versucht habe und wie es Jesus selbst in Johannes 14,2 versteht, als der Evangelist ihn sagen lässt: »In meines Vaters Hause sind viele Wohnungen.« Der johanneische Jesus signalisiert damit, dass die Vision des christlichen Glaubens die Vision eines friedlichen und versöhnten, von Anerkennung und Wertschätzung geprägten Zusammenlebens Andersglaubender und Andersdenkender ist. Diese Vision macht Menschen frei und nimmt ihre Freiheit ernst. In ihr kommt das Wesen der christlichen Wahrheit zum Vorschein – der Wahrheit, die Menschen frei macht, Andere und sich selbst anders sein und leben zu lassen und sich selbst und einander im Geist der Liebe und der Versöhnung zu begegnen. Genau in diesem Sinne ist übrigens auch jener andere, in aufgeklärten christlichen Kreisen eher leise, verschämt oder gar nicht mehr ausgesprochene Satz zu hören, und genau in diesem Sinne ist er wahr – der Satz: »Ich bin der Weg, die Wahrheit und das Leben. Niemand kommt zum Vater denn durch mich.« (Johannes 14,6) Es handelt sich dabei keineswegs um einen intoleranten und fundamentalistischen Satz, sondern um einen Satz, der im Blick auf das menschen- und gotteszugewandte Leben dessen zu hören ist, der ihn ausspricht. Doch wer ist der, der diesen Satz ausspricht? – Er ist Liebe. Und dieses Lieben, Leben und Sterben Jesu von Nazareth, seine Passion für das Leben, ist die Wahrheit. Deshalb verdient er zu Recht, des ewigen Vaters Kind genannt zu werden. Und deshalb ist der christliche Glaube, der Geist vom Geist des Sohnes dieses menschenfreundlichen Vaters ist, die beste aller möglichen Glaubensformen und die menschenrechtliche Kultur des Abendlandes, die aus ihm erwachsen ist, die beste, aber auch gefährdetste aller möglichen Gesellschaftsformen – trotz allem, was auch in dieser Gesellschaft im Argen liegt. Wenn es den christlichen Glauben nicht gäbe, müsste man ihn erfinden, weil dieser Glaube in seiner gegenwärtigen, durch das Feuer der Selbstkritik gegangenen Gestalt Freiheit, Liebe, Wahrheit und Toleranz, Gott und Mensch auf eine Weise vereint, die für mich welt-, menschen- und gottesbildrevolutionär und daher vorbildlich ist und bleibt.

Und nur vor diesem Hintergrund und nur in diesem Sinn hatte Houellebecq Recht, als er in Frankfurt sagte: »Was er (Dantec; RF) von uns im Westen verlangt, ist, wieder zu denen zu werden, als die uns die Djihadisten zu Unrecht beschreiben: uns wieder in Gekreuzigte verwandeln. Einzig eine spirituelle Macht wie das Christentum oder das Judentum wäre (...) imstande, mit einer anderen spirituellen Macht wie dem Islam zu kämpfen.«[14] Leider ist der Islam, der gegenwärtig immer mächtiger wird, keine spirituelle Macht, sondern eine politische Ideologie im Gewand einer Religion, die »politischen Interessen und politreligiösen Interpretationen wie dem Salafismus fast schutzlos ausgeliefert«[15] ist – und vom Ergebnis her bleibt es sich »gleich, welchen Ausgang der wissenschaftliche Diskurs darüber nimmt, ob der Salafismus nur dazu dient, eine vorhandene nihilistische Radikalität zu ›islamisieren‹, oder ob die apokalyptischen Dichotomien des salafistischen Weltbildes erst jene tödliche Energien freisetzen, mit denen Dschihadisten in Paris, Nizza, Ansbach oder Berlin wahllos morden.«[16]

Dem christlichen Glauben muss, wenn er das Gottes- und Menschenbild des Evangeliums wirklich ernstnimmt, die offene Gesellschaft am Herzen liegen. Zu deren Wesen gehört es, dass sie verwundbar ist – und zwar auch durch jene ihrer Mitglieder, die sich nichts mehr von ihr versprechen, weil sie vielleicht zu oft von dieser Gesellschaft enttäuscht wurden oder schlicht nicht in ihr zurechtkommen, und die deshalb mit jeder humanen Überzeugung gebrochen haben. Die offene Gesellschaft ist auch deshalb ver-

---

[14] Michel Houellebecq, Ich bin ein halber Prophet, in: Frankfurter Allgemeine Zeitung, 27. September 2016, 8.

[15] So Daniel Deckers, Licht im Dunkel der Nacht, in: Frankfurter Allgemeine Zeitung, 24. Dezember 2016, 1.

[16] Daniel Deckers, Der Fall Anis Amri, in: Frankfurter Allgemeine Zeitung, 30. Dezember 2016, 1.

wundbar, weil ihre Unverwundbarkeit, also absolute inne-
re Sicherheit, ihre Selbstabschaffung bedeuten würde.

Die Liebe zur offenen Gesellschaft und das Bekenntnis
zur Religionsfreiheit dürfen jedoch nicht dazu führen,
dass der christliche Glaube vergisst, dass ihm auch Wahrheit und Klarheit am Herzen liegen sollten. »Wer Gewalt
predigt, der kann das weder unter dem Schutz der Mei-
nungsfreiheit noch der Religionsfreiheit tun.«[17] Das Plädoyer für die offene Gesellschaft schließt daher die Kritik
ihrer Feinde, insbesondere die christliche Kritik am Got-
tes-, Menschen- und Weltbild jenes Islam, der aus religiösen oder anderen Gründen die offene Gesellschaft ebenso
sehr hasst wie das Christentum, gerade nicht aus, sondern
ein. Es geht beim Kampf gegen Gewalt und Terror nicht
nur um die Verteidigung einer säkularen Idee des gesellschaftlichen Zusammenlebens. Und es geht auch um Re-
ligionszugehörigkeiten, die Terrorismus begünstigen. So
bleibt wahr, was der Journalist Christian Geyer-Hindemith (*1960) im Blick auf den Sozialdemokraten Sigmar
Gabriel (*1959) bemerkt hat: »Wer den Kampf gegen den
Islamismus ausdrücklich ›auch kulturell und intellektuell‹
führen will, wer also ›zum kulturellen Kampf‹ gegen den
islamistischen Terror aufruft, der kann eine Religionsde-
batte im Ernst nicht vermeiden wollen.«[18]

Der niederländische Soziologe Ruud Koopmans (*1961),
Direktor der Abteilung Migration, Integration, Transnatio-
nalisierung im Wissenschaftszentrum für Sozialforschung
Berlin, hat unlängst keinen Zweifel daran gelassen, dass

---

[17] Reinhard Müller, Gefahren und Gefährder, Frankfurter Allgemeine Zeitung, 3. Januar 2017, 1.
[18] Christian Geyer-Hindemith, Gabriel, kulturell, in: Frankfurter
Allgemeine Zeitung, 10. Januar 2017, 9.

der Terror, der zur Zeit die Welt erschüttert, nicht nichts, sondern sehr viel mit dem Islam zu tun hat. Anders als jene, die nicht müde werden zu betonen, dass der Mainstream-Islam unserer Zeit der ganz im Sinne der Botschaft Jesu für eine friedliche Koexistenz der Menschen und der Religionen eintrete, zieht Koopmans eine deutlich islamkritischere Schlussfolgerung: »Angesichts der weitverbreiteten Unterdrückung von sexuellen und religiösen Minderheiten in der islamischen Welt kann unmöglich behauptet werden, dass der Hass auf Anderslebende und Andersgläubige ›nichts mit dem Islam zu tun‹ habe oder dass ›der‹ Islam ›eine Religion des Friedens‹ sei. Es zeugt außerdem von einem mangelhaften Unrechtsbewusstsein, die Trommel der ›Islamophobie‹ zu rühren, aber zu schweigen über die viel schlimmere Phobie der muslimischen Welt gegen alles Unislamische. Es mag sein, dass das in der Vergangenheit einmal anders war, zum Beispiel in der mythischen Zeit des Al-Andalus, und man mag und soll für die Zukunft hoffen, dass irgendwann Frieden und Toleranz die islamische Welt kennzeichnen werden. Aber für das Hier und Jetzt ist die einzig richtige Analyse, dass der islamische Radikalismus leider sehr viel zu tun hat mit der Art und Weise, wie im Mainstream der islamischen Welt mit Andersdenkenden und Andersgläubigen umgegangen wird. Um das zu ändern, ist eine Revolution des Denkens innerhalb der islamischen Welt notwendig – eine islamische Reformation, wenn man so will. Und die wird es so lange nicht geben, wie die Verneinungsthese des ›Es hat mit dem Islam nichts zu tun‹ und die Kultivierung der muslimischen Opferrolle die Debatte über Radikalisierung, Verfolgung und Gewalt dominieren. Nur wenn sich ein Bewusstsein dafür ausbildet, dass die Wurzeln des Problems im Mainstream des gegenwärtigen Islams liegen, ist eine Besserung möglich.«[19]

Der katholische Theologe Martin Rhonheimer (*1950) geht sogar noch einen islamkritischen Schritt weiter. Er stellt fest: »Die islamische Theologie besitzt (...) in ihrer Tradition keine argumentativen Ressourcen, um das Vorgehen des IS als prinzipiell ›unislamisch‹ zu verurteilen.«[20]

Ob Koopmans oder Rhonheimers Analyse zutrifft, wäre – wie beide selbst fordern – natürlich am sinnvollsten in einem innerislamischen Diskurs zu eruieren. Das Nachdenken darüber darf aber auch in der christlichen Kirche nicht tabuisiert und stigmatisiert werden – zumal nicht aus einer blauäugigen Sicht des Islam heraus. Denn Denk- und Diskursverbote pflegen das zu befördern, was sie verhindern sollen: die Entstehung von Extrempositionen und Radikalisierungen.

Wenn der evangelischen Kirche der Reformation Koopmans' oder Rhonheimers Analyse einleuchtet, dann sollte sie – und zwar aus christlicher, nicht nur aus humanistischer Überzeugung heraus – ebenso deutlich Kritik am Islam üben, wie sie sich zu den Werten einer menschenrechtlichen europäischen Moderne bekennt. Denn wer für Menschenrechte und für eine menschenrechtliche Leitkultur plädiert, kann nicht anders, als für die Universalität dieser Menschenrechte und für die Universalität

---

[19] Ruud Koopmans, Der Terror hat sehr viel mit dem Islam zu tun, in: Frankfurter Allgemeine Zeitung, 1. Juli 2016, 13.
[20] Martin Rhonheimer, Töten im Namen Allahs. Gewalt und theologische Tradition im Islam und Christentum, in: Jan-Heiner Tück (Hrsg.), Sterben für Gott. Töten für Gott? Religion, Martyrium und Gewalt, Freiburg 2015, 18–41, 23.

dieser menschenrechtlichen Leitkultur zu plädieren, und er muss folglich »das Abendland«, in dem diese Menschenrechte wurzeln, zur kriteriologischen Referenz, also – pointiert gesagt – zum gesellschaftlichen Maß aller Dinge machen. Er kann, wenn er sich selbst ernstnimmt, nicht anders als anzunehmen, dass »das Abendland« oder »der Westen« als Weise des Lebens und des Denkens in jedem Menschen angelegt ist[21], wenn man ihm »das Abendland« oder »den Westen« nicht von Kindesbeinen an austreibt.

Es dient weder der Kenntlichkeit der evangelischen Kirche noch dem Evangelium, eine selbstbewusste christliche Islamkritik aus politischer oder theologischer Korrektheit, aus Angst, aus innerer Leere oder aus einer Überzeugung heraus zu unterlassen, für die der Dialog der Religionen das eigentlich Christliche und das Christusbekenntnis dasjenige ist, das diesen Dialog gefährdet und daher besser mit Zurückhaltung oder gar nicht bekannt werden sollte.

---

[21] So argumentiert Samuel Schirmbeck in seinem Buch »Der islamische Kreuzzug und der ratlose Westen. Warum wir eine selbstbewusste Islamkritik brauchen«, Zürich 2016.

11. DIE GRÖSSE WAHRER RELIGION: Verteidigung des Anderen und Liebe zum Eigenen

Fundamentalisten erkennt man nicht zuletzt daran, dass sie nur das Fremde und Andere, nie aber das als Wahrheit erkannte und verteidigte Eigene, allenfalls dessen liberale und tolerante Aufweichungen und Öffnungen zum gefürchteten Anderen hin kritisieren. Es macht die Größe des aufgeklärten Christentums aus, dass es gelassen selbstkritisch sein kann, ohne sich selbst aufzugeben. Der deutsch-iranische Schriftsteller Navid Kermani (*1967) hat diese Haltung der Größe in einen wunderbaren Satz gefasst: »Die Liebe zum Eigenen – zur eigenen Kultur wie zum eigenen Land und genauso zur eigenen Person – erweist sich in der Selbstkritik.«[22] Selbstkritik und Selbstzurücknahme zugunsten des Anderen sind gegenwärtig leider nicht die Stärke des Islam. Aber sie sind zur Stärke eines souveränen Christentums geworden, in dem sich das Ethos der freien Selbstzurücknahme Jesu spiegelt, das in vollkommener Gestalt am Kreuz sichtbar wird.

Als der Vorsitzende der Deutschen Bischofskonferenz, Reinhard Marx (*1953), und der Ratsvorsitzende der

---

[22] Navid Kermani, Über die Grenzen – Jacques Mourad und die Liebe in Syrien. Rede zur Verleihung des Friedenspreises des Deutschen Buchhandels am 18. Oktober 2015 in Frankfurt am Main. Siehe im Internet unter: http://www.friedenspreis-des-deutschen-buchhandels.de/819312/.

Evangelischen Kirche Deutschlands, Heinrich Bedford–Strohm (*1960), bei ihrem Besuch des Jerusalemer Tempelbergs im Herbst 2016 in einer zwischen Juden und Muslimen aufgeheizten Situation am jüdischen Sukkot-Fest ihre Brustkreuze abnahmen, um die Situation nicht noch mehr aufzuheizen, zeigten sie souveräne Größe. Diese Größe wurde ihnen allerdings als Schwäche und als symbolpolitisches Versagen der Repräsentanten der beiden großen deutschen Kirchen ausgelegt. In der Tat offenbart sich in der Stärke einer Religion, der die Sensibilität für das Andere und die Anderen gewissermaßen zur zweiten, die Passion Jesu abbildenden Natur geworden ist, zugleich ihre Schwäche. Man könnte dieses Phänomen buchstäblich und in mehrfacher Hinsicht als Dialektik der Kreuzestheologie beschreiben.

Unlängst wurde mir von einem meiner Studenten geraten, ich solle meine jüngste, als Video dokumentierte Dogmatik-Vorlesung besser nicht auf dem YouTube-Kanal der Evangelischen Hochschule Nürnberg veröffentlichen, weil ich darin den Islam kritisiert habe und diese vergleichsweise deutliche Kritik Irritationen auslösen könne. Auf den Fundamenten des christlichen Glaubens hätte ich wahrscheinlich nach Belieben herumtrampeln können, ohne mit einem ähnlich besorgten studentischen Rat konfrontiert zu werden. Doch ein Satz wie der in besagter Vorlesung von mir geäußerte, dass nämlich der muslimische Glaube an einen Gott, dessen Lebenselixier Gewalt, Angst und Unterwerfung sind, nicht die Wahrheit sein könne, ließ einigen Studierenden den Atem stocken. Dasselbe hätte ich über den christlichen Glauben sagen können, ohne Widerspruch und mehr als ein müdes Schulterzucken zu ernten – es sei denn, von einigen wenigen, gewöhnlich stilleren »Frommen«. Vom Islam die gleiche Selbstkritik zu erhoffen wie vom Christentum, das sich in den vergangenen Jahrhunderten eindrucksvoll und erfolgreich an seiner eigenen, fatalerweise theologisch legitimierten Gewaltgeschichte abgearbeitet hat, wurde dagegen als problematisches Zeichen eines seiner selbst zu sicheren und daher der anderen Religion gegenüber zu kritischen christlichen Glaubens wahrgenommen. Christliche Selbstkritik ist offenkundig beliebter als christliche Kritik am Anderen. Das ist an sich keine Untugend – im Gegenteil. Ich erinnere nur an den vorhin zitierten Satz Navid Kermanis. Es wird allerdings dort zu einer nicht unproblematischen Tugend, wo diese Selbstkritik zur programmatischen Selbstkasteiung gerät und der Splitter im eigenen Auge blind macht für die Balken im Auge des Anderen. Nur im Miteinander von Selbstkritik und Kritik des Anderen, von interreligiösem Dialog und interreligiösem Dissens kann der Streit um die Wahrheit ausgefochten werden, der ein friedliches Zusammenleben der Religionen keineswegs zu gefährden braucht, sondern vielmehr inspirieren kann.

12. EIN THEOLOGISCHES TABU:
Gut vom Gericht über das Böse reden

Ich hoffe, liebe Leserinnen und Leser, Sie legen dieses Buch nun nicht enttäuscht, entsetzt oder gar empört zur Seite, weil Sie mein Plädoyer für das Christentum und meine Kritik am Islam für unsäglich halten.

Ich betone ausdrücklich, dass sich diese Kritik aus einer Hoffnung speist, die den Islam nicht verloren gibt. Denn er könnte andere Züge tragen als der wahhabitisch-saudische Islam, der sich in den vergangenen Jahrzehnten – auch unter dem Schutzmantel des Westens – als gewalttätige, menschenverachtende und politisch totalitäre Herrschaftsideologie in viele Weltgegenden ausgebreitet hat. Bürger und Bürgerinnen einer zivilisierten Welt können diesen barbarischen und terroristischen politischen Islam nur verachten und ihm den intellektuellen, moralischen, lebenskulturellen, politischen, theologischen und spirituellen Kampf ansagen – einen Kampf, der so geführt werden sollte, dass die Attraktivität der offenen, christlich geprägten abendländischen Gesellschaft als unwiderstehlich und als gewaltresistent erscheint. Was diesen Kampf erheblich erschwert, aber umso nötiger macht, dürfte allerdings die Tatsache sein, dass beim türkischen Verfassungsreferendum am 16. April 2017 die Zustimmungsrate für den Rückbau der Demokratie in der Türkei bei den Türken und Türkinnen vieler EU-Staaten zwischen 60 und 70 Prozent lag. Offenkundig verträgt sich der Wunsch, dauerhaft in einer offenen Gesellschaft zu leben und von deren Vorteilen zu profitieren, problemlos mit dem Bedürfnis nach einem totalitären Führerstaat. Das sollte zu denken geben. Zum Einen zeigt es erneut, welch unselige Liaison staatsbürgerliche Dummheit und Nationalstolz eingehen können. Zum Anderen führt es einmal mehr illusionslos vor Augen, dass nicht alle Mitglieder der multikulturellen Gesellschaften Europas auf dem Boden der freiheitlich-demokratischen Grundordnung stehen – insbesondere nicht die deutliche Mehrheit der Muslime, deren Welt-, Menschen- und Gottesbild mit der Idee der Demokratie und mit dem europäischen Wertesystem offenkundig doch weniger gut verträglich ist, als es vielen Idealisten der Interkulturalität jahrzehntelang schien. Einer Religion, die auf Unterwerfung gegründet ist, wird die Staatsform der egalitären Demokratie letztlich immer fremd bleiben müssen. – So wirklichkeitsfern die Vorstellung einer versöhnten Verschiedenheit kultureller und religiöser Identitäten in Europa und der Welt aber auch sein mag – es bleibt dennoch dabei: »Das Beste, was wir für unsere muslimischen Mitbürger und für die islamische Welt tun können, ist zu versuchen, sie von den Vorzügen einer auf Freiheit und religiöser Toleranz beruhenden säkularen politischen und rechtlichen Kultur zu überzeugen (...) Das geht aber nur, wenn wir selbst von der Überlegenheit dieser unserer auf dem Humus des Christentums gewachsenen Zivilisation überzeugt sind (...) Ob die westliche Zivilisation ihre Strahlkraft weiterhin behält und der Islam davon substanziell berührt wird, kann allein die Zukunft zeigen. Letzteres allerdings wird nur möglich sein, wenn sich der Islam in seinem Selbstverständnis als Religion und damit in seinem Wesen tiefgreifend verändert und zu einer Religion wird, die nicht mehr beansprucht, religiöse, politische, rechtliche und soziale Ordnung in einem zu sein, sondern die modernen, erst durch das Christentum möglich gewordenen säkularen Ausdifferenzierungen der verschiedenen Bereiche auch und gerade *theologisch* anerkennt und assimiliert. Dagegen wirken allerdings gewaltige innerislamische Widerstandskräfte. Ob sie je überwunden werden können, ist ganz und gar ungewiss. Für die islamische Theologie stellt sich hier jedenfalls eine gewaltige Aufgabe und man kann nur wünschen, dass sie mit der notwendigen Radikalität in Angriff genommen wird.«[23]

Unabhängig davon, ob der dschihadistische Islam eine Perversion des Islam oder, wie Rhonheimer argwöhnt, den Inbegriff des Islam darstellt, der »eine Religion der expansiven Eroberung und des Zugreifens«[24] ist: es fällt mir schwer, eine Gestalt von Religion, die Menschen dazu bringt, Unmenschen zu werden und die Menschenwürde Anderer mit Füßen zu treten, nicht als unwürdig zu erachten. Der terroristische salafistische Islam, der den Organismus der Zivilisation befallen hat, scheint mir eine Entartung des Menschlichen zu sein – so, wie die Krebszelle, die wahllos andere Zellen eines Organismus befällt, eine Entartung gesunder Körperzellen ist. Der terroristische Islam ist durch nichts zu rechtfertigen, wenngleich es gerade in politisch linken Kreisen des Protestantismus die Tendenz gibt, ihn mittels einer Art Opferlogik zu rationalisieren und den Terror dadurch nachvollziehbar zu machen. Dass es Terror im Islam gibt, liegt »nicht an der Armut, denn viele islamische Län-

---

[23] Martin Rhonheimer, a. a. O., 40f.
[24] Ebd., 39. Siehe auch 23.

der sind reich und es gibt viele nichtmuslimische Entwicklungsländer und Schwellenstaaten, wo Freiheit herrscht. Es liegt auch nicht an dem gerne als Ausrede herangezogenen Erbe des westlichen Kolonialismus. Der Nahe Osten ist sogar eine der Weltregionen, die eher weniger vom westlichen Kolonialismus betroffen waren«[25], verglichen mit den vielen Jahrhunderten, in denen weite Teile des arabischen Raumes vom Osmanischen Reich beherrscht wurden.

Was aber zweifellos stimmt: der Islam, der nicht zur Integration in die liberale europäische Kultur willens oder fähig ist, wird immer mehr zu einer angegriffenen, immer weniger akzeptierten und in nichtmuslimischen Ländern zunehmend deklassierten Religion werden. Wer sich jedoch angegriffen fühlt, verteidigt sich und geht seinerseits zum Angriff über. Wer sich nicht respektiert fühlt, respektiert nichts, was dem Gegenüber, das ihn nicht respektiert, etwas bedeutet. Der Teufelskreis einer interreligiösen Konfrontation ist perfekt.

Beim Versuch, eine theologische Sprache für das Phänomen des terroristischen Islam zu finden, frage ich mich, ob es nicht angemessen sein könnte, im Sinne Karl Barths vom »Nichtigen« zu reden. Zeigt sich im islamistischen Terror das Nichtige, das Barths Definition zufolge nicht *ist*, sondern *nichtet* und daher kein Geschöpf Gottes genannt zu werden verdient[26]? – Ich weiß, dass diese Gedanken befremdlich klingen, weil sie in den Chor der politischen und theologischen Korrektheit nicht einstim-

---

[25]   Koopmans, a. a. O.
[26]   Siehe Karl Barth, Kirchliche Dogmatik Bd. III/3, 327–425 (§ 50: Gott und das Nichtige).

men und etwas bei einem Namen nennen, den man besser nicht in den Mund nimmt. Aber ich kann mir nicht helfen, die Dinge so zu sehen, weil ich glaube, dass es verharmlosend wäre, sie nicht so zu sehen. In der schwarzen Ästhetik des Schreckens, die der »Islamische Staat« inszeniert und verkörpert, begegnet uns das Böse, ja der Antichrist unserer Zeit. Teilt man diese Einschätzung, dann wird man aber auch theologisch unterstreichen müssen, dass das Wesen des Nichtigen darin besteht, dass es bereits gerichtet ist[27], sich also durch das Unwesen, das es treibt, selbst verurteilt und für die Gnade und Barmherzigkeit Gottes eigentlich nicht mehr erreichbar ist. Zwar sagt Jesus am Kreuz Lukas 23,34 zufolge: »Vater, vergib ihnen; denn sie wissen nicht, was sie tun.« Aber vergibt er ihnen auch selbst? Und bittet er mit diesen Worten auch für jene, die ganz genau wissen, was sie tun? An diesem Punkt stellt sich die uralte Frage nach der Reichweite der Vergebung und Versöhnung Gottes mit neuer Wucht. Mit neuer Wucht stellt sich auch die Frage nach dem Gericht Gottes. Ich wüsste derzeit nicht, wie man sich diesen Fragen im Blick auf den islamischen Terror anders annähern sollte als durch den tastenden Versuch, sich das Gericht Gottes als reinigendes Feuer der göttlichen Barmherzigkeit vorzustellen, das das Böse verbrennt und jene Menschen, die in seine dämonische Einflusssphäre geraten sind, am Ende als diejenigen aus der Glut hervortreten lässt, als die sie geschaffen wurden und als die sie gedacht waren, ehe die Gewalt des Nichtigen sich ihrer bemächtigte.

---

[27] Vgl. Johannes 3,18.

Die Kirche sollte den Mut und die theologische Kraft haben, jenseits von Naivität und Verharmlosung, aber auch jenseits von Rachephantasien, Hass und Hetze von Gottes Gericht über das Böse zu reden. Sie sollte ihre Sprachfähigkeit im Blick auf die verschütteten und verdrängten theologischen Traditionen wiedergewinnen, die sie meidet wie der Teufel das Weihwasser, weil sie ihr zu archaisch anmuten. Das Alte und Neue Testament sind voller Verfluchungen und Gewaltphantasien, die es meines Erachtens so wiederzuentdecken und so in einen liturgischen und seelsorgerlichen Kontext einzubetten gilt, dass sie im Leib der Liebe Gottes ihre psychohygienische Kraft entfalten können. Die evangelische Kirche und ihre Theologie sollten unter den Bedingungen des 21. Jahrhunderts aufs Neue durchbuchstabieren, was es heißen könnte, im Geist christlicher Liebe von Sünde, Fluch und Gericht zu reden, ohne in die Fallen des Fundamentalismus und der Naivität zu tappen oder sich in eine Spirale des Hasses und der Vergeltung zu begeben.

Lassen Sie mich am Ende dieses Kapitels noch ein Wort über die theologische Versuchung verlieren, letzte Urteile zu fällen. Ich bin dieser Versuchung möglicherweise erlegen und habe mich, wie Sie gemerkt haben, in einen durchaus unbarmherzigen heiligen Zorn hineingeschrieben. Hätte ich mir besser das Vaterunser vor Augen führen und beten sollen: »Führe uns nicht in Versuchung« (Matthäus 6,13)? Hätte ich Jesu Mahnung aus Matthäus 7,1 befolgen und nicht richten sollen, auf dass ich nicht gerichtet werde? In der Tat legt es sich aus christlicher Sicht im Blick auf theologische Letztverurteilungen nahe, sich deren vorletzten Charakter zu vergegenwärtigen, die Kritik am Anderen – und sei sie noch so berechtigt – selbstkritisch zu reflektieren und das jüngste Gericht über das Böse Gott selbst anheimzustellen. Vielleicht ist es daher zum Abschluss der Beobachtungen dieses Kapitels gut, an einige weise Worte des Apostels Paulus zu erinnern und sich als Präambel aller Kritik und als eschatologischen Vorbehalt allen heiligen Zorns ins Herz zu schreiben, was Paulus im zwölften Kapitel seines Römerbriefs geäußert hat: »Vergeltet niemandem Böses mit Bösem. Seid auf Gutes bedacht gegenüber jedermann. Ist's möglich, soviel an euch liegt, so habt mit allen Menschen Frieden. Rächt euch nicht selbst, meine Lieben, sondern gebt Raum dem Zorn Gottes; denn es steht geschrieben (5. Mose 32,35): ›Die Rache ist *mein*; *ich* will vergelten, spricht der Herr.‹ Vielmehr, ›wenn dein Feind hungert, so gib ihm zu trinken. Wenn du das tust, so wirst du feurige Kohlen auf sein Haupt sammeln‹ (Sprüche 25, 21–22). Lass dich nicht vom Bösen überwinden, sondern überwinde das Böse mit Gutem.« (Römer 12,17–21) Wer diese Haltung so einzuüben vermöchte, dass sie in Fleisch und Blut überginge, würde keinen geringen persönlichen Beitrag zu einer wahrhaft christlichen Leitkultur leisten.

13. PLÄDOYER FÜR EINE ISLAMISCHE RENAISSANCE:
Navid Kermanis Friedenspreisrede

In seiner beeindruckenden Rede zur Verleihung des Friedenspreises des Deutschen Buchhandels am 18. Oktober 2015 in der Frankfurter Paulskirche hat Navid Kermani nicht nur die Barbarei des politischen Islam unserer Gegenwart untersucht, sondern auch an die große mystisch-aufgeklärte Vergangenheit des Islam erinnert: »Bis ins 20. Jahrhundert hinein war der Sufismus fast überall in der islamischen Welt die Grundlage der Volksfrömmigkeit. Im asiatischen Islam ist er es bis heute. Zugleich war die islamische Hochkultur, insbesondere die Dichtung, die bildende Kunst und die Architektur, durchdrungen vom Geist der Mystik. Als die geläufigste Form der Religiosität bildete der Sufismus das ethische und ästhetische Gegengewicht zur Orthodoxie der Rechtsgelehrten. Indem er an Gott vor allem die Barmherzigkeit hervorhob, im Koran hinter jeden Buchstaben sah, in der Religion stets die Schönheit suchte, die Wahrheit auch in anderen Glaubensformen erkannte und ausdrücklich vom Christentum das Gebot der Feindesliebe übernahm, durchdrang der Sufismus die islamischen Gesellschaften mit Werten, Geschichten und Klängen, die aus einer Buchstabenfrömmigkeit allein nicht abzuleiten gewesen wären. Der Sufismus als der gelebte Islam setzte den Gesetzesislam nicht etwa außer Kraft, aber er ergänzte ihn, machte ihn im Alltag weicher, ambivalenter, durchlässiger, toleranter und durch die Musik, den Tanz, die Poesie vor allem auch sinnlich erlebbar.«[28]

Die Rede des Muslimen Navid Kermani in einer christlichen Kirche endete mit dem ungewöhnlichen, nicht unumstritten gebliebenen Aufruf zum Gebet für die drangsalierten und verfolgten Christen im Einflussgebiet des »Islamischen Staates«. Dieses Gebet sollte bewusst symbolischen Charakter haben, um »den Snuffvideos der Terroristen ein Bild unserer Brüderlichkeit entgegen(zu)halten«[29].

Ich will an dieser Stelle eine längere Passage aus Kermanis Rede zitieren, um die Tragweite seiner Diagnose, seiner Verzweiflung, aber auch seiner Hoffnung zu illustrieren und zu dokumentieren, welche Art des interreligiösen theologischen Denkens und Lebens ich mir wünsche: ein Denken und Leben, das weder die Garstigkeit des von Luther in der ersten Strophe seines Liedes »Ein feste Burg ist unser Gott« so genannten »altbösen Feindes« verharmlost, noch den Glauben daran verliert, dass dereinst auch wieder andere Erscheinungsformen des Islam unser Bild dieser Religion prägen könnten.

»Gewiss«, so Kermani, »lehnen die allermeisten Muslime Terror, Gewalt und Unterdrückung ab (...) Alle Massenaufstände der letzten Jahre in der islamischen Welt waren Aufstände für Demokratie und Menschenrechte, nicht nur die versuchten, wenn auch meist gescheiterten Revolutionen in fast allen arabischen Ländern (...) Ebenso zeigen die Flüchtlingsströme an, wo sich viele Muslime ein besseres Leben erhoffen als in ihrer Heimat: jedenfalls

---

[28] Navid Kermani, Über die Grenzen, a. a. O.
[29] Ebd.

nicht in religiösen Diktaturen (...) Das muss man alles sagen, will man nicht dem Trugbild aufsitzen, das Islamisten und Islamkritiker wortgleich entwerfen: Dass der Islam einen Krieg gegen den Westen führt. Eher führt der Islam einen Krieg gegen sich selbst (...) Wenn man weiß, dass die Schulbücher und Lehrpläne im ›Islamischen Staat‹ zu 95 Prozent identisch mit den Schulbüchern und Lehrplänen Saudi-Arabiens sind, dann weiß man auch, dass die Welt nicht nur im Irak und in Syrien strikt in verboten und erlaubt eingeteilt wird – und die Menschheit in gläubig und ungläubig. Gesponsert mit Milliardenbeträgen aus dem Öl, hat sich über Jahrzehnte in Moscheen, in Büchern, im Fernsehen ein Denken ausgebreitet, das ausnahmslos alle Andersgläubigen zu Ketzern erklärt, beschimpft, terrorisiert, verächtlich macht und beleidigt. Wenn man andere Menschen systematisch, Tag für Tag, öffentlich herabsetzt, ist es nur folgerichtig – wie gut kennen wir das aus unserer eigenen, der deutschen Geschichte –, dass man schließlich auch ihr Leben für unwert erklärt. Dass ein solcher religiöser Faschismus überhaupt denkmöglich wurde, (...) das ist nicht der Beginn, sondern der vorläufige Endpunkt eines langen Niedergangs, eines Niedergangs auch und gerade des religiösen Denkens (...) Oft ist zu lesen, dass der Islam durch das Feuer der Aufklärung gehen oder die Moderne sich gegen die Tradition durchsetzen müsse. Aber das ist vielleicht etwas zu einfach gedacht, wenn die Vergangenheit des Islams so viel aufklärerischer war und das traditionelle Schrifttum bisweilen moderner anmutet als der theologische Gegenwartsdiskurs (...) Vielleicht ist das Problem des Islams weniger die Tradition als vielmehr der fast schon vollständige Bruch mit dieser Tradition, der Verlust des kulturellen Gedächtnisses, seine zivilisatorische Amnesie.«[30]

Würde der Islam sein religiöses und kulturelles Gedächtnis wiedergewinnen, aus den Quellen seiner kultivierten Vergangenheit schöpfen und diese Vergangenheit aufsuchen, aufs Neue verinnerlichen und vergegenwärtigen, würde er den Mut haben, seine zarten und weichen Gesichtszüge hinter der Maske von menschenverachtender Gewalt und frauenverachtender Unterdrückung zu zeigen, dann würde ich als Christ mit großer Begeisterung und von ganzem Herzen den Dialog mit einer Religion suchen, die dem Christentum vor Augen führen könnte, was nicht nur der Islam, sondern dieses Christentum selbst im Prozess der Rationalisierung, Ethisierung und Entsakralisierung des neuzeitlichen Protestantismus vergessen hat.

---

[30] Ebd.

14. SELBSTBANALISIERUNG:
Keine geringe Gefahr des Protestantismus

Viele Christenmenschen sehen das Christentum unserer Zeit auf vielfältige Weise gefährdet und in verzweifelten Rückzugsgefechten oder aufgescheuchter Flucht nach vorn begriffen. Seine Relevanz scheint zu schwinden.

Die größte Gefahr droht dem christlichen Glauben und der christlichen Kirche aber nicht von außen, sondern von innen. Der Protestantismus wird nicht durch Traditionsabbrüche, nicht durch den immer selbstverständlicher werdenden impliziten und expliziten Atheismus unserer abendländischen Kultur und auch nicht durch einen immer aggressiver werdenden politischen Islam zugrunde gehen. Denn wenn sich der Protestantismus dessen sicher ist, woran er glaubt, wofür er steht und was er den Menschen zu sagen und zu geben hat, werden all diese vielzitierten und häufig diagnostizierten Gefährdungen der evangelischen Kirche letztlich nichts anhaben können. Wenn der Protestantismus jemals zugrunde gehen sollte, dann geht er allenfalls an seiner Kraftlosigkeit, an seiner Substanzlosigkeit und an seiner Selbstbanalisierung und Selbsttrivialisierung zugrunde. Er geht daran zugrunde, dass er weit hinter seinen Möglichkeiten zurückbleibt und weit weniger avantgardistisch, kulturell und religiös stilprägend ist, als er sein könnte. Statt seiner Zeit die Fackel voranzutragen, trägt er ihr die Schleppe hinterher. Weil er hinter sich selbst zurückbleibt, wird er gleichsam zu einem »Post-Protestantismus«[31], der, so der Theologe Martin Schuck (*1961), »selbst nicht die treibende Kraft ist, die die Bedingungen für die eigne Transformation herstellt, sondern mit einer veränderten Form religiöser Präsentation auf von außen gesetzte Veränderungen reagiert.« Durch diese veränderte Form verändert sich aber auch der Inhalt, der fremdbestimmter wird denn je. Auch in ihrem überlebensorientierten Umbau beruft sich, so Schuck, die Kirche »kaum auf Theologie (...), sondern muss sich soziologischen und organisationstheoretischen Gesetzmäßigkeiten fügen. Das alles sind Zeichen für einen fortgeschrittenen Weg der reformatorischen Kirchlichkeit in eine post-protestantische Existenzweise«, die das kritische Potenzial des Protestantismus leichtfertig aufs Spiel setzt.

Natürlich trägt auch die eingangs beschriebene, gleichsam genetisch protestantische Dynamik der Selbstsäkularisierung zur möglichen Selbstabschaffung des Protestantismus bei. Seine Selbstabschaffung könnte dem Protestantismus in die Wiege gelegt sein. Ich werde darauf später noch zurückkommen.

Der Feind lauert also im Inneren der evangelischen Kirche, nicht draußen vor den Kirchentüren, so warm sich die evangelische Kirche der Zukunft wird anziehen müssen, um den kulturellen, politischen, religiösen und zwischenmenschlichen Eiszeiten zu trotzen, die vor uns liegen könnten. Der amerikanische Schriftsteller Don DeLillo (*1936) beschreibt in seinem so großartigen wie schauri-

---

[31] So Martin Schuck in einem »Auf dem Weg in den Post-Protestantismus« betitelten Editorial zum Pfälzischen Pfarrerblatt. Siehe online unter http://www.pfarrerblatt.de/index.html.

gen Roman »*Zero K*«[32] die Welt der nicht all zu fernen Zukunft als eine solche Eiszeit. Die Menschen dieser Zukunft glauben in einer vom Terrorismus und von Natur- und Kulturkatastrophen verheerten Welt allenfalls noch an das Geld und an den naturwissenschaftlichen und technologischen Fortschritt, den sie quasireligiös verehren, weil er ihnen die Unsterblichkeit bescheren könnte.

Auch im kalten globalen Winter des endenden zweiten Jahrzehnts des 21. Jahrhunderts hätte die evangelische Kirche allerdings das Zeug zum Gegenentwurf, wenn sie nicht nackt, leer- und ausgebrannt, sondern Feuer und Flamme für das Evangelium wäre, in dem sich eine der faszinierendsten Erkenntnisse und Botschaften aller Zeiten verbirgt. Es ist an der Kirche, diese Erkenntnis wiederzugewinnen und für Andere hörbar, fühlbar und sichtbar werden zu lassen, welch atemberaubende Einsichten und Denk- und Lebensalternativen der christliche Glaube ermöglicht. Es ist an der Kirche, sich selbst und Anderen neue reformatorische Perspektiven zu eröffnen, statt in banalitätsbegünstigenden Routinen zu verharren. Dazu muss sie aber sich selbst, Gott und die Welt wieder anders sehen lernen und sich aufschwingen zu neuen Horizonten. So sehr in der Kirche aber immer wieder davon die Rede ist, dass uns die Kraft des Geistes Flügel verleiht, so träge und unbeweglich verharrt der deutsche Protestantismus doch vielerorts in seiner saturierten Bequemlichkeit, die er allenfalls verbal transzendiert.

Der dänische Philosoph Søren Kierkegaard (1813–1855) hat diesen Geist des Protestantismus schon im

---

[32] Don DeLillo, Zero K, New York 2016.

19. Jahrhundert in seiner Gänseparabel aufs Korn genommen: »Ein Haufen schnatternder Gänse wohnt auf einem wunderbaren Hof. Sie veranstalten alle sieben Tage eine herrliche Parade. Das stattliche Federvieh wandert im Gänsemarsch zum Zaun, wo der beredteste Gänserich mit ergreifenden Worten schnatternd die Herrlichkeit der Gänse dartut. Immer wieder kommt er darauf zu sprechen, wie in Vorzeiten die Gänse mit ihrem mächtigen Gespann die Meere und Kontinente beflogen haben. Er vergaß nicht, dabei das Lob an Gottes Schöpfermacht zu betonen. Schließlich hat er den Gänsen ihre kräftigen Flügel und ihren unglaublichen Richtungssinn gegeben, dank deren die Gänse die Erdkugel überflogen. Die Gänse sind tief beeindruckt. Sie senken andächtig ihre Köpfe und drücken ihre Flügel fest an den wohlgenährten Körper, der noch nie den Boden verlassen hat. Sie watscheln auseinander, voll Lobes für die gute Predigt und den beredten Gänserich. Aber das ist auch alles. Fliegen tun sie nicht. Sie machen nicht einmal den Versuch. Sie kommen gar nicht auf den Gedanken. Sie fliegen nicht, denn das Korn ist gut, der Hof ist sicher, und ihr Leben bequem.«[33]

---

[33] Søren Kierkegaard, Buch des Richters. Seine Tagebücher 1833–1855, hrsg. v. Hermann Gottsched, Jena und Leipzig 1905, 151.

15. PERSPEKTIVENWECHSEL:
Feste des Nichtwiedererkennens feiern

Es zeichnet den Menschen aus, die Dinge sowie sich selbst und Andere aus unterschiedlichsten Perspektiven wahrnehmen, unterschiedlichste Perspektiven miteinander ins Gespräch bringen und eine eigene Perspektive mit guten und überzeugenden Gründen vertreten zu können. Im Unterschied zum Tier und im Unterschied zu den derzeit avanciertesten Formen künstlicher Intelligenz ist der Mensch kraft seines Geistes das Wesen der Möglichkeit, Wirklichkeit auf vielfältige Weise wahrnehmen zu können. Er ist geradezu das Wesen des Anderssehenkönnens. Und er entfaltet sich dort als wahrhaft ethische Persönlichkeit, wo er auch Andere sich selbst, Andere und die Welt anders sehen lässt. Dieses Anderssehenlassenkönnen nennen wir Toleranz. Wo sie verwirklicht ist, verwirklicht der Mensch nicht nur die erkenntnistheoretische Möglichkeit, das mehrperspektivische Wesen zu sein. Als Wesen des barmherzigen Sehens wird der Mensch auch zum Wesen der Güte. Er muss andere nicht richten, sondern kann sie sein lassen, wie sie sind. Das Urbild dieser Güte ist Jesus Christus selbst: der wahre Mensch, der zugleich der wahre Gott ist, weil sich in ihm die Güte, die Liebe und der Wille Gottes verwirklichen.

Was wir Menschen könnten, tun wir freilich nicht immer – aus unterschiedlichsten Gründen. Dass Menschen nicht willens oder in der Lage sind, sich von bestimmten Sichten der Welt, von bestimmten Sichten Gottes, von bestimmten Sichten anderer Menschen und von bestimmten Sichten ihrer selbst zu distanzieren und die Perspektive zu wechseln, kann nicht selten geradezu als Wurzel zwischenmenschlichen Übels gelten. Die Bibel und der christliche Glaube beschreiben diese Verstrickung des Menschen in Dynamiken des Nichtwahrhabenwollens, der Engstirnigkeit, der Intoleranz und der Blindheit als Sünde. So altertümlich, ungebräuchlich und bagatellisiert dieses Wort in unserer Kultur auch sein mag, so erschreckend zeitlos ist das Phänomen, das es bezeichnet: den Willen zur Ferne der Liebe und den Willen zur Ferne Gottes. Martin Luther beschrieb Sünde als Selbstverkrümmung des Menschen in sich selbst[34]. Personen und Systeme, die in sich selbst verkrümmt sind, lassen die Bereitschaft zur selbstkritischen Selbstwahrnehmung vermissen und bleiben hinter der Möglichkeit der Mehrperspektivität zurück, die übrigens nicht mit Beliebigkeit verwechselt werden sollte, weil Mehrperspektivität sowohl das Vertreten einer klaren Position als auch die Sensibilität gegenüber der Möglichkeit anderer Perspektiven und Positionen beinhaltet.

Personen und Systeme, die in sich selbst verkrümmt sind, bleiben außerdem hinter der Möglichkeit der Selbstveränderung zurück. Aber auch jene Individuen und Systeme, die nicht in sich selbst verkrümmt, sondern offen für alles sind, setzen sich einer Gefahr aus: der Gefahr einer Fremdbestimmung, die von allem Anderen begeisterter ist als vom Eigenen. In religiöser Hinsicht ist Selbstverkrümmung ebenso fatal wie Selbstveräußerung, Selbstverleugnung oder Realitätsverlust.

---

[34] Martin Luther, Scholion zu Römer 5,4, in: WA 56, 304, 25–29.

Ihre gewohnte Sicht der Dinge kann Menschen betriebsblind machen für das Anderssehen des Gewohnten. Wer Reformationen verhindern und dafür sorgen will, dass immer das Gleiche und niemals anders gedacht wird, muss sich selbst und anderen Menschen nur verbieten, über den Tellerrand des gewohnten Weltbildes hinauszublicken. Wenn einem das allzu Vertraute nicht auch fremd werden kann, übersieht man leicht, was im Eigenen im Argen liegt. Umgekehrt wird derjenige blind für die Stärken des Eigenen, der nur dem Anderen vertraut, weil es exotisch, fremd und daher attraktiv ist. Nicht nur Xenophobie, auch Xenophilie stellt eine Gefahr dar. Auch Blauäugigkeit kann eine Form der Verblendung sein.

In jedem Fall gilt: man muss die Gewohnheitsbrille mitunter abnehmen, um im Blick auf das Eigene und auf das Fremde klarer zu sehen, was es zu verändern gilt und um mit der eigenen geistigen und geistlichen Heimat Feste des Nichtwiedererkennens feiern zu können.

Es gibt freilich in der Kirche wie in der menschlichen Psyche auch das andere Phänomen: die klare Erkenntnis dessen, was im Argen liegt und sich ändern müsste, bei gleichzeitigem unerbittlichen Festhalten an dem als problematisch und falsch Erkannten. Die reinste Form des Wahnsinns, so bemerkte der große Physiker Albert Einstein (1879–1955) einmal gesprächsweise, sei es, alles beim Alten zu lassen und gleichzeitig zu hoffen, dass sich etwas ändert. Auch die Verstrickung in Konsequenzlosigkeit und Beharrungsvermögen wider besseres Wissen wird man wohl als Sünde bezeichnen müssen, wenngleich diese Sünde zur Logik von Systemen gehört, die in erster Linie sich selbst zu erhalten suchen. Auch die evangelische Kirche ist nicht vor der Gefahr gefeit, Selbsterhaltung und Selbstbehauptung zum Selbstzweck zu machen – sei es durch Festklammern am vermeintlich bewährten Eigenen oder durch kurzatmige Begeisterung für das, was aus der Sicht Anderer attraktiv ist. Weder sollte sich die evangelische Kirche in sich selbst zurückziehen, erstarren und ihre eigene Erstarrung für das Wesentliche halten, noch sollte sie sich verflüssigen und im Anderen aufgehen, das sie oft für interessanter hält als die Wirklichkeit, in der sie gründet und aus der sie lebt.

16. DIE EROTIK DES GLAUBENS:
Sinn und Geschmack für das Universum

Sobald ich versuche, den christlichen Glauben und die Kirche in ihren realen Ausprägungsformen aus einer gewissen Distanz zu betrachten, bin ich jedesmal von Neuem überrascht und enttäuscht. Ich bin überrascht und enttäuscht, dass die evangelische Kirche im geistigen und im geistlichen Sinn derart unerotisch ist – oder besser gesagt: keinen Zugang zu ihrer spirituellen, erkenntnistheoretischen und metaphysischen Erotik mehr hat. Mit »Erotik« meine ich die leidenschaftliche Suche nach fundamentaler Wahrheit und die unstillbare Sehnsucht nach den letzten Dingen. Diese fehlende Leidenschaft und Begeisterung macht die evangelische Kirche zu einer langweiligen und müden, von Religion und Metaphysik nicht mehr berauschten, sondern nurmehr träge dahindämmernden und Trivialitäten kommunizierenden Erscheinung, die allein sich selbst genügt – und oft nicht einmal mehr das. Ihre fehlende Erotik macht die Kirche zu einer Verwalterin ihrer inneren Leere, weil die Sehnsucht nach dem ganz Anderen sie nicht mehr über sich hinaustreibt und weder umstürzende Erkenntnisse noch umstürzende Bekenntnisse freisetzt. Wer aber nur noch verwaltet, wird unweigerlich verwesen. Nicht von ungefähr ist das eine Wort ein Synonym des anderen. Verwesen wird aber auch eine Kirche, die aus ihrem *horror vacui* in den Produktivitätswahn flieht und sich am Ende zu Tode erschöpft.

Dabei birgt der christliche Glaube ein gewaltiges revolutionäres Potenzial. Die Frucht des christlichen Glaubens ist weder Langeweile noch Verwesung. Der Glaube könnte vielmehr in spiritueller und in intellektueller Hinsicht weltbilderschütternd und weltbewegend sein. Er könnte es nicht nur mit den Gottes-, Menschen- und Weltbildern anderer Religionen, sondern auch mit den Menschen- und Weltbildern der modernen Natur- und Kulturwissenschaften aufnehmen. Er hätte, wäre er sich dessen bewusst, mehr zu sagen, als er gegenwärtig glaubt.

Ich habe nie verstanden, wie man sich auf der Erde zu Hause fühlen kann, ohne sich angesichts des bestirnten Himmels über uns zu fragen, welche Bewandtnis es mit dem All hat, in dem wir leben. – Was ist der Sinn des Kosmos? Was ist der Sinn des Ganzen? Viele wissenschaftsgläubige Zeitgenossen unserer Tage stellen diese metaphysischen Fragen nicht mehr. Sie halten sie für weltfern und im Blick auf den Kosmos für sinnlos. Überdies glauben sie, dass die Welt, in der wir leben, auf naturwissenschaftlichem Weg zuverlässig exploriert werden kann. Sie halten es für ausgemacht, dass es in dieser von den Naturwissenschaften ausgeloteten und gedeuteten Welt keinen Grund mehr gibt, aus Erkenntnissehnsucht religiös zu werden und über die Natur hinaus oder in ihr Innerstes hinein nach einem letzten Sinn und Geheimnis zu fragen.

Aber hat sich unser Wissen über die wahre Natur der Dinge in den vergangenen zweitausend Jahren wirklich wesentlich vergrößert? Noch immer wissen wir nicht auch nur annähernd, was es mit diesem Universum und mit uns, die wir in diesem Kosmos zufällig entstanden zu sein scheinen und uns nun darin vorfinden, eigentlich auf sich hat. Was ist überhaupt ein Kosmos? Niemand von uns wird ernsthaft behaupten, diese Frage beantworten zu können, die man daher – so das Credo einer agnostischen Naturwissenschaft – besser gar nicht erst stellt. Mag die naturwissenschaftlich zugängliche Dimension der Welt, die viele Menschen für die einzig wahre und für die einzig reale halten, auch halbwegs verstanden sein: ihr Sinn ist dunkel. Niemand hat es bisher vermocht, in diese Dunkelheit vorzustoßen, weil uns abgesehen vom numinosen Staunen und vom religiösen Glauben die Instrumente dafür fehlen. Oder ist die Idee vom Sinn des Ganzen nur ein Konstrukt unserer menschlichen Phantasie, also ein Hirngespinst ohne Realitätsgehalt? Ich halte das für undenkbar, so lange es zum Menschen zu gehören scheint, die Sinnfrage stellen zu können. Mag der Himmel auch von den Göttern befreit und mögen wir als Bewohner einer verlässlich gedeuteten Welt noch so rational, realistisch und pragmatisch geworden sein: der, den der Blick ins nächtliche All nicht überwältigt und vor just diese Sinnfrage stellt, kann nicht ernsthaft behaupten, er wisse, was es heißt, ein Mensch im Kosmos zu sein. Der US-amerikanische Astronom, Astrophysiker und Exobiologe Carl Sagan (1934–1996) hatte vermutlich Recht, als er schrieb: »*In every culture, the sky and the religious impulse are intertwined.*«[35] In jeder Kultur sind der Himmel und der religiöse Impuls untrennbar verbunden und verschwistert – und zwar so untrennbar, dass der physikalische Himmel auch in der Sprache zu einer religiösen Sphäre wurde. Die englische Sprache zeugt davon. Sie

---

[35] Carl Sagan, Pale Blue Dot. A Vision of the Human Future in Space, New York 1994, 98.

unterscheidet zwischen *sky*, dem meteorologischen, und *heaven*, dem religiösen Himmel. Und auch im Deutschen hat das Wort »Himmel« nicht nur einen meteorologisch-astronomischen, sondern auch einen religiösen und metaphysischen Sinn.

Ich denke, dass es auch dem aufgeklärten evangelischen Christentum des 21. Jahrhunderts nicht schaden könnte, wenn es sich durch den Blick in den physikalischen Himmel bewusst machen würde, wovon diese irdische Welt, die wir für das Maß aller Dinge halten, umgeben ist, wie unselbstverständlich es ist, dass es uns gibt, und wie relativ all das ist, woran wir hängen, worum wir uns Sorgen machen und wofür wir uns die Köpfe einschlagen. Carl Sagan, der atheistische kosmische Mystiker, beschrieb seine spirituelle Urerfahrung ganz in diesem Sinn:[36] »Ich liege auf einem freien Feld auf dem Rücken, und der Himmel umgibt mich. Ich bin überwältigt von seinen Ausmaßen. Er ist so gigantisch und so weit entfernt, dass meine eigene Unbedeutendheit spürbar ist. Aber ich fühle mich nicht vom Himmel zurückgewiesen. Ich bin ein Teil von ihm – winzig, gewiss, aber alles ist winzig verglichen mit dieser überwältigenden Ungeheuerlichkeit. Und wenn ich mich auf die Sterne, auf die Planeten und auf ihre Bewegungen konzentriere, drängt sich

---

[36] Ebd.: »*I lie back in an open field and the sky surrounds me. It's so vast and so far away that my own insignificance becomes palpable. But I don't feel rejected by the sky. I'm a part of it – tiny, to be sure, but everything is tiny compared to that overwhelming immensity. And when I concentrate on the stars, the planets and their motions, I have an irresistable sense of machinery, clockwork, elegant precision working on a scale that, however lofty our aspiration, dwarfs and humbles us.*«

mir der unwiderstehliche Eindruck eines Mechanismus, eines Uhrwerks und einer eleganten Präzision in einer Größe aus, die uns – wie erhaben unsere Bestrebungen und Errungenschaften auch sein mögen – demütig und zu Zwergen macht.«

Aber der Blick in den Sternenhimmel offenbart uns nicht nur unsere Winzigkeit und Unbedeutendheit. Er offenbart uns auch unsere Größe und unsere Kostbarkeit. Wir, Geist vom Geist des Universums und Sternenstaub, der über die Sterne nachdenkt, können uns auf die Suche nach dem Sinn unseres Daseins und nach dem Sinn des Ganzen machen. Das erhebt uns weit über das hinaus, was wir von uns halten, wenn wir uns nur als physikalische und biochemische Materie begreifen.

Wo käme dies eindrücklicher zum Ausdruck als im achten Psalm? »Wenn ich sehe die Himmel, deiner Finger Werk, den Mond und die Sterne, die du bereitet hast: Was ist der Mensch, dass du seiner gedenkst, und des Menschenkind, dass du sich seiner annimmst? Du hast ihn wenig niedriger gemacht als Gott, mit Ehre und Herrlichkeit hast du ihn gekrönt.«

17. DIE FRAGE ALLER FRAGEN:
Wer und wo sind wir?

Nichts ist im Blick auf die Erkenntnisse der Vergangenheit der Menschheit so gnadenlos wie der wissenschaftliche Fortschritt, der uns über die naturwissenschaftlichen Spekulationen unserer Vorfahren schmunzeln lässt. Wir belächeln unsere Altvorderen, die sich fragten, was sich hinter dem Firmament und unter der Erdscheibe wohl verbergen würde. Wir belächeln den Missionar des Mittelalters, der auf dem berühmten, von dem französischen Astronom Camille Flammarion (1842–1925) erstmals veröffentlichten Holzschnitt[37] am äußersten Rand der Erdscheibe kniet, seinen Kopf durch die bestirnte Käseglocke des Firmaments steckt, über die rätselhafte Himmelsmechanik dahinter staunt und sagt, er habe den Punkt gefunden, an dem Himmel und Erde sich berühren, aber nicht verschweißt waren, so dass er das Himmelsgewölbe zu durchdringen vermochte.

Wir halten die in zahllosen Zusammenhängen und mit unterschiedlichsten Intentionen abgebildete Grafik für den Ausdruck eines naiven, überwundenen Weltbilds. Den US-amerikanischen Arzt und Luftwaffenoffizier David G. Simons (1922–2010), der im August 1957 bei seinem Ballonflug im Rahmen des Projekts »Manhigh« auf einer Meereshöhe von dreißig Kilometern als

---

[37] Camille Flammarion, L'Atmosphère. Météorologie populaire, Paris 1888, 163.

erster Mensch das vertraute Blau der Atmosphäre in ein dunkles Purpur und darüber in das Tiefschwarz des Alls übergehen sah, belächeln wir dagegen nicht. Denn wir halten seinen Blick auf dieses unendlich schwarze All, das hinter dem Blau unserer Atmosphäre liegt, für die letztgültige Antwort auf die Frage, wo wir, die Erdbewohner, sind. Unser Heimatplanet ist ein »*pale blue dot*«[38], ein blasser blauer Punkt in der gigantischen Nacht des Weltraums.

Wir befinden uns nicht auf einer Scheibe, die eine Käseglocke umgibt, hinter der sich gewissermaßen der Schnürboden unserer Weltbühne versteckt. Wir befinden uns in einem tiefschwarzen Universum, dessen Schnürboden unsichtbar ist und allenfalls durch mathematische Gleichungen symbolisiert werden kann. Dieses Bild der Erde im Kosmos ist – so scheint es – die letzte Wahrheit über die Spezies Mensch und die letzte Wahrheit über die Stellung des Menschen im All. Der Mensch erscheint in diesem Bild der Welt als ein mikrobisch kleines, gänzlich bedeutungsloses Wesen in einem sich ausdehnenden, uns gegenüber gleichgültigen Universum aus Galaxien, Sternen, Planeten, dunkler Energie und dunkler Materie. Von letzteren beiden können wir zwar derzeit nicht wissen, ob ihre Entschleierung uns nicht in eine Realität hineinversetzen wird, die uns dazu nötigt, uns ein anderes Bild von uns und unserem All zu machen. Gleichwohl fühlen wir uns unserer Sache sicher, wenn wir im Blick auf unseren Kosmos feststellen, es sei – trotz mancher Ungeklärtheiten im Blick auf die Natur der dunklen Materie, der dunklen Energie, des Quantenschaums, der Quantenfluktua-

---

[38]   So der Titel von Carl Sagans soeben zitiertem Buch.

tionen und möglicher Multiversen – nichts darüber, darunter und dahinter, was Religiosität begründet erscheinen lassen würde. Die Luft- und Raumfahrttechnik des 20. Jahrhunderts hat uns – so meinen wir – vollends und endgültig in den Stand gesetzt, uns selbst im Kosmos nicht nur anders als unsere Vorfahren, sondern endlich richtig zu sehen: als Raumfahrer im Raumschiff Erde. Was unsere Vorfahren sich nie und nimmer hätten vorstellen können, dessen wurden die Astronauten der US-amerikanischen Apollo-Mondmission mit eigenen Augen gewahr: »Erstmals konnten die Erdbewohner ihre Welt von oben sehen – die ganze Erde, die Erde in Farbe, die Erde als einen wunderbaren, sich drehenden blauweißen Ball vor dem Hintergrund der ungeheuren Dunkelheit des Raumes. Diese Bilder halfen dabei, unser schlummerndes planetarisches Bewusstsein zu neuem Leben zu erwecken. Sie sind der unbestreitbare Beweis dafür, dass wir uns alle denselben verwundbaren Planeten teilen. Sie erinnern uns an das, was wichtig und an das, was unwichtig ist.«[39] Die Menschen der Vergangenheit, die diese Perspektive auf sich selbst und ihre Welt nicht einzunehmen vermochten, belächeln wir – allerdings zu Unrecht. Denn wissen wir in kosmologischer Hinsicht tatsächlich mehr als sie, die nicht über die naturwissenschaftlichen Erkenntnismethoden und -formen unserer Gegenwart verfügten?

---

[39] So Sagan, a. a. O., 171. *For the first time, the inhabitants of Earth could see their world from above – the whole Earth, the Earth in colour, the Earth as an exquisite spinning white and blue ball set against the vast darkness of space. Those images helped awaken our slumbering planetary consciousness. They provide incontestable evidence that we all share the same vulnerable planet. They remind us of what is important and what is not.*

Wissen wir tatsächlich besser, sicherer und zweifelsfreier als unsere Ahnen, dass kein Gott diesen Kosmos ins Werk gesetzt, dass sich in Christus nicht das wahrhaft Gute, wahrhaft Göttliche und wahrhaft Menschliche offenbart hat und dass alles ein sinnloser Zufall ist? Wissen wir wirklich, wer und wo wir wirklich sind?

Vergessen wir übrigens nicht, dass auch unsere Nachfahren uns belächeln werden. So beeindruckt sie von unseren wissenschaftlichen Leistungen sein werden: sie dürften ein ganz anderes Bild des Alls gewonnen haben als wir Heutigen. Aber auch sie könnten der wahren Antwort auf die Frage, wo und wer wir sind, keinen Deut näher gekommen sein als wir und als ihre und unsere Vorfahren.

Interessanterweise belächeln wir nicht nur den mittelalterlichen Missionar, der mit dem Kopf durch die Wand des Firmaments geht – wobei wir ihn eigentlich gar nicht belächeln müssten, wenn wir die Bildwelt des Holzschnitts nicht wörtlich, sondern symbolisch verstünden. Er stellt irgendwie ja doch ein gültiges Gleichnis des menschlichen Eros dar, den Dingen naturwissenschaftlich und metaphysisch auf den Grund zu gehen und zu sehen, was wirklich dahinter ist – unabhängig davon, innerhalb welchen Welt- und Himmelsbildes dieser Erkenntniswille symbolisiert wird. – Wir belächeln auch den russischen Kosmonauten Juri Gagarin (1934–1968), den ersten Menschen im Weltall, – nicht für seine berührende Schilderung des Übergangs von irdischem Blau zu kosmischem Schwarz[40], sondern für seine Worte, die ihm nach seinem Raumflug am 12. April 1961 von der Sowjet-

---

[40] Ebd., 128.

propaganda in den Mund gelegt wurden: »Ich bin in den Weltraum geflogen, aber Gott habe ich dort nicht gesehen.« Wir halten seine Verwechslung oder Identifizierung von *heaven* und *sky* für naiv oder für ideologisch. Die Erkenntnis, für die bereits John Lennon (1940–1980) in seinem berühmten Lied »*Imagine*« plädierte, dass es nämlich keinen *heaven*, sondern nur *sky* gibt, halten wir dagegen unhinterfragt für wissenschaftlich.

Zwar bewirkten die Satelliten, welche die ersten Bilder der Erde aus dem All aufnahmen und den Menschen vor Augen führten, wie unselbstverständlich, rätselhaft und zerbrechlich die Existenz der irdischen Biosphäre ist, eine Weltbildrevolution, weil diese Fotos zeigten, was zuvor nur theoretisch gewusst werden konnte: dass sich nicht alles um unsere Erde dreht, dass der Boden der Tatsachen keineswegs unten, der Himmel keineswegs oben, der Mensch keineswegs der Nabel des Universums und hinter dem Firmament keineswegs ein alter Mann mit weißem Bart sitzt. Aber diese Weltbildrevolution konnte die sich angesichts des Sternenhimmels stellende Gottesfrage, die Frage nach dem Sinn des Ganzen und die Frage des Menschen, wer und wo er wirklich ist, nicht aus der Welt schaffen – auch, wenn manche religiös unmusikalischen Zeitgenossen behaupten, diese metaphysischen Fragen seien gegenstandslos, weil nur Fragen legitim sind, die auch naturwissenschaftlich beantwortet werden können. Doch auch diese Behauptung ist ein metaphysischer Satz. Programme, welche die Metaphysik verabschieden wollen, sind also wenig überzeugend: »Denn sie beruhen stets auf Voraussetzungen, die ihrerseits von metaphysischer Art sind. Der Vernunft stellt sich am Ende deshalb nicht die Frage, ob sie überhaupt Metaphysik betreiben will, sondern in welcher Weise.«[41]

Wer die Frage, woraus das Universum gemacht ist und was es im Innersten zusammenhält, so beantwortet, dass er physikalisch beschreibbare Teilchen, Kräfte und Information als letzte Wirklichkeiten bezeichnet, argumentiert also nicht weniger metaphysisch als jemand, der wie die US-amerikanische Dichterin Muriel Rukeyser (1913–1980) die Überzeugung vertritt, das Universum bestehe aus Geschichten, aus Sinnfragen, aus Daseinsdeutungen und aus Geist. Im Jahr 1968 brachte Muriel Rukeyser dies in einem ihrer Gedichte zum Ausdruck. Es trägt den Titel »*The Speed of Darkness*«. Eine Zeile dieses Gedichtes lautet: »*The universe is made of stories, not of atoms.*«[42] Das Universum besteht aus Geschichten, nicht aus Atomen.

Ich glaube – ohne dies beweisen zu können –, dass das Elementare aus dem Komplexen begriffen werden muss, nicht umgekehrt. Und das Komplexeste ist das Nachdenken und Staunen des menschlichen Geistes und Herzens über den Sinn des Ganzen – mit anderen Worten: die Frage nach Gott.

---

[41] Friedrich Hermanni, Metaphysik. Versuche über letzte Fragen. Collegium Metaphysicum, Tübingen, 2. Aufl. 2012, 1.

[42] Siehe online unter: https://www.poetryfoundation.org/poems-and-poets/poems/detail/56287.

18. DAS TRANSPARENTE ALL:
Wie geschaffen für das Auge des Menschen

Ich will in diesem Zusammenhang einen Gedanken entfalten, von dem ich mir wünschen würde, er wäre in unseren Kirchenräumen, die Kirchen unter dem Himmel sind, diesen Himmel aber leider nur selten herein lassen, auch symbolisch gegenwärtiger. Kirchen, so finde ich, sollten auch in architektonischer Hinsicht nach oben offen sein – so, wie die Türme des US-amerikanischen Land-Art-Künstlers James Turrell (*1943) und so, wie jene romanischen und gotischen Ruinen, deren Dächer zugrundegegangen sind, während ihre Fundamente und Mauern noch stehen und in den Himmel ragen, den man in diesen Ruinen sehen und meditieren kann. Vielleicht ist es letztlich nur in Kirchenräumen, die nach oben offen sind, möglich, die Frage nach Gott so zu stellen, dass sie in abendlichen, osternächtlichen und morgendlichen Gottesdiensten zu einer wirklich erschütternden Frage wird, die uns unbedingt angeht.

Ist es nicht erstaunlich, verblüffend und überwältigend, dass wir das Universum, unsere Galaxie und ihre Sterne überhaupt sehen und uns Gedanken über unsere Stellung im Kosmos machen können? – 380.000 Jahre nach dem Urknall wurde das Universum transparent. Es war in unserem Kosmos so »kühl« geworden, dass die Elektronen sich an die Atomkerne binden konnten. Fortan breitete sich nicht nur die kosmische Hintergrundstrahlung, sondern auch Licht ungehindert durch den Kosmos und mit dem Kosmos aus – Licht, das irgendwann von Wesen gesehen werden konnte, die im Lauf der Evolution sehend geworden waren. Hätte dieser physikalische Prozess des Transparentwerdens des Alls nicht stattgefunden, gäbe es Sichtbarkeit nicht. Wir hätten dann auch keine Augen. Wenn wir auf einem Planeten leben würden, dessen Atmosphäre so undurchdringlich dicht wäre, dass nie das Licht eines Sterns den Weg an die nächtliche Oberfläche dieses Planeten gefunden hätte, könnten wir mit keinem optischen Teleskop dieser Welt in die Tiefe des Alls blicken. Nur Radioastronomie wäre möglich. Für Astronomen und Astrophysiker wären auf einem solchen Planeten weit höhere Hürden zu überwinden als für Generationen irdischer Naturwissenschaftler, die nicht mit einer intransparenten Atmosphäre, sondern nur mit den Täuschungen des sogenannten gesunden Menschenverstandes und mit den Widerständen der Kirche gegen die naturwissenschaftliche Entzauberung des christlichen Weltbildes zu kämpfen hatten.

Wie wären wir, wenn wir als Spezies Mensch auf einem derartigen Planeten das Licht und die Wolken der Welt erblickt hätten, ohne auch den Sternenhimmel zu erblicken, dazu gekommen, über das All nachzudenken, das wir ja niemals mit eigenen Augen hätten sehen können? Welche Mythologien und Gottheiten hätten wir auf einem solchen Planeten imaginiert?

Wirklich über das Universum staunen können wir nur, weil wir es sehen können. Es scheint geradezu, als wäre das Universum transparent geworden, damit jemand davon fasziniert sein, darüber nachdenken und von der Frage erschüttert werden kann, was es mit dem Kosmos auf sich hat. Manchmal bin ich tatsächlich davon überzeugt, dass das Universum durchsichtig geworden ist, damit jemand es sehen kann. Dann wieder tue ich diese Überzeugung als kindisch und lächerlich ab. Dass im Kosmos ein Geist am Werk ist, der unseren Geist und den Geist anderer intelligenter Spezies willentlich hervorgebracht hat, ist zu schön, um wahr zu sein. Und dennoch beschleicht mich diese Überzeugung als Gewissheit, dass wir und die Welt Schöpfung eines wohlwollenden göttlichen Geistes sind, immer wieder, so sehr mich andererseits immer wieder die Tatsache entsetzt, welche Bestie der Mensch ist, der als einziges Geschöpf des Planeten Erde seinen natürlichen Lebensraum kraft seines Geistes und kraft seiner Bösartigkeit zu zerstören vermag.

Dennoch sind wir Menschen als Geist vom Geist des Kosmos trotz aller Bösartigkeit in der Lage, Fragen nach den letzten Dingen und nach dem Sinn des Ganzen zu stellen. Denn wir können über den Horizont unserer Erdoberfläche hinausblicken. Und weil unser Geist alle Horizonte imaginär überschreiten kann, sind wir auch in der Lage, diese Fragen zu beantworten. – Kann es sein, dass das Universum da ist, um von einem Auge, in dem sich das Universums spiegelt, gesehen und von einem Geist, in dem sich das Universum reflektiert, durchschaut zu werden? Kann es sein, dass der Mensch die Frage und die Antwort zugleich ist?

Im Altarraum des kleinen Kirchleins Santa Maria Bolada hoch über dem Val Calanca im italienischsprachigen Graubünden bin ich vor einigen Jahren unversehens auf einen Satz des Philosophen Gottfried Wilhelm Leibniz (1646–1716) gestoßen, der mich tief erschüttert hat, weil ich ihn in einem Augenblick las, in dem ich wandernd über genau diese Zusammenhänge nachdachte. Er lautet:

»*Ogni anima è uno specchio vivente dell'universo.*« Jede Seele ist ein lebendiger Spiegel des Universums – und ein Ebenbild des Gottes, der dieses Universum geschaffen hat. Taugt diese Erkenntnis zum Gottesbeweis? Wer weiß.

Wie bedauerlich, dass Theologie, Glaube und Kirche unserer Zeit von diesen Zusammenhängen nicht stärker überwältigt und berauscht werden! Wie schade, dass sich solche kosmologischen Bewusstseinserweiterungen im Raum der Kirche kaum mehr ereignen! Wie schade, dass der Theologie, dem Glauben und der Kirche der Sinn für die letzten Dinge und die letzten Fragen des Kosmos abhanden gekommen zu sein scheint! Wie schade, dass der Himmel auf dem Boden der Tatsachen der real existierenden Volkskirche kein Thema mehr ist! Wie schade, dass man im Blick auf die Kirche mit den Worten des romantischen Dichters Novalis (1772–1801)[43] konstatieren zu müssen scheint: »In dem Alter der Welt, wo wir leben, findet der unmittelbare Verkehr mit dem Himmel nicht mehr statt«!

---

[43] Friedrich von Hardenberg (Novalis), Heinrich von Ofterdingen, in: Schriften Erster Teil, hrsg. v. Ludwig Tieck und Friedrich Schlegel, Berlin, 4. Aufl. 1826, 9.

19. MIT DEM KOPF DURCH DAS FIRMAMENT:
Die christliche Weltbildrevolution

Viele Menschen glauben, dass die einzige unbestreitbare Gewissheit, die der Mensch erlangen kann, die Einsicht in die sinnlose Absurdität des Daseins ist. Ich selbst bin von der Unbestreitbarkeit dieser Gewissheit jedoch keineswegs überzeugt. Denn ich sehe nicht, woher wir dies wissen könnten – es sei denn, wir hielten es für eine selbstverständliche Implikation unseres modernen Weltbildes. Es gehört hierzulande in der Tat zum guten Ton, Theorien der Welt, die deren Sinnlosigkeit nicht für ausgemacht halten, von vornherein als sinnlose Theorien zu diskreditieren[44]. Diese Sicht der Dinge aber ist gewiss nicht das letzte Wort über das Wesen der Dinge. Im Zuge der Evolution unserer Spezies werden sich noch viele Weltbildrevolutionen ereignen. Das Bild des Menschen, der aus der Erdatmosphäre heraus nach oben oder vom Mond auf die blaue Erde herabblickt und für den der Himmel am sogenannten helllichten Tage nicht blau, sondern tiefschwarz ist, wird nicht das letzte Bild eines Erkenntnisdurchbruchs sein. Wir meinen zu wissen, wo und wer wir sind. Aber es ist unwahrscheinlich, dass wir es wirklich wissen. Und damit argumentiere ich noch nicht mit einem theologischen oder metaphysischen Wirklichkeitsbegriff und lasse sogar die Frage, was das Wort »Wirklichkeit« überhaupt bedeutet, unangetastet.

---

[44] So Friedrich Hermanni, Metaphysik, 144, über Theorien des Bösen.

Auch in naturwissenschaftlicher Hinsicht kratzen unsere Wissenschaften und unsere Welterkenntnis- und Weltveränderungstechnologien noch immer nur an der Oberfläche. Wer weiß, in welch anderen Wirklichkeiten wir uns dereinst vorfinden und mit welchen Bildern wir dies dokumentieren und symbolisieren werden! Vielleicht ist das Bild des mit Milliarden Sonnen und Galaxien übersäten bestirnten Nachthimmels über uns und unter uns nicht das ultimative Bild des makrokosmischen Wirklichkeitsraums. Vielleicht werden wir eines naturwissenschaftlich weiter fortgeschrittenen Tages – ähnlich wie der Missionar in Flammarions Holzschnitt, wie Simons und Gagarin und wie die Protagonisten des Films »*The Matrix*« (1999) – erneut eine Schranke durchbrechen, eine Schwelle überschreiten, uns in einer ganz anderen Welt wiederfinden und eine ganz andere Sicht der Dinge entwickeln. Vielleicht werden wir in einer anderen Welt erwachen, wenn wir wissen, was dunkle Materie und dunkle Energie wirklich sind und ob unser Universum wirklich das All – sprich: Alles – ist. Und ganz gewiss wird sich unsere Sicht unserer Erde, unserer selbst und unseres Kosmos fundamental verändern, wenn es tatsächlich eines Tages zu einer Kontaktaufnahme mit einer nichtirdischen Zivilisation kommen sollte.

Ungeachtet all dieser Spekulationen könnte es sogar sein, dass wir die entscheidende Schranke längst durchbrochen haben – unabhängig davon, wie viele Schranken die Naturwissenschaft der Zukunft noch durchbrechen wird. Eigentlich müssten wir, wenn wir unseren Glauben ernstnehmen, als Christen sogar davon ausgehen, dass es sich so verhält. Wir müssen davon ausgehen, dass uns das Wirklichkeitsverständnis des christlichen Glaubens in der symbolischen Gestalt der großen Erzählung von der Geschichte Gottes mit den Menschen und von der Schöpfung, Erlösung und Vollendung der Welt jene letzte Wahrheit offenbart, die uns die Naturwissenschaft nicht offenbaren kann. Und wenn wir dies tun, dann kommen wir nicht darum herum, das Evangelium, das uns die Welt anders sehen lässt, als letztgültige Sicht der Dinge aufzufassen. In Markus 1,15 wird diese Aufforderung zur Erkenntnisrevolution des Anderssehens als »*Metanoia*«, also als Sinneswandel, Umkehr und Buße bezeichnet. – Tun wir also Buße und erkennen wir, was die Welt wirklich im Innersten zusammenhält: die schöpferische Liebe Gottes.

20. EINE EVANGELISCHE SEHSCHWÄCHE:
Blindheit für das Geheimnis der Welt

Ich befürchte manchmal, dass die Kirche Jesu Christi ihre Wirklichkeitswahrnehmungstalente vernachlässigt hat und blind für jene Sicht der Dinge geworden ist, welche die Welt im Licht Gottes sieht und Gott als Geheimnis der Welt erkennt. Haben wir uns insgeheim damit abgefunden, dass das christliche Weltbild überwunden ist und uns weder im Blick auf die Natur um uns und in uns noch im Blick auf die Frage nach dem Sinn des Lebens etwas wirklich Weltbilderschütterndes zu offenbaren vermag? Und halten wir diese Sehschwäche vielleicht sogar für eine Stärke?

Warum nur sind wir als evangelische Christenmenschen so abgestumpft gegenüber der uralten und doch ewig neuen weltverändernden Welterkenntnis unseres Glaubens? Warum haben wir das Interesse an den letzten Dingen verloren? Warum halten wir so wenig von den tiefen Einsichten unserer christlichen Tradition in die Natur der Schöpfung, der Versöhnung und der Erlösung?

Das Thema Schöpfung ist für viele Christen offenkundig nur noch in ethischer und ökologischer Hinsicht interessant. Wir assoziieren damit allenfalls Naturschutz, Mülltrennung, Energiesparlampen, die Verminderung des CO_2-Ausstoßes und das kirchliche Umweltmanagement »Grüner Gockel«. Und weil dem so ist, ist insbesondere die evangelische Kirche nicht das, was sie sein könnte: ein wirklich schöpfungsverliebter Ort der Wahrnehmung des schöpferischen Geistes, der Gottes Natur durchwaltet und dessen innerstes Wesen in Jesus Christus Gestalt gewonnen hat. Wir haben uns unsere schöpfungsspirituellen Wurzeln abgeschnitten und verkümmern als Kirche geistlich und intellektuell. Zugleich rümpfen wir die Nase oder echauffieren wir uns über esoterische Naturspiritualitäten, die wir – aufgeklärt, wie wir sind – für kruden Aberglauben halten, während wir insgeheim und verschämt vielleicht doch von der Kraft des Mondes und vom Einfluss der Gestirne überzeugt sind. Im offiziellen Glaubensleben der evangelischen Kirche ist jedoch abgesehen von sommerlichen Waldgottesdiensten kein Platz für Schöpfungsmystik. Diejenigen religiösen Menschen, für die Christsein nicht nur Ethik, sondern eine tiefere Erfahrung des Daseins und der Natur bedeutet, suchen und finden den Zugang zu dieser Erfahrung folglich nicht an evangelischen Orten, sondern viel leichter in katholischen Klöstern, in zen-buddhistischen Meditationspraktiken, in anderen ästhetischen oder esoterischen Transzendenzerfahrungen und nicht zuletzt in der freien Natur selbst. Wer es wagt, einem Pfarrer oder einer Pfarrerin zu sagen, er treffe Gott am Sonntagvormittag lieber im Wald als in der Kirche, erntet kein Verständnis, sondern vielleicht sogar die wenig wertschätzende Bemerkung, er solle sich dann aber auch nicht vom Pfarrer, sondern vom Förster beerdigen lassen.

Dass der Protestantismus nur über Schwundstufen spiritueller Erkenntnis- und Erfahrungsmöglichkeiten des Seins verfügt, gilt für viele Menschen offenbar so sehr als ausgemacht, dass die evangelische Kirche als Ort der Transzendenz gar nicht mehr in Frage kommt. Der Protestantismus sollte aber alles daran setzen, seiner drohenden spirituellen Auszehrung Einhalt zu gebieten. Er sollte erkennen, dass insbesondere die Schweizer, aber auch die Wittenberger Reformation des 16. Jahrhunderts im antirömischen Affekt das Kind mit dem Bade ausgeschüttet und blühende Triebe christlicher Frömmigkeit gekappt hat, die in den vergangenen fünf Jahrhunderten im Protestantismus mühsam und unter großen inneren und äußeren Widerständen und Berührungsängsten vor dem Katholischen erst nach und nach wiederentdeckt wurden, ehe dann Karl Barth im 20. Jahrhundert erneut die Axt angesetzt und Naturreligiositäten jeglicher Provenienz mit Stumpf und Stiel abgeholzt hat. Der Protestantismus sollte sichtbar machen, dass die christliche Religion ein Ort sein kann, an dem Menschen innerhalb und außerhalb von Kirchenräumen mit dem heiligen Schöpfergeist Gottes in Berührung kommen können, dessen innerstes Geheimnis sich im Evangelium Jesu Christi offenbart hat.

Aber ist der Protestantismus nicht aussichtslos weit davon entfernt, wenn schon ich es kaum wage, die Worte »heilig«, »Geheimnis« und »Schöpfung« zu Papier zu bringen, beziehungsweise in mein Notebook zu tippen?

21. TIEFENSCHÄRFE STATT VERBLENDUNG:
Der christliche Glaube

Aus der Perspektive des Glaubens an Jesus Christus zeigen sich der tiefere Sinn und die wahre Natur aller Dinge – so, wie sich den ersten Menschen im Weltraum und auf dem Erdtrabanten die blaue Welt gezeigt haben mag, auf der er inmitten der unendlichen Schwärze des Alls zuvor lebte, ohne seinen Heimatplaneten in diesem All je von außen gesehen zu haben. Aus der Perspektive des Glaubens an Jesus Christus offenbart sich die Welt nicht nur als bedeutungsloses raumzeitliches Ensemble von Kräften und Elementarteilchen und Jesus Christus nicht nur als der längst von uns gegangene gute Mensch von Nazareth. Aus der Perspektive des Glaubens an Jesus Christus werden Welt und Mensch als Ausdruck des schöpferischen Geistes und der Liebe Gottes sichtbar.

Der christliche Glaube könnte, wenn man mit ihm die erwähnten Feste des Nichtwiedererkennens feiert und ihn so wahrzunehmen versucht, als hätte man ihn noch nie wahrgenommen und als hätte man sich noch nie in ihm bewegt, eine intellektuelle und eine spirituelle Offenbarung sein. Dieses Plädoyer für den christlichen Glauben als intellektuelles und spirituelles Ereignis wird freilich jene Christinnen und Christen befremden, die ihren Glauben vorwiegend als praktische Lebenshilfe, als traditionelle Gestalt der Beheimatung oder als sozialethische Überzeugung verstehen. Und doch ist es so: der Glaube führt, wenn man ihn beim Wort und wenn man ihn ernst nimmt, ins Herz des Geheimnisses des Universums. Er erhebt Geist und Seele. Aus der Perspektive des Glaubens zeigt sich der tiefere Sinn des Daseins und die Lösung der Rätsel der Welt, welche die sogenannten exakten Wissenschaften nicht lösen können, ja oft nicht einmal wahrzunehmen scheinen. Aus der Perspektive des Glaubens können wir erkennen, dass das, was ist, mehr ist als alles, was die Naturwissenschaft wahrnehmen kann, weil das, was ist, einen tieferen Sinn hat. Und dass es so ist, können wir daran erkennen, dass sich unserer Vernunft, wenn wir ihr nicht Gewalt antun, früher oder später die Frage nach Sinn und Bedeutung stellen muss. Die Antwort des christlichen Glaubens auf diese Frage und auf alle anderen letzten Fragen der Vernunft ist das Evangelium. Es offenbart uns, dass die Welt aus Liebe ist. Sie, die Liebe, ist die Antwort.

Es gibt einen berühmten Satz des irischen Schriftstellers C. S. Lewis (1898–1963), dem ich von ganzem Herzen zustimme. Dieser Satz ist in seinen Gedenkstein im Poet's Corner in der Londoner Westminster Abbey eingraviert. Er lautet: »Ich glaube an das Christentum – ebenso, wie ich daran glaube, dass die Sonne aufgegangen ist; nicht nur, weil ich sie sehe, sondern weil ich durch sie alles Andere sehe.«[45]

Viele Zeitgenossen und Zeitgenossinnen außerhalb und innerhalb des Raumes der Kirche lassen solche Sätze leider kalt. Sie stellen weder letzte Fragen noch lassen sie sich von den weltbilderschütternden, weltbewegenden

---

[45] »*I believe in Christianity as I believe that the Sun has risen, not only because I see it, but because by it I see everything else.*« C. S. Lewis, Is Theology Poetry?, in: C. S. Lewis, Essay Collection, London 2000, 21.

und bewusstseinserweiternden Antworten des christlichen Glaubens aus der Ruhe bringen. Im Gegenteil: ich habe es schon oft erlebt, dass mir, wenn ich in bestimmten Kirchenkreisen über letzte Dinge sprach, von liberalen Christen der gutgemeinte Rat gegeben wurde, ich müsse aufpassen, nicht mit den Frommen oder gar den Fundamentalisten in einen Topf geworfen zu werden. Ich solle mir keine »falschen Freunde« machen, wenn ich in der Evolution den schöpferischen Geist Gottes am Werk sehen würde. Die agnostische Arroganz derer, die sich an säkulare Sichtweisen der Dinge und an sozialpädagogische kirchliche Weltsichten so gewöhnt haben, dass sie sie für christlich und kirchlich alternativlos halten, ist mitunter erschreckend. Aber könnte es sein, dass sie nur Tomaten auf den Augen haben und dass diese Tomaten sie blind machen für das Wunder einer Wirklichkeit, die für sie gar nicht mehr als theologisch denkbare und religiös deutbare Realität in Betracht kommt?

22. DER NEUE ATHEISMUS:
Engstirnigkeit und geistiger Raumverlust

Dass es Menschen innerhalb der Kirche gibt, deren Weltbild faktisch atheistisch ist, könnte den einen oder anderen überraschen, der mit der evangelischen Kirche nicht sonderlich vertraut ist. Weniger überraschend und geradezu selbstverständlich ist es, dass es Menschen außerhalb der Kirche und außerhalb des christlichen Glaubens gibt, die die christliche Sicht dieser Wirklichkeit und die Einschätzung, das wahrhaft Wirkliche müsse theologisch zur Sprache gebracht werden, für eine große und gefährliche Verblendung oder zumindest für eine fatale Fehlsichtigkeit halten. Ich habe allerdings den Eindruck, dass die alten und neuen Atheisten die christliche Sicht der Dinge nicht zuletzt deshalb als Verblendung diskreditieren, weil diese Sicht ihre eigene Sicht, also ihr atheistisches Weltbild, anfechten würde, in dem nur das als wirklich gilt, was auf dem Weg exakter Wissenschaft zu Tage gefördert werden kann.

Kann es sein, dass Atheistinnen und Atheisten den christlichen Glauben auch deshalb verzerren und den Christen auch deshalb vorwerfen, sie würden wesentliche Erkenntnisse der modernen Wissenschaften und der aufgeklärten Weltwahrnehmung ausblenden, weil der Unglaube instinktiv die weltbilderschütternde Kraft wahren Glaubens erahnt und weil er an seiner beschränkten und unhaltbaren Weltsicht leichter festhalten kann, wenn er den Gegner karikiert, ins Groteske verzerrt und lächerlich macht? Aggressive Atheisten wie der Religionskritiker und Biologe Richard Dawkins (*1941) schlagen in unserer Gegenwart erhebliches Kapital daraus, dass sie den christlichen Glauben als Denkstörung und als borniert, ja krankhafte Geisteshaltung diffamieren, die die Realität nur verzerrt und in einer Art Tunnelblick wahrzunehmen bereit ist. Dawkins behauptet, als Naturwissenschaftler zu argumentieren. Aber letztlich ist es seine religionsfeindliche Sicht, die aus Dawkins' Gesichtsfeld alles herausfiltert, was nicht in das Bild passt, dass nichts einen tieferen Sinn hat[46] und dass ausschließlich Mutation und Selektion es sind, die die belebte Welt im Innersten zusammenhalten. Dawkins' Beschreibung des Verhältnisses von Theologie und Naturwissenschaft als Kampf und Konflikt konstruiert sich die Theologie als ideologische Wissenschaftsfeindin zurecht, um sie leichter bekämpfen zu können, offenbart aber gleichzeitig ein ideologisches, reduktionistisches Wissenschaftsverständnis, das auf höchst dogmatischen, seinerseits metaphysischen Vorannahmen basiert – etwa der Annahme, dass es sinnlos ist, die Sinnfrage zu stellen. Dass das Universum sinnlos ist, stellt aber – wie gesagt – keineswegs die einzig logische und einzig mögliche Konsequenz naturwissenschaftlichen und evolutionsbiologischen Denkens dar. Man könnte die Welt mit gutem Grund

---

[46] Siehe dazu Alister McGrath, Inventing the Universe. Why We Can't Stop Talking About Science, Faith and God, London 2016, sowie das spektakuläre Buch »Mind and Cosmos« von Thomas Nagel (*1937), Mind and Cosmos. Why the Materialist Neo-Darwinian Conception of Nature Is Almost Certainly False, Oxford 2012. Die deutsche Ausgabe trägt den Titel »Geist und Kosmos. Warum die materialistische neodarwinistische Konzeption der Natur so gut wie sicher falsch ist«, Berlin 2013.

auch anders sehen. Und diese Sicht der Welt wäre mitnichten eine engstirnige, sondern schlicht eine andere Sicht – eine Sicht allerdings, die ungeheuer inspirierend und bereichernd und mit Sicherheit komplexer, ganzheitlicher und sehr wahrscheinlich auch wirklichkeitsgemäßer ist. Die christliche Sicht verengt und vernebelt den Wahrnehmungshorizont nicht, sondern sie erweitert ihn. Wenn ich die Bücher von Richard Dawkins lese, stellt sich bei mir – anders als bei der Lektüre vieler Texte des Alten und Neuen Testaments und der großen christlichen Philosophen und Theologen – kein vergleichbares Gefühl der Horizonterweiterung und des geistigen Raumgewinns ein. Vielmehr beschleicht mich die klaustrophobische Beklemmung einer dogmatischen Enge und eines beträchtlichen Verlustes an Komplexität und Tiefe.

Aus christlicher Perspektive dagegen ergibt das Ganze, das die unterschiedlichen Disziplinen der Naturwissenschaften in den Blick nehmen, ohne seine Bedeutung entschlüsseln zu wollen und zu können, auf einmal Sinn. Der christliche Glaube ist in der Lage, die Welt zu decodieren und ihr Geheimnis zu offenbaren – allerdings nur, wenn er seinen Blick nicht fundamentalistisch verengt, wenn er nicht seinerseits reduktionistisch wird und wenn er sich nicht gegenüber anderen Wissenschaftsdisziplinen abschottet. Dem christlichen Glauben kann es gelingen, in jenen Augenblicken, in denen der Lärm der Welt verstummt und ihre Oberflächlichkeit transparent wird, die Musik der Schöpfung hörbar werden zu lassen. Üblicherweise – so der Lyriker Hans Carossa (1878–1956)[47] –

---

[47] Hans Carossa, Sämtliche Werke Bd. 1, Frankfurt am Main 1962, 59 (»Was einer ist«).

hören wir Gottes Weise aber nicht, wenn sie summt, sondern erst, wenn sie verstummt. Don DeLillo lässt eine der Gestalten seines Romans »*Zero K*« dieses Summen »*world hum*«[48] nennen.

Weil wir dieses göttliche Hintergrundrauschen nicht mehr hören und weil uns im Gewirr der Vielstimmigkeit unserer Zeit Hören und Sehen für das Geheimnis der Welt vergangen ist, braucht es Orte, Zeiten, Menschen, Geschichten und Erfahrungen, die zu Gottesverstärkern und zu Kraft- und Erkenntnisquellen werden. Es braucht Orte, Zeiten, Menschen, Geschichten und Erfahrungen, die die Krankheit der Kirche heilen, welche in den wohlhabenden europäischen Ländern am sichtbarsten ausgebrochen ist. Bevor diese Krankheit geheilt werden kann, muss man freilich erst einmal unter ihr leiden und sie diagnostizieren.

---

[48] Don DeLillo, Zero K, 132.

23. ERSCHÖPFUNG IM UNWESENTLICHEN:
Die Falle kirchlichen Handelns

Was fehlt der evangelischen Kirche in Deutschland? Vielen Menschen im Raum der Volkskirche fehlt in dieser Kirche nichts, weil sie sie für die beste, da vielfältigste und ausdifferenzierteste aller möglichen Kirchen halten. Die evangelische Volkskirche der Bundesrepublik bietet in der Tat dies und das und für jeden und jede etwas. Wo sie noch flächendeckend präsent ist, scheint es, als hätte sie, wie es neuerdings verdinglichend heißt, alle »Bedarfe« evaluiert – sei es, um missionarisch neue Bedürfnisse zu wecken, oder, um sich durch relevanzinflationäre Bedarfsdeckung unentbehrlich zu machen oder doch zumindest ihre Existenzberechtigung zu demonstrieren und zu dokumentieren.

Die evangelische Kirche ist – so könnte man sagen – in einer pluralen Milieulandschaft bestens aufgestellt. Als Petersilie auf jeder Suppe und als Senf auf jedem Würstchen bedient sie Krabbelgruppenbedürfnisse ebenso wie die Sehnsucht nach Geselligkeit im Alter. Sie ist seelsorgerlich und diakonisch für Menschen in Krisensituationen da. Sie erhebt ihre Stimme für jene, die keine Stimme haben. Sie ist sensibel im Blick auf Benachteiligungen und votiert für Chancengerechtigkeit. Sie unterlässt es nicht, im Namen der Menschenwürde an die politischen und wirtschaftlichen Akteure zu appellieren. Sie hat für fast jede Lebensschwelle einen Übergangsritus parat – neuerdings auch für den Eintritt in die Grundschule. Sie bildet und pilgert. Und sie ist in vielen Regionen Deutschlands noch immer präsenter als McDonald's oder ALDI. Um die Präsenz ihrer Kirchtürme und Netzwerke müssten sie eigentlich alle Unternehmen beneiden, die die profitable Nähe der Menschen suchen. – Kann man angesichts der hervorragenden Infrastruktur und der breiten Modellpalette der evangelischen Kirche, die, wo sie Mehrheitskirche und nicht die Kirche einer gesellschaftlichen Minderheit ist, noch immer nahezu jede Nische besetzt, allen Ernstes behaupten, dass der evangelischen Kirche etwas fehlt – außer, dass ihr immer mehr Kirchenmitglieder davonlaufen, die ihr eben dann doch irgendwann fehlen werden? Wenn ihr aber tatsächlich etwas fehlt, was wäre dann dieses »Etwas«?

Könnte dieses »Etwas« der Bezug auf das Heilige sein, der derzeit allenfalls ein Produkt neben anderen kirchlichen Produkten und Dienstleistungen und nicht mehr den Wesenskern der Kirche darstellt? Und könnte in der Ausdifferenzierung des deutschen Protestantismus, so hoch und so professionell deren Niveau ist, nicht auch ein Problem liegen, weil zu viel Differenzierung zu Diffusion führt und ein leeres Zentrum zurücklässt? Könnte der evangelischen Kirche in Deutschland dasjenige fehlen, was sie zu dem macht, was das Apostolische Glaubensbekenntnis bekennt: zur Gemeinschaft der Heiligen, also zu einer Gemeinschaft, deren Substanz und Mitte das oder der Heilige, nämlich Jesus Christus selbst ist?

Das Heilige zeigt sich dort, wo Mensch und Welt transparent werden für ihren göttlichen Grund. Wenn dies geschieht, wird sichtbar, dass die Welt gerettet ist, dass sie sich des Grundes der göttlichen Liebe verdankt und dass sie einen Sinn und ein Ziel hat. Das Heilige ist das Evangelium. Die infrastrukturelle und kommunikative Präsenz der evangelischen Kirche vermag aber meiner Erfahrung nach immer weniger darüber hinwegzutäuschen, dass das Heilige die Sache des modernen Protestantismus nicht ist. Zugespitzt formuliert: was der evangelischen Kirche in Deutschland fehlt, ist, dass sie vergessen zu haben scheint, was sie ist, was sie hat, wo sie herkommt und woraus sie lebt. Das, worüber die evangelische Kirche mit großer Selbstverständlichkeit redet, wofür sie eintritt und was sie repräsentiert, ist genau das, was sie durch ihr Reden, Handeln und Kommunizieren unentwegt verstellt. Das klingt widersinnig und ist in der Tat eigentlich nicht zu fassen. Wie kann das, was in der evangelischen Kirche unablässig thematisiert wird, das sein, was diese Kirche vergessen hat?

Aber wer kennt dieses Phänomen nicht: Wir sind es so sehr gewohnt, über manche Dinge zu reden, dass wir uns den Sinn unserer Worte nicht mehr klar machen. Wir sind zu nahe an dem, wovon wir unentwegt reden, als dass wir noch wüssten, wovon wir eigentlich sprechen. Vor lauter Selbstverständlichkeit unserer Worte kommt uns abhanden, was diese Worte eigentlich sagen und bedeuten. Sie zerfallen uns »im Munde wie modrige Pilze«[49].

Der Kirche des Wortes gebricht es am Sinn für die Substanz ihrer Worte. Sie macht Worte und spielt Sprachspiele, weil es sich so zu gehören scheint, dass im Raum der Kirche diese Worte gemacht und diese Sprachspiele gespielt werden. Aber glaubt die evangelische Kirche

[49] Hugo von Hofmannsthal, Ein Brief, in: Hugo von Hofmannsthal, Gesammelte Werke in zehn Einzelbänden, Bd. 7: Erzählungen, erfundene Gespräche und Briefe, Reisen, Frankfurt am Main 1979, 465.

wirklich noch an das Ungeheuerliche ihrer Botschaft? Nimmt sie das Weltbewegende ihrer Worte wirklich noch ernst, die sie gewohnheitsmäßig und anstandshalber und aus vorgeblichen Überlastungsgründen sogar oft unkonzentriert, lieblos, ohne sorgfältige geistige und geistliche Vorbereitung und ohne Gewicht kommuniziert? Manchmal scheint es, als würde die evangelische Kirche alles daran setzen, durch ihr eigenes Reden und Handeln fortwährend ihr Geheimnis zu entzaubern. Es scheint, als würde die evangelische Kirche ihr Geheimnis so hüten, dass sie selbst gar nicht mehr darum weiß und daher das weniger Wesentliche und gesellschaftlich Einleuchtendere für das Wesentliche und ihr eigentliches Geheimnis hält. Es scheint, als würden sich Haupt-, Neben- und Ehrenamtliche der Kirche lieber im Nebensächlichen erschöpfen, als im Hauptsächlichen aufzugehen. Verwaltung, Management und Organisation sind womöglich auch darum so attraktiv, weil sie operationalisierbar und erfolgversprechend sind. Dasselbe sagte Albert Einstein übrigens über das Holzhacken. Es sei, so Einstein, deshalb so beliebt, weil man den Erfolg sofort sehe.

Vielleicht beschäftigen sich viele Pfarrerinnen und Pfarrer nicht zuletzt deshalb lieber mit Verwaltung als mit spiritueller Gemeindeleitung, weil sie die geistliche Herausforderung der Eröffnung von Begegnungsräumen mit dem Heiligen scheuen. Sie verzetteln sich lieber im Nebensächlichen und tarnen diese Prioritätensetzung dann mit dauernder Klage über zu viel Verwaltungsarbeit oder mit dem überkompensatorischen Hinweis darauf, die Kirche sei eben nicht nur eine geistliche, sondern als Institution und Organisation auch eine höchst leibliche Wirklichkeit, die gestaltet, verwaltet und geleitet werden will. Das Geistliche sei, so sagen sie, das Selbstverständliche, das man ja »gelernt« habe, das Kybernetische dagegen nicht, weshalb die Hauptamtlichen dieser Kirche nicht bessere Theologinnen und Theologen, sondern bessere Managerinnen und Manager werden müssten. In dieser Art zu denken und zu handeln liegt die große Versuchung von Kirchenleitung auf allen Verantwortungsebenen. Weil aber gute Kirchenleitung geistlich motivierte Kirchenleitung ist, plädiere ich nachdrücklich dafür, dass es in der evangelischen Kirche eine gaben- und aufgabenorientierte Unterscheidung und Zuordnung von geistlichem und kybernetischem Handeln im besten Sinne von Luthers Unterscheidung von geistlichem und weltlichem Regiment gibt. Nicht jede Leitungsperson muss meiner Ansicht nach Theologe oder Theologin sein, wenngleich die Dialektik der faktischen kirchlichen Personallandschaft vermutlich darin besteht, dass viele Pfarrerinnen und Pfarrer bessere Manager als Theologen oder keines von beiden sind. Die Kirche wird als ernstzunehmende Alternative aber nur in Frage kommen, wenn Pfarrerinnen und Pfarrer weniger weltlich als vielmehr geistlich leiten und wieder Pastorinnen und Pastoren sein und werden können, die Menschen, welche von den letzten Fragen des Lebens berührt sind, den Zugang zu den letzten Dingen, zum Heiligen und zur Nähe Gottes eröffnen.

24. VERGOTTUNG VON KOMMUNIKATION:
Die Misere der Aufmerksamkeitskultur

Eine Kirche, die es verlernt hat, über das Heilige und über den tieferen Sinn der von ihr selbst unentwegt und leerdrehend kommunizierten heiligen Worte zu staunen, darf sich nicht wundern, wenn auch diejenigen, die sie für das Evangelium begeistern will, nicht mehr staunen, sondern allenfalls erstaunt den Kopf über sie schütteln, weil sie im Reformationsjahr 2017 auf so verzweifelte wie lächerliche Weise sich und andere damit quält, ihre gesellschaftliche Attraktivität zurückzugewinnen[50]: »Die evangelische Kirche macht das Reformationsjubiläum zu einem Festival des Banalen. Martin Luther wird fürs ›Liebsein‹ in Dienst genommen. Was er wollte und bewirkte, scheint vergessen«[51]. Es wird aber »höchste Zeit, dass das Jubiläum inhaltlich gefüllt wird und zwar mit substanzieller Theologie. Die zieht im Zweifel immer noch mehr Leute an als billige Werbegags. Die Voraussetzung dafür ist allerdings eine ebenso verständliche wie gehaltvolle Darstellung, von der auch die Distanzierten nicht behaupten können, dass sie mit ihrem eigenen Leben nichts zu tun habe. Jedenfalls wäre es fatal, wenn Nachgeborene

---

[50] Heike Schmoll, Bierdeckel für das Lutherjahr, in: Frankfurter Allgemeine Zeitung, 11. Oktober 2016.

[51] So Jürgen Kaube, Lasst uns froh und Luther sein, in: Frankfurter Allgemeine Zeitung, 31. Oktober 2016. Siehe online unter: http://www.faz.net/aktuell/feuilleton/reformationstag-2016-evangelische-kirche-eroeffnet-jubilaeum-14504568.html

eines Tages behaupten könnten, das Reformationsjubiläum 2017 hätte nur die Selbstabschaffung des Protestantismus beschleunigt.«[52]

Ist es elitär, menschen- und kirchenverachtend, so zu denken? Ist es mittlerweile sogar billig, weil alle Kritiker der erlebnispädagogischen Revitalisierung der Reformation seit Monaten in dieselbe Kerbe hauen und selbst die redlichsten EKD-Bemühungen einer populären und attraktiven Vergegenwärtigung des Jahres 1517 der Lächerlichkeit preisgeben? Ist es theologisch bedenklich, zu beklagen, dass Vermittlungs-, Kommunikations- und Werbefragen dort ins Zentrum des kirchlichen Bemühens rücken, wo die Kirche ihren eigenen Inhalten letztlich misstraut und zum Evangelium keinen staunenden, ja liebenden Bezug mehr herstellen kann? Ich glaube nicht. Es ist vielmehr notwendig, weil alles andere einer kirchlichen Verwechslung des Primären mit dem Sekundären, ja Tertiären Vorschub leisten würde.

Ich mache leider nicht selten die Beobachtung, dass Erlebnispädagogik, Eventmanagement und Marketing deshalb zu Schlüsselkompetenzen kirchenleitenden und pastoralen Handelns und zu Schlüsselkennzeichen evangelischer Profilierung werden, weil viele Mitarbeitende in Kirche und Diakonie der christlichen Botschaft selbst nicht mehr vertrauen, ihr nichts mehr zutrauen und so die Vermittlung, nicht aber den göttlichen Inhalt der Botschaft zu ihrem Gott machen. Das aber ist fatal. Es gehorcht der Logik des dem österreichischen Kabarettisten Helmut Qualtinger (1928–1986) zugesprochenen Bonmots: »Ich weiß zwar nicht, wo ich hin will, dafür bin ich

---

[52] Heike Schmoll, a. a. O.

aber schneller dort.« Die Logik dieses Bonmots ist natürlich auch die Logik der Kultur der sozialen Medien, deren Teilnehmer Kommunikation als Aufmerksamkeitserzeugung betreiben und in denen eigentlich nur noch die Gabe und der Entzug von Aufmerksamkeit und Beachtung reguliert und kommuniziert wird. Auch die Volkskirche folgt dieser Kommunikationslogik. Manchmal scheint es, als sei es ihr fast schon egal, was sie sagt und tut, um sich interessant zu machen und um Menschen davon abzubringen, aus ihr auszutreten. Kommunikation, Aufmerksamkeit und Akzeptanz scheinen der Kirche wichtiger zu sein als die Inhalte dieser Kommunikation – getreu der Beobachtung des Medienwissenschaftlers Marshall McLuhan (1911–1980), die sich in unserer mediendominierten Welt nahezu vollkommen verwirklicht hat: »*The medium is the message.*«[53]

Das Medium ist die Botschaft. Die Möglichkeit von Kommunikation, insbesondere die Möglichkeit der Kommunikation von Bedeutsamkeit, ist das eigentlich Bedeutende der vernetzenden digitalen Medien, die aus unserem Leben nicht mehr wegzudenken sind. Die Inhalte, die durch diese Kommunikationsmöglichkeiten und -medien kommuniziert werden, sind indes oft so belanglos wie sekundär. Weil die Kommunikationskulturen unserer gegenwärtigen Gesellschaft in die Kirche einwandern und sie prägen, wird auch innerhalb der Kirche die gesellschaftliche und öffentliche Kommunikation der Bedeutsamkeit dieser Kirche und ihrer Repräsentanten für wesentlicher gehalten als ihre Botschaft, von der kirchliche

---

[53] Marshall McLuhan, Understanding Media, The Extensions of Man, New York 1964, 13.

Verantwortungsträger freilich glauben, sie sei ohnehin überall dort, wo Kirche draufsteht, auch drin und müsse daher nicht eigens kultiviert, reflektiert und stets von Neuem angeeignet werden.

Was von einer kommunikations- und bedeutsamkeitsorientierten evangelischen Kirche aus genuin evangelisch-theologischen Gründen nicht übersehen werden sollte, ist die unbestreitbare Tatsache, dass die existenzielle Sehnsucht vieler Menschen nach Bedeutsamkeit und Anerkennung und die Kommunikation dieser Bedeutsamkeit nicht nur ein menschliches, sondern auch ein evangelisches Urthema und darüber hinaus eine wesentliche Botschaft der evangelischen Kirche ist. Auf diese Botschaft ist jeder Mensch ansprechbar.

Dass sich die evangelische Kirche mit Medien beschäftigt, ist also sehr sinnvoll. Sie sollte sich aber auch mit dem eigentlichen urchristlichen Medium, nämlich mit Jesus Christus selbst beschäftigen. Christus ist ein Medium. Seine Person ist seine Botschaft. Und weil diese Botschaft wesentlich Kommunikation ist, greift jede plumpe Kommunikationsschelte zu kurz, die aus den Augen verliert, dass Kommunikation ein urmenschliches Bedürfnis und dass die Kommunikation des Evangeliums ein urchristliches Anliegen ist. Person, Botschaft und Kommunikation von Anerkennung sind im Blick auf Christus zwar zu unterscheiden. Sie gehören aber zugleich konstitutiv zusammen. Christus kommuniziert Kommunikation: die Kommunikation Gottes mit dem Menschen[54]. Diese

---

[54] Vgl. dazu Ralf Frisch, Gott und die Medien. Eine kleine religions- und medienphänomenologische Phantasie, in: Welt – Geld – Gott. Evangelische Hochschulperspektiven Bd. 8, hrsg. v. Richard Edtbauer und Alexandra Köhler-Offierski, Freiburg 2012, 231–241.

Kommunikation von Anerkennung, Liebe, Bedeutsamkeit und Vergebung ist das Herzstück der Verkündigung und der Passion Jesu[55]. Martin Luther hat sie wiederentdeckt und auf den Begriff der Rechtfertigung des Sünders allein aus Gnade gebracht. Viele Menschen unserer Gegenwart vermögen die Chiffre »Rechtfertigung des Sünders« jedoch nicht mehr zu entziffern. Dabei geht die Botschaft von Luthers Rechtfertigungslehre zweifellos alle Menschen unbedingt an. In der Kommunikation dieser Botschaft verbirgt sich eine ungeheure Chance für die evangelische Kirche, die sie zumal angesichts der Bedeutsamkeitssehnsucht unserer Zeit und aller Zeiten nicht ungenutzt lassen darf. Eine evangelische Kirche, die selbst bedeutsam sein will und um die Bedeutung von Bedeutsamkeit weiß, sollte schon allein aus theologischen Gründen auch den Bedeutsamkeitssehnsüchten Anderer Rechnung tragen und sie in ihrer Verkündigung thematisieren. Sie sollte sich nicht nur fragen, wie sie im Netz allgegenwärtig sein, sondern was sie tun könnte, um Menschen innerhalb und außerhalb der modernen Kommunikationsmedien das Gefühl einer Bedeutsamkeit zu vermitteln, die weder auf Kosten ihrer selbst noch auf Kosten Anderer geht, sondern in einem Grund wurzelt, der tiefer reicht als alles menschliche und kirchliche Kommunizieren – und zwar deshalb, weil dieser Grund die grundlose Anerkennung des Menschen durch Gott ist.

---

[55] Siehe etwa Thomas Popp, Die Kunst der Konvivenz. Theologie der Anerkennung im 1. Petrusbrief, Leipzig 2010.

25. DAS METAPHYSISCHE:
Jenseits von Faktizität und Postfaktizität

Der christliche Glaube codiert, transportiert und kommuniziert eine Botschaft, die so überwältigend ist, dass man ihr zutrauen können sollte, sich selbst zu vermitteln, ohne dass die Kirche auf Vermittlungsfragen zu viel Aufmerksamkeit verwenden müsste. Faktisch führen im Protestantismus Form und Vermittlung gegenüber der Substanz aber längst ein Eigenleben, weil der Substanz, die ein Subjekt, nämlich Christus selbst ist, nicht mehr zugetraut wird, sich selbst erfolgreich und attraktiv vermitteln zu können, und weil die Mitarbeitenden dieser Kirche es sich nicht mehr zutrauen, diese Botschaft so authentisch, glaubwürdig und überzeugend zu bezeugen, dass Personen für die Sache stehen und Marketingfragen gegenstandslos werden.

Entweder sind der christliche Glaube und die Personen, die diesen Glauben verkörpern, aus sich selbst heraus interessant, oder sie sind gar nicht interessant. Daran dürften auch die großartigsten Kommunikationskampagnen nichts ändern, die insbesondere dann zu theologisch zweifelhaften Unternehmungen werden, wenn sie nur der Selbsterhaltung der Organisation Kirche dienen und an die Stelle echter Authentizität treten, deren Kennzeichen darin besteht, dass die Person für die Botschaft und die Botschaft für die Person steht. Auch die erfolgversprechendsten Authentizitätskampagnen werden ja dann zum theologischen Problem, wenn Botschaft, Person und

Kommunikation auseinanderfallen oder nicht mehr zusammenstimmen. Das kann auf vielerlei Weise geschehen: etwa so, dass persönlichen Haltungen im Raum der Kirche zu viel und den substanziellen Inhalten des Glaubens zu wenig zugetraut wird. Die Fakten, Wahrheiten und Wirklichkeiten des Glaubens verlieren dann ihre Bedeutung, und die Kirche wird in theologischer Hinsicht gewissermaßen postfaktisch. Dabei müsste sie eigentlich antifaktisch sein und den Faktizitäten der Welt und unserer Wahrnehmung der Welt die Gegenwirklichkeit des Göttlichen heilsam entgegenhalten.

Person, Botschaft und Kommunikation können aber auch so auseinanderfallen, dass Kommunikationskampagnen, Marketing und Internetpräsenzen das Fehlen sowohl persönlicher als auch theologischer Authentizität kompensieren müssen. Wenn dies geschieht, dann tritt die Theologie- und Glaubensvergessenheit des Protestantismus offen zu Tage.

Vielleicht wurzelt diese Glaubensvergessenheit ja auch im Verlust der Glaubenskindlichkeit. Kinder halten nur wenig für selbstverständlich. Sie können über das In-der-Welt-Sein und über die Welt selbst noch so staunen, als sähen sie alles zum ersten Mal. Hat der Glaube diese Kindlichkeit erst einmal verloren, läuft er Gefahr, kindisch, oberflächlich, pragmatisch, nüchtern, belanglos und kraftlos zu werden. Oberflächliche Aktivitäten eines christlichen Zeitgeistes, den nichts mehr erschüttern kann, weil die Welt für ihn ihre Tiefe verloren hat, treten dann an die Stelle des tiefen, staunenden Ernstes über das Wunder der Wirklichkeit. Diese Welt ohne Tiefe, die ihren weihnachtlichen, österlichen und pfingstlichen Glanz und ihre Festlichkeit verloren hat, halten wir aufgeklärten Modernen dann für die faktische Welt, die weder heilig noch kostbar ist und daher immer anfälliger für die so unaufgeklärte wie unheilige postfaktische Versuchung wird.

Es gibt allerdings ein Drittes zwischen Faktizität und Postfaktizität: das Metaphysische. Das letzte Geheimnis der Wirklichkeit offenbart sich uns nur, wenn wir die Welt metaphysisch sehen und wenn wir zu glauben bereit sind, dass ein Lied in allen Dingen und Menschen schläft und ein Glanz aus allen, auch den erbärmlichsten Dingen und Menschen glänzt. Nur, wenn wir mit diesem metaphysischen Blick des Glaubens unter die Oberfläche der Welt blicken, werden wir mit Weihnachten, Ostern, Himmelfahrt und Pfingsten wieder etwas anfangen können. Nur, wenn wir mit diesem metaphysischen Blick hinter die Fassade dessen schauen, was uns umgibt und sich als das einzig Wahre und Wirkliche aufdrängt, wird das Christentum die entzauberte Welt und deren dem Anschein nach so aufgeklärte Menschen wieder begeistern, berauschen und für die Sphäre des Heiligen öffnen können.

Wer nur Fakten – und seien es alternative Fakten – Glauben schenkt, wird das Metaphysische unweigerlich für einen Realitätsverlust halten. Für den christlichen Glauben ist dieser Realitätsverlust jedoch ein Realitätsgewinn, weil er das Wesen der Welt offenbart, weil er die Welt verzaubert und weil er an eine Wirklichkeit glaubt, die unter den Bedingungen eines reduktionistischen naturwissenschaftlichen Wirklichkeitsverständnisses nur als antifaktisch in Erscheinung treten kann[56].

---

[56] In christlich-ästhetischer Hinsicht hat dies Jörg Lauster entfaltet. Sein faszinierendes Panorama einer Kulturgeschichte des Christentums trägt den Titel »Die Verzauberung der Welt«, München, 4., durchgesehene Aufl. 2016.

Kein Geringerer als Joachim Gauck hat unlängst in seiner Rede anlässlich des Neujahrsempfangs der Evangelischen Akademie Tutzing darauf hingewiesen, dass die angemessene protestantische Haltung zum Faktischen und zum Postfaktischen nicht die Haltung der Distanz, sondern die Errichtung von Gegenkulturen darstellt[57]. Kennzeichen einer Gegenkultur metaphysischer Antifaktizität könnte das Vertrauen darauf sein, dass es keine Illusion ist, dass sich etwas hinter den Dingen und in uns verbirgt – etwas, das alles übersteigt, trägt und durchdringt, was wir für faktisch, real und wahr halten.

---

[57] Die Rede des Bundespräsidenten vom 19. Januar 2017 wurde von ARD alpha am 25. Februar 2017 von 22:30 Uhr bis 23:45 Uhr ausgestrahlt. Siehe programm.ard.de/?sendung= 2848777211919.

26. VERRÜCKTWERDEN IN DIE NÄHE GOTTES: Staunender Glaube

Ich selbst musste erst erwachsen, mit allen theologischen und religionskritischen Wassern gewaschen und fast fünfzig Jahre alt werden, bis ich wieder kindlich staunen und neu die Unselbstverständlichkeit des Daseins wahrnehmen konnte. Ich lernte in dreißig Jahren theologischer Reflexion und säkularer Welterfahrung, dass es keine Wunder gibt. Heute ist mir wie dem Kind, das ich früher war, alles Wunder[58], ohne dass ich bei diesem Staunen über das Wunderbare in irgendeiner Weise wissenschaftsfeindlich geworden wäre. Im Gegenteil. Mit diesem kindlichen Staunen über das Wunder des Seins gibt – wie vermeintlich aufgeklärte religionskritische Gemüter scharfzüngig einwenden könnten – weder das theologische noch das kritische naturwissenschaftliche Denken sich selbst und seinen wissenschaftlichen Scharfsinn preis. Das Denken endet nicht mit dem Staunen. Es beginnt erst. Wissenschaft ohne Staunen ist ein ebenso armseliges Unterfangen wie Glaube ohne Staunen[59]. Zwar hilft dieses Staunen in den exakten Wissenschaften nicht dabei, der sogenannten objektiven Realität auch nur eine einzige experimentelle oder mathematische Falle zu stellen, aber es ist doch der Motor, der zur Lösung von Welt-

---

[58] So auch Friedrich Schleiermacher, Über die Religion. Reden an die Gebildeten unter ihren Verächtern, Stuttgart 1985, 79.
[59] Siehe dazu aus islamischer Sicht Navid Kermani, Ungläubiges Staunen. Über das Christentum, München, 13. Aufl. 2016.

rätseln und Gleichungen antreibt. Und vielleicht rückt dieses Staunen jedes naturwissenschaftliche Bestreben erst ins rechte Licht, weil es uns die Erfahrung und die Erkenntnis ermöglicht, dass die Naturwissenschaft trotz allen Staunens, in das sie uns versetzt, zwar nie und nimmer eine Wissenschaft der letzten Dinge sein kann, aber die Leiter darstellt, auf die wir klettern und über die wir hinaussteigen müssen, um zur Einsicht zu gelangen, dass es letzte Dinge gibt, an die uns die Naturwissenschaft und die Philosophie heranführen können, ohne uns in sie hineinführen zu können. Der große Physiker Werner Heisenberg (1901–1976) soll den vielzitierten Satz gesagt haben, den atheistische Physiker inzwischen allerdings von ihm fernzuhalten suchen: »Der erste Schluck aus dem Becher der Wissenschaft führt zum Atheismus, aber auf dem Grund des Bechers wartet Gott.« Der Philosoph Francis Bacon (1561–1626) notierte dasselbe über die Philosophie: »Ein wenig Philosophie lässt den Geist des Menschen zum Atheismus neigen. Aber philosophische Tiefe führt den Geist des Menschen zur Religion.«[60]

Wenn wir den philosophischen oder theologischen Mut hätten, die naturwissenschaftlich zugänglichen und analysierbaren Zusammenhänge der Natur nicht für das letzte Wort über das Wesen der Welt zu halten, sondern uns die Augen reiben, weiter und tiefer blicken und uns von den Wahrnehmungsselbstverständlichkeiten und Wirklichkeitsverstellungen unseres säkularen Weltbildes befreien würden, könnten wir wie das Menschenkind in

---

[60] Francis Bacon, Essays, Civil and Moral, New York 1909 ff., XVI (Of Atheism): »*A little philosophy inclineth man's mind to atheism; but depth in philosophy bringeth men's minds about to religion.*«

Flammarions Holzschnitt in einer neuen Welt erwachen und erkennen, dass die alten Griechen Recht hatten, als sie sagten, mit dem Staunen beginne die Philosophie[61]. Auch die Theologie beginnt mit diesem kindlichen Staunen – und der Salto zurück ins Kinderland ist weder regressiv noch tödlich (»*mortale*«), sondern vielleicht sogar eine Aufklärung der Aufklärung. Diese christliche Aufklärung entlässt den Menschen in eine zweite, höhere Naivität, für die die Welt wieder zum metaphysischen Abenteuer wird.

Wer sich denkerisch oder meditativ so in die Welt versenkt, dass er sie sieht, als hätte er sie noch nie zuvor gesehen, und wer das Evangelium so liest, als hätte er es noch nie zuvor gelesen, wird mit einem Mal verrückt: verrückt in die Nähe Gottes.

Dem französischen Philosophen und Soziologen Bruno Latour (*1947) zufolge besteht in genau dieser Verrückung des Menschen aus der Ferne in die Nähe das Wesen religiöser Rede und das Wesen religiöser Erfahrung[62]. Wer den Mut hat, sich verrücken zu lassen und die Welt radikal anders zu sehen und anders zu denken, entfernt sich keineswegs aus der Denkwelt und Weltsicht der Aufklärung. Er begibt sich mitnichten auf den Weg in die infantile Unmündigkeit des Kindes, sondern macht sich auf den Weg in die wahrhaft aufgeklärte Freiheit des Denkens und des

---

[61] Platon, Theaitet, Frankfurt am Main 2007 (Abdruck der Ausgabe von Auguste Diès, Paris 1926, ohne den kritischen Apparat, mit einer von Alexander Becker überarbeiteten Fassung der Übersetzung von Friedrich Schleiermacher und einem Kommentar von Alexander Becker), 155 d.

[62] Siehe dazu Bruno Latour, Jubilieren. Über religiöse Rede, Frankfurt am Main 2011.

Glaubens. Wahrhaft aufgeklärt ist diese christliche Aufklärung, weil sie die Aufklärung über sich selbst aufklärt und eine Vernunft, die kein Höheres über sich und kein Tieferes unter sich erkennt, für ein bloßes Vernünfteln hält, das die wahre Natur der Dinge, des Menschen und der Welt nicht wirklich zu durchdringen vermag.

27. CHRISTLICHE AUFKLÄRUNG:
Buße und Reformation des Denkens

Der Lyriker Matthias Claudius (1740–1815) erinnerte in seinem berühmten, aufgeklärt, reformatorisch und pietistisch deutbaren, aber all diese Deutungsalternativen hinter sich lassenden »Abendlied« von 1779 mit einer astronomischen Metapher an die Realität der unsichtbaren Welt hinter der sichtbaren Welt: »Seht ihr den Mond dort stehen? Er ist nur halb zu sehen und ist doch rund und schön. So sind wohl manche Sachen, die wir getrost belachen, weil unsre Augen sie nicht sehn.«

Aus der Sicht christlicher Aufklärung liegt die Wahrheit über den Mond weder darin, dass er halb, noch dass er rund ist, sondern darin, dass wir ihn erst dann zur Gänze sehen, wenn wir ihn ebenso wie den Planeten, auf dessen Boden der Tatsachen wir den Mond betrachten, als Schöpfung begreifen. Man muss deswegen noch lange nicht mondsüchtig werden, kann aber möglicherweise einen neuen Zugang zum tiefen anthropologischen Sinn der astronomischen Rhythmisierungen unseres Daseins finden. Es ist nur scheinbar kosmologisch naiv, wenn die Verfasser der biblischen Urgeschichte in Genesis 8,22 Gott sagen lassen: »Solange die Erde steht, soll nicht aufhören Saat und Ernte, Frost und Hitze, Sommer und Winter, Tag und Nacht.« Dass wir auf die Rhythmen der Schöpfung vertrauen können und nicht jederzeit mit dem Einbruch des Chaos in die naturgesetzlichen Ordnungen rechnen müssen, erzeugt Erwartungssicherheit und nimmt Menschen die Angst. Dass jedoch nicht zuletzt wir selbst – die Menschen – seit Jahren dafür sorgen, dass die Natur und die klimatischen Rhythmen unseres Planeten unberechenbarer werden, wirft ein düsteres Licht auf das Wesen des Menschen, der nicht nur die Lichtung des Seins, sondern auch der Störenfried der Schöpfung ist.

Auch und gerade für die christliche Aufklärung, die uns zu staunenden Kindern Gottes emanzipiert, gilt, dass sie »der Ausgang des Menschen aus seiner selbstverschuldeten Unmündigkeit«[63] ist. Diese Unmündigkeit, die sich für Aufklärung hält, ist nicht zuletzt deshalb selbstverschuldet, weil sie aus einer Wissenschaftsgläubigkeit resultiert, deren wesentliches Kennzeichen die Selbstüberschätzung einer geisteswissenschaftlich ideologisch gewordenen Naturwissenschaft ist, die glaubt, alles erklären zu können, aber in Wahrheit die Ausgänge aus dem unentrinnbaren Gehäuse naturwissenschaftlicher Erklärungsmodelle in andere Dimensionen der Welterschließung verstellt und versperrt. Selbstverschuldet ist diese vermeintlich aufgeklärte Unmündigkeit ganz im Sinne des großen Aufklärungsphilosophen Immanuel Kant (1724 – 1804) aber auch deshalb, weil sie nicht in einer Denkunfähigkeit, sondern in Denkunwilligkeit und Denkfaulheit begründet ist. Immanuel Kants berühmte Sätze entfalten ihre Pointe also auch und gerade im Blick auf den Geist und das Weltbild unserer sogenannten aufgeklärten säkularen Zeit. Nicht der Glaube an das Evangelium, sondern an diese Zeit und ihr Denken, das auch den Raum der

---

[63] Immanuel Kant, Was ist Aufklärung? Ausgewählte kleine Schriften, hrsg. v. Horst D. Brandt, Hamburg 1999, 20.

Kirche ausfüllt, bedürfen der Aufklärung. »Unmündigkeit«, so Kant, »ist das Unvermögen, sich seines Verstandes ohne Leitung eines anderen zu bedienen. Selbstverschuldet ist diese Unmündigkeit, wenn die Ursache derselben nicht am Mangel des Verstandes, sondern der Entschließung und des Mutes liegt, sich seiner ohne Leitung eines andern zu bedienen. Sapere aude! Habe Mut, dich deines eigenen Verstandes zu bedienen! ist also der Wahlspruch der Aufklärung.«[64]

Diesen Mut, sich ihres eigenen Verstandes zu bedienen, haben viele Menschen verloren. Sie verhalten sich herrschenden Weltbildern und medial kommunizierten Nachrichten gegenüber unkritisch, ohne zu fragen, ob nicht auch diese Weltbilder irrig und diese Nachrichten *fake news* sein könnten. Viele Zeitgenossinnen und Zeitgenossen innerhalb und außerhalb der christlichen Kirchen reduzieren sich auf das, was die Wirklichkeitsverständnisse der Natur-, Technik- und Medienwissenschaften unausdrücklich als Wahrnehmungsnorm verordnen: dass der Mensch »nichts ist als ...« und dass es als unaufgeklärt, unmodern und uncool gilt, zu hinterfragen, ob wirklich nichts hinter den Dingen ist als diese Dinge selbst und als ihre vermeintlich selbstverständliche und daher unhinterfragbare Zufälligkeit.

Kant forderte seine Zeitgenossen auf, sich ihres eigenen Verstandes zu bedienen: »*Sapere aude!*« Wage es zu denken! Jesus Christus tut dasselbe. Er sagt: »Tut Buße und glaubt an das Evangelium!« (Markus 1,15) Buße heißt Umdenken. Das griechische Wort »*metanoia*« steht wie gesehen für eine Wahrnehmungsveränderung und

---

[64] Ebd.

für einen Perspektivwechsel. Es steht für eine Reformation des Denkens. Reformation heute bedeutet neu und anders, nämlich im Sinne des Evangeliums denken und die Welt anders sehen zu lernen. Dazu gehörte zur Zeit Jesu, zur Zeit Luthers und auch heute Mut – Mut zur Freiheit des Ausgangs aus einer Unmündigkeit, die sich für aufgeklärt hält.

Diesen Mut zu wecken, ist auch eine evangelische Bildungsaufgabe. Reformatorische Bildung ermutigt zu einer mündigen Sicht der Welt und des Menschen und zu einer mündigen Sicht Gottes. Evangelische Bildungsarbeit kann sich daher nicht auf sozialpädagogische und volkshochschulische Aktivitäten, auf Information und fernöstliche Selbsterfahrung reduzieren. Sie muss zu einer »Metanoia« anleiten, die säkularen Weltbildern nicht blind vertraut, sondern sie aus der Perspektive des Evangeliums Jesu Christi hinterfragt. Reformatorische Bildung muss christliche Aufklärung sein, die auf jenes wirkmächtige Geheimnis verweist, das Christen »Gott« nennen.

28. INITIATION DURCH DAS EVANGELIUM:
»Welcome to the real world!«

»*This is your last chance!*« »Dies ist deine letzte Chance«. Das sagt Morpheus, Kämpfer für den wahrhaft menschlichen Menschen in einer von Maschinenwesen beherrschten Welt, in dem bereits erwähnten Film »*The Matrix*« zu Mr. Thomas A. Anderson , dem er die wirkliche Wirklichkeit zeigen will. Morpheus alias Laurence Fishburne (*1961) ist anders als sein Namensvetter aus der griechischen Mythologie nicht der Gott des Schlafs, der das Bewusstsein der Menschen trübt, ihnen falsche Tatsachen vorspiegelt und sie einlullt und anästhesiert. In »*The Matrix*« ist er ein Wachmacher und Bußprediger, der zur Bekehrung und zum Andersdenken auffordert. Es gelingt ihm, einige Wenige aus der Verblendung zu befreien und zur Erkenntnis zu führen, dass die Welt, in der sie zu leben meinen, nicht die wirkliche, sondern eine ihnen vorgegaukelte, simulierte Welt ist. Nach dieser Erkenntnis »gibt es kein Zurück. Du schluckst die blaue Pille, und die Geschichte endet. Du wachst in deinem Bett auf und glaubst, was immer du glauben willst. Du schluckst die rote Pille – du bleibst im Wunderland, und ich zeige dir, wie tief hinab die Gänge des Hasenbaus reichen.«[65]

---

[65] Im englischen Original sagt Morpheus: »*After this, there is no turning back. You take the blue pill – the story ends, you wake up in your bed and believe whatever you want to believe. You take the red pill – you stay in Wonderland and I show you how deep the rabbithole goes.*«

Morpheus' Schützling Mr. Thomas Anderson alias Keanu Reeves (*1964) schluckt natürlich nicht die blaue Pille. Da er schon länger ahnt, dass die sogenannte Realität nicht die einzig wahre ist und dass etwas dahinter sein muss, beschließt er, sich nicht weiter einlullen und nicht länger anästhesieren und blind machen zu lassen. Er nimmt kein Morphium zu sich, das seinen gerade eben erwachten Verstand wieder vernebelt und ihn in Morpheus' Armen weiter träumen lässt. Er greift zur bewusstseinserweiternden Droge der Wahrheit und erwacht auf dem Boden der grauenvollen Tatsachen, auf dem ihn sein Mentor, eine Art Gott der Offenbarung und der Auferweckung, mit den bereits zitierten Worten begrüßt: »*Welcome to the real world!*« Als er die rote Pille geschluckt hat und in die neue Sicht der Welt initiiert ist, wird aus dem arglosen realitätsblinden alten Menschen Mr. Anderson der klarsichtige neue Mensch Neo, der fortan in der »Matrix«, der Welt eines menschenverachtenden Demiurgen-Schöpfers, eine Sonnenbrille trägt, um von den vorgespiegelten falschen Tatsachen nicht geblendet zu werden.

»Willkommen in der wirklichen Welt!« Lassen wir uns vom Evangelium Jesu Christi initiieren und in eine staunenswerte Welt verrücken – in eine Welt, die viele Menschen für die Kindheit oder für ein Märchen halten, die aber doch unsere sattsam bekannte Realität ist! Wir erkennen sie nur nicht wieder, weil wir blind für das Licht geworden sind, in dem sie uns erscheint: das Licht des Evangeliums, das uns neu sehen lässt, was im Argen liegt und was wahrhaft menschlich und wahrhaft göttlich ist.

29. KIRCHEN: Krafträume am Puls des Seins

Manchmal habe ich eine nur eine einzige Erwartung an die evangelische Kirche. Diese Erwartung kommt bescheiden daher. Sie ist aber vermutlich ziemlich unbescheiden. Denn ihre Erfüllung würde wahrscheinlich bedeuten, dass die Kirche eine fundamental andere Kirche geworden wäre: eine Kirche, die etwas vernimmt, für das eine Kirche, die ständig etwas unternimmt, keinen Sinn hat.

Ich wünsche mir, dass ich hin und wieder in der Kulturlandschaft unserer Zeit einen spirituellen Ort entdecke und dass Kirchen offen sind, wenn ich die Klinken ihrer Türen herunterdrücke, weil ich hineingehen und eine Weile im Kirchenraum sitzen möchte, um Gottes Weise in der Stille, die sich sonst so schwer einstellen will, summen zu hören. Ich wünsche mir, dass die Kirche ein Platz ist, an dem ich dem langsamen und leicht zu überhörenden Puls des Seins lauschen kann und an dem sich mir der tiefere Sinn der Dinge erschließt. Ich wünsche mir, dass die geistlichen Akteure der evangelischen Kirche ihren Auftrag und ihre Berufung wieder stärker darin sehen, Menschen dazu anzuleiten, nicht nur in abgesonderten heiligen Räumen, sondern auch im Alltag diesen göttlichen Puls des Seins zu fühlen, inmitten der entzauberten Welt zur Ruhe zu kommen und Kraft für die wesentlichen Dinge und Aktivitäten des Lebens zu schöpfen. Ich wünsche mir eine Kirche, die Kraft- und Energiespender und Kraft- und Energieort der heilsamen Unterbrechung des Laufs der getriebenen Zeit ist.

Wenn professionelle Kirchenmenschen wie ich von Kirche sprechen, denken sie allerdings in der Regel nur selten daran, den Puls des Seins zu fühlen oder zu hören. Sie haben anders als manch andere kirchenverbundene Menschen üblicherweise nicht Kirche als spirituellen Ort, sondern Kirche als zu steuernde Organisation oder als zurechtzudenkende abstrakte theoretische Wirklichkeit vor Augen.

Mir will inmitten des kirchenleitenden Handelns und des differenzierten theologischen Nachdenkens über die Kirche allerdings nicht aus dem emotionalen Gedächtnis weichen, wie ich Kirche als Kind erlebt habe und wie ich als Kind darüber staunte, wenn etwa zur Weihnachtszeit in einem uralten Gemäuer Kerzen brannten, es gut roch, die Weihnachtsgeschichte in Luthers Übersetzung verlesen wurde und die Gemeinde in Lieder einstimmte, die mich ergriffen.

Ich glaube, dass ich mit diesen Sehnsüchten nicht allein bin. Ich weiß aber auch, dass manche diese Sehnsüchte als Sentimentalität belächeln und mir illusionslos das kirchliche Realitätsprinzip, das notwendige Erwachsenwerden und die Erosion der christlichen Traditionen in einer weltlichen Welt entgegenhalten werden, in der derlei Regressionen der Vergangenheit angehören. Wer dies tut, möge sich aber fragen lassen, warum gerade an Weihnachten die christlichen Kirchen unserer säkularen Weltgegend voller sehnsuchtserfüllter Menschen sind. Sie wären möglicherweise auch an Weihnachten leerer, wenn der unfeiertägliche Alltag der Menschen erfüllter wäre und wenn es allein darauf ankäme, dass die Kirche ihren moralischen Zeigefinger oder ihre diakonisch zugewandten Hände in die sozialen Wunden unserer Welt legt. Und sie sind genau deshalb an Weihnachten nicht leerer, weil es eine tiefe Sehnsucht vieler geistig und geistlich Unerfüllter und Heimatloser nach Wiederverankerung in einer geistlichen Heimat gibt, der sie zumindest noch nachtrauern, obwohl sie längst aus ihr vertrieben sind und ahnen, dass sie kein Weg mehr dahin zurückführen wird. Die christliche Religion ist im ehedem christlichen Abendland noch immer für viele die Tür zu einem Traditionsraum, mit dessen Interieur eine wachsende Zahl von Menschen zwar nichts mehr anfangen kann, ohne dass aber deshalb die Sehnsucht nach diesem Raum und die Ahnung gewichen wäre, »dass da noch mehr ist« und dass es vielleicht doch eine letzte, wirkmächtige, schwer zu fassende Wirklichkeit jenseits der sattsam bekannten, sich unwiderstehlich aufdrängenden Wirklichkeit gibt.

Es ist also gut, die Tür zu dieser fernen Wirklichkeit und zu dieser fremden Heimat offen zu halten – und zwar unabhängig davon, ob jemand durch diese Tür hineingeht oder nicht. Vielleicht genügt es ja manch spirituell heimatlosem kirchendistanzierten christlichen Zeitgenossen schon, dass diese Tür als ferne Möglichkeit schlicht da ist. Kirchtürme sollten jedenfalls Fragezeichen, Zeigefinger und Transzendenzräume bleiben – all jenen Immanenzräumen zum Trotz, in denen nicht wenige Menschen keine Erfüllung mehr finden. Kirchengebäude, Kirchenräume und Kirchenarchitekturen sollten als Freiräume des Andersseins, des Anderssehens und des Andersgesehenwerdens einen Unterschied zu den nichtkirchlichen Architekturen, Erfahrungsräumen und Sichtweisen unserer Welt und unserer Zeit markieren. Dafür müssen sie aber zu theologischen, ästhetischen und spirituellen Gesamtkunstwerken werden.

Oft trägt es sich zu, dass ich in solche Kirchenräume und Kirchengebäude hineingehen möchte – am liebsten in die alten, weniger in jene neueren Kirchenräume, die vielfach so sehr Mehrzweckhallen ähneln und die so sehr Stein gewordene Ununterscheidbarkeit vom Geist unserer Zeit sind, dass ich dann lieber draußen in der Natur bleibe – zumal, wenn diese Räume kalt und lieblos sind und entweder den Geist eines funktionalen Pragmatismus oder den Geist einer spießbürgerlichen Wohnzimmergemütlichkeit atmen, der nicht in die Freiheit führt, sondern – mir jedenfalls – den Hals, den Geist und die Seele zuschnürt.

Leider finde ich immer wieder verschlossene Kirchen vor. Ich bin dann zwar enttäuscht, unterdrücke als kirchlicher Insider meine Enttäuschung aber sofort, indem ich Verständnis dafür habe, dass die als offen geltende evangelische Kirche ihre Kirchen immer öfter absperrt, weil sie Vandalismus und Diebstahl fürchtet und diesem durch die Öffnung ihrer Gotteshäuser keinen Vorschub leisten will. Dennoch ist die Verschlossenheit jener Türen, die aus dem Alltag heraus in eine spirituelle Weltfremdheit hineinführen könnten, ärgerlich, weil mir Menschen vor Augen stehen, die womöglich gelegentlich auch außerhalb der Gottesdienstzeiten eine Kirche betreten möchten. Was mögen all diese Menschen denken und empfinden, wenn sie dann auch noch neben der verschlossenen Kirchentür das Schild der bayerischen evangelischen Kircheneintrittskampagne sehen, auf dem zu lesen ist: »Treten Sie ein! Unsere Kirche ist offen.«?

30. FUNDAMENTALITÄT STATT FUNDAMENTALISMUS:
Kennzeichen einer wesentlichen Kirche

Ich sehne mich nach einer Kirche des Elementaren und des Heiligen. Dass ich das tue, kommt mir manchmal allerdings lächerlich, unterkomplex, regressiv und provinziell vor. Dennoch hat sich die Idee einer Kirche, die sich als Kirche in der Welt entschieden vom Schema dieser Welt unterscheidet, beharrlich in mir festgesetzt, so peinlich sie mir zuweilen ist.

Viele Menschen spüren, dass die entzauberte Welt ihre tiefen Sehnsüchte nicht stillt. Sie reagieren darauf mit unterschiedlichsten Strategien der Wiederverzauberung dieser Welt. All diese Formen versuchen letztlich, die Welt gewissermaßen als Transzendenz ihrer selbst sichtbar und erlebbar werden zu lassen. Es gibt Formen säkularer Wiederverzauberung, die es begünstigen, dass Menschen ein fetischistisches Verhältnis zu Dingen, zu ihrem Körper, zur Sexualität, zum Sport, zu anderen Formen des Lebensgenusses und zum Geld entwickeln. Es gibt aber auch nichtsäkulare, also religiöse, spirituelle, esoterische, theologische und philosophische Formen der Wiederverzauberung der Welt.

Der Protestantismus war von Anfang an ein Repräsentant der Entzauberung der Welt. Er nimmt bis heute teil an einem Entsakralisierungsprogramm, das seit der Renaissance und seit der Reformation das Programm der abendländischen Menschheit ist. Zum Unglück unserer desillusionierten Epoche ist diese Entzauberung geglückt. So befreiend sie im 16. Jahrhundert auch gewesen sein mag, so ernüchternd ist sie heute. Wir leben in einem säkularen Zeitalter[66], das sich nicht ohne Weiteres wieder verzaubern lässt. Wer es dennoch tut, setzt sich dem Vorwurf aus, reaktionär geworden zu sein. Wer die religiösen Fundamente unserer Welt freizulegen und das Zauberwort zu treffen sucht, das Joseph von Eichendorff (1788 – 1857) zufolge in allen Dingen schläft, droht aus der Zeit zu fallen. Es scheint fraglich, ob die Wiederverzauberung und Resakralisierung der Welt gelingen kann, ohne dass dafür der Preis einer idiosynkratischen esoterischen Beliebigkeit, eines ewiggestrigen, gegenwartsverweigernden Fundamentalismus oder eines bloß subjektiv behaupteten metaphysischen Objektivismus gezahlt werden muss.

Doch es könnte ja sein, dass wir als Bewohner und Bewohnerinnen eines säkularen Zeitalters nur in Scheinobjektivitäten gefangen sind, wenn wir das herrschende Bild der geheimnislosen Welt für objektiv, normativ und unhintergehbar halten. Womöglich fehlt uns ja nur der Mut, unsere religiösen Sehnsüchte und metaphysischen Intuitionen für nicht weniger vernünftig zu halten als jene Vernunft, die der Welt ihr Geheimnis austreibt und die zurückgebliebene aufgeklärte Welt für des Rätsels Lösung hält.

Seien wir scharfsinnig: wer vermöchte denn wirklich triftig zu erhärten, dass der wissenschaftliche Reduktionismus unserer Zeit die Dinge tatsächlich auf ihr Wesen

---

[66] Vgl. dazu Charles Taylor, A Secular Age, Cambridge 2007. Deutsche Ausgabe: »Ein säkulares Zeitalter«, Frankfurt am Main 2009.

zurückführt und nicht dieses Wesen gerade verfehlt? Der Anspruch des Reduktionismus, sich auf gesichertem nichtmetaphysischen Terrain zu bewegen, ist meines Erachtens – wie schon gesagt – unhaltbar. Auch Reduktionismus ist eine Metaphysik. Dass diese Metaphysik wahrheitsfähiger ist als eine andere, kann sie nicht beweisen; sie muss es aber auch nicht – zumal innerhalb des Referenzrahmens eines Weltbildes, dem bestimmte metaphysische, als Naturwissenschaft getarnte Argumente eher einleuchten als andere, die bereits auf den ersten Blick als nichtnaturwissenschaftliche Argumente erkennbar sind[67].

Wer das Bild der entzauberten, um die Wirklichkeit Gottes bereinigten Welt nicht als das wahre, fundamentale Bild der Welt erachtet, ist jedoch keineswegs in der argumentativen Bringschuld und keinen Deut weniger rational als jene, die die Erosion der metaphysischen Fundamente der Welt, der Kirche und der christlichen Tradition befördern oder schulterzuckend hinnehmen, weil sie sich mit einer Sicht der Welt abgefunden haben, die ihrer instinktiven und natürlichen Sicht der Dinge zwar nicht entspricht, aber doch wissenschaftlich alternativlos zu sein scheint. Dabei ist diese metaphysikkritische Sicht der Dinge ihrerseits nicht weniger metaphysisch.

Metaphysik ist der Versuch, letzte Fragen mit Hilfe derjenigen Vernunft zu betrachten[68], die den Menschen evolutionär erfolgreich gemacht hat. Wer weiß also, ob die metaphysischen Instinkte des Homo sapiens nicht ein Selektions- und ein Überlebensvorteil sind. Wenn der Darwinismus Recht hat, müsste dies ja eigentlich so sein.

---

[67] Siehe zu all diesen Überlegungen Thomas Nagel, a. a. O.

[68] So die Definition Friedrich Hermannis. Siehe ders., Metaphysik, 1.

Und wenn dem so ist, dann können uns diese Instinkte eigentlich nur an einen Ort führen, an dem das Leben, das leben will, nicht erlischt – also ins Reich Gottes und zum ewigen Leben.

Folgen wir also unseren metaphysischen Instinkten – schon allein deshalb, weil die Ankunft im Reich Gottes und das ewige Leben nicht die schlechtesten aller Perspektiven wären! Haben wir den Mut, uns unseres Verstandes so zu bedienen, dass wir zu denken wagen, dass die Welt auf Fundamenten ruhen könnte, die nicht mit den Erkenntnisinstrumentarien der exakten Wissenschaften zu Tage zu fördern sind! Trauen wir unserer Intuition nicht weniger als den kontraintuitiven Argumenten einer Rationalität, deren treibende Kraft nicht allein die aufklärende Vernunft, sondern all zu oft ein programmatischer Atheismus ist, der vorschnell und wissenschaftsgläubig mit dem Geist der modernen Wissenschaften identifiziert wird! Dass es Gott nicht gibt, ist keineswegs wahrscheinlicher, als dass es Gott gibt – auch, wenn es uns aufgeklärten Modernen scheint, als sei das Gegenteil wahr und als könnten wir uns auch im Raum der Kirche nur in soziale oder kulturelle Aktivitäten flüchten, um unseren *horror vacui metaphysici* zu bekämpfen.

Nicht nur der ausdrückliche achristliche Atheismus, auch der moderne Protestantismus selbst hat ja den fundamentalistischen Atheismus zutiefst verinnerlicht, indem er Immanuel Kants Philosophie folgt und für ihn nurmehr ethische Fragen oder Fragen interreligiöser Toleranz, nicht aber metaphysische Fragen Bekenntnisfragen sind. Könnte der Verdacht berechtigt sein, dass viele Theologinnen und Theologen die Erosion der Fundamente der christlichen Religion eher in ethischer als in metaphysischer Hinsicht beklagen, weil sie in einem politischen, theologischen und kirchlichen Klima groß geworden sind, das seit mehr als zweihundert Jahren diese metaphysischen Fundamente schleift? Dass ihnen Anderes mehr am Herzen liegt als Gott und die Erfahrung des Heiligen, wäre dann natürlich kein Wunder.

Vielleicht haben viele Theologinnen und Theologen insbesondere seit dem Ende der sechziger Jahre des 20. Jahrhunderts auch deshalb lieber den politischen und sozialmoralischen Spatz in der Hand gehegt und gepflegt, weil sie mit der Taube auf dem Dach, also mit der all zu schönen trinitarischen Geschichte der nach 1945 den deutschen Protestantismus dominierenden Offenbarungstheologie Karl Barths, nicht wirklich etwas anfangen konnten. Vielen mutet Barths »Kirchliche Dogmatik« – mit Verlaub – als theologische Fantasygeschichte an. Sie erscheint ihnen zu schön, um wahr sein zu können. Was Bertolt Brecht (1898–1956) in seinem Gedicht »Erinnerung an die Marie A.« über eine Wolke sagte – »sie war sehr weiß und ungeheuer oben«[69] – scheint auch für Barths Dogmatik zu gelten, deren großartige Gottesstory für nicht wenige Zeitgenossen unerreichbar weit von ihren existenziellen, religiösen und philosophischen Fragen entfernt ist und daher keine Antwort darauf darzustellen vermag.

Ob es dem kirchlichen Protestantismus der Gegenwart wirklich gelingt, Antworten auf letzte Fragen zu geben, letzte Wahrheiten zu verkündigen, tiefe spirituelle Sehn-

---

[69] Bertolt Brecht. Große kommentierte Berliner und Frankfurter Ausgabe. Berlin, Weimar und Frankfurt am Main 1988, Bd. 11, Gedichte 1, 92.

süchte zu erfüllen und zu einer christlichen Fundamentalität zurückfinden, die ihn frei, souverän und unanfällig gegen Fundamentalismen, Relativismen und Instrumentalisierungen unserer Zeit macht? – Ich wünsche es mir von Herzen.

Dass ich ein fundamentales Christentum ersehne, heißt keineswegs, dass ich mir nicht auch wünsche, dass unsere europäische Gesellschaft frei, demokratisch, pluralistisch, tolerant und menschenrechtlich bleibt und sich nicht in religiöser, politischer oder gesellschaftskultureller Hinsicht fundamentalistisch zurückentwickelt. Wurzeln des religiösen und des politischen Fundamentalismus sind unter anderem der Wunsch nach Komplexitätsreduktion, eine tiefe Verunsicherung und – was den islamischen Fundamentalismus anbelangt – ein mitunter blinder Hass auf das Andere. Weil Fundamentalisten ihren eigenen Überzeugungen nicht vertrauen oder sie schlicht derart verabsolutieren, dass sie Andersglaubenden ihre Andersglaubensberechtigung und gelegentlich sogar ihre Existenzberechtigung absprechen, müssen sie Andersdenkende bekämpfen. Fundamentalistische Intoleranz ist ein Zeichen fehlender oder ein Zeichen verzweifelter Fundamentalität. Die Kirche der Zukunft muss zu einer ernsthaften Fundamentalität jenseits von Fundamentalismus und Relativismus finden. Christenmenschen sind es der Gesellschaft ihrer Gegenwart und ihrer Zukunft schuldig, sie an jene letzte Wirklichkeit zu erinnern, die uns das Leben gibt und rettet. Wer wirklich fundamental glaubt, kann daher nicht anders, als die Stimme seiner christlichen Vernunft gegen Welt- und Menschenbilder zu erheben, die das Vorletzte zum Letzten machen und im Namen der Wahrheit Menschen verachten und töten. Wer wirklich fundamental glaubt, wird kritisch, christlich und kirchlich Position beziehen, wenn sich wirtschaftliche, politische, wissenschaftliche und technologische Instanzen dieser Gesellschaft zu Letztinstanzen, also zu letzten Dingen, Mächten und Gewalten machen, die Menschen das Leben nehmen und doch das Gegenteil verheißen. Wer wie Luther auf dem Reichstag zu Worms im April 1521 getrost, gelassen und zuversichtlich auf den Fundamenten seines Lebens steht und weiß, wie tragfähig sie sind, kann sich dann auch guter Dinge und guten Mutes im Geist der Wahrheit, der Klarheit und der Sensibilität für Gott, für die Welt und für ihre Menschen einsetzen, ohne sich fundamentalistisch verschanzen zu müssen.

31. DIE BARMER THEOLOGISCHE ERKLÄRUNG: Kritik der Letztgültigkeit des Vorletzten

Am 31. Mai 1934 bekannten sich die zur Bekenntnissynode der Deutschen Evangelischen Kirche vereinigten Vertreter lutherischer, reformierter und unierter Kirchen, freier Synoden, Kirchentage und Gemeindekreise in Wuppertal-Barmen einstimmig zur Barmer Theologischen Erklärung[70]. Die Barmer Theologische Erklärung positionierte sich entschieden gegen den allesvereinnahmenden totalitären Geist der nationalsozialistischen Deutschen Christen, die die Kirche von innen auszuhöhlen und zu unterwandern trachteten. Nach dem Zweiten Weltkrieg wurde, so umstritten sie in Teilen des Luthertums und im liberalen Protestantismus bis heute ist, die Barmer Erklärung zum Bezugspunkt vieler evangelischer Kirchenverfassungen nicht nur in Deutschland.

Das Fundament, auf das sich die Barmer Theologische Erklärung stellte, war kein anderes als der Eckstein der christlichen Kirche: Jesus Christus, das eine Wort Gottes, das erfüllte Gesetz und das Evangelium.

---

[70] Der Text der Barmer Theologischen Erklärung findet sich bei Martin Heimbucher und Rudolf Weth (Hrsg.), Die Barmer Theologische Erklärung. Einführung und Dokumentation, Neukirchen-Vluyn, 7., überarbeitete und erweiterte Aufl. 2009, 37 ff. Siehe auch: Evangelisches Gesangbuch. Ausgabe für die Evangelisch Lutherischen Kirchen in Bayern und Thüringen, 1578 ff.

Die erste Barmer These verwirft ganz im Sinne von Martin Luthers theologischer Konzentration allein auf Christus »die falsche Lehre, als könne und müsse die Kirche als Quelle ihrer Verkündigung außer und neben diesem einen Worte Gottes auch noch andere Ereignisse und Mächte, Gestalten und Wahrheiten als Gottes Offenbarung anerkennen.«[71] Durch Jesus Christus, so die zweite These der Barmer Erklärung, »widerfährt uns frohe Befreiung aus den gottlosen Bindungen dieser Welt zu freiem, dankbarem Dienst an seinen Geschöpfen.«[72]

Dass die Kirche ein Ort der Freiheit von lebensabträglichen, lebensgefährdenden und lebensentleerenden Bindungen und Verstrickungen unserer Zeit ist, weil sie aus Christus, dem Grund des Seins lebt, muss auch mehr als achtzig Jahre nach Barmen sichtbar, artikuliert und verteidigt werden – inmitten der realen und virtuellen Räume der von zahlreichen allesvereinnahmenden Mächten und Gewalten bedrohten freien und offenen Gesellschaft, gegen den einflussreicher werdenden islamistischen und nichtislamistischen politischen Fundamentalismus und gegen den autoritären und autokratischen Nationalismus. Es muss aber auch angesichts von Weltdeutungen, Mächten und Netzwerken zur Sprache gebracht werden, die Gefahr laufen, sich selbst für das Letztgültige zu halten und das wirklich Letztgültige zu vergessen.

Kirche ist – ganz im Sinne der Barmer Theologischen Erklärung – ein Ort, an dem inmitten der vorletzten Dinge die letzten Dinge sichtbar werden und an dem die Kri-

---

[71] Ebd., 37 bzw. 1578.
[72] Ebd., 38 bzw. 1579.

tik an allen vorletzten Mächten hörbar wird, die sich als letztgültig gebärden und uns von sich abhängig machen.

Aber warum Barmen heute? – Diese Frage wurde im Prozess der Ergänzung des Grundartikels der Kirchenverfassung der Evangelisch-Lutherischen Kirche in Bayern um einen würdigenden Hinweis auf die Barmer Theologische Erklärung immer wieder laut. Die Antwort ist einfach: die Barmer Theologische Erklärung kann einer wahrhaft evangelischen, am Evangelium Jesu Christi orientierten Kirche heute und morgen Orientierung geben, wenn diese Kirche sich fragt, mit welchen starken Überzeugungen sie den fundamentalen Herausforderungen ihrer Zeit begegnen, wie sie als christlich profilierte Kirche Gestalt gewinnen könnte und was Christinnen und Christen in einer fundamentalistischer, nationalistischer und identitärer werdenden Welt heute zu sagen haben.

32. SOZIALE MEDIEN:
Narzisstische Selbstbespiegelungsräume
und Erosionsbeschleuniger der Demokratie

Vor wenigen Jahren präsentierte sich Facebook als großes
demokratisches Versprechen. Der Gründer des sozialen
Netzwerks, Mark Zuckerberg (*1984), verkündete im Jahr
2012 in seinem »Letter to Investors« sein Evangelium mit
folgenden Worten: »Facebook wurde als soziale Mission
gegründet – um die Welt offener und vernetzter zu machen (...) Wenn Leute mehr miteinander teilen, entsteht
eine offenere Kultur und ein besseres Verständnis für das
Leben und die Sichtweisen anderer (...) Wir glauben, dass
die Hilfestellung, die wir Leuten bieten, um ihre Interessen zu teilen, zu einem aufrichtigeren und transparent-
eren Dialog über die Regierung führt und damit zu direk-
terer Handlungsmacht (im amerikanischen Original:
›empowerment‹) der Leute, zu erhöhter Rechenschaft der
Hoheitsträger und zu besseren Lösungen der größten Probleme unserer Zeit.«[73] Zuckerbergs Brief an Investoren
liest sich, als wäre er ein Manifest des herrschaftsfreien
Dialogs und eine Art Barmer Erklärung der digitalen Welt
unserer Gegenwart.

Wie auch immer es um die wahre Motivation Mark
Zuckerbergs bestellt gewesen sein mag: die strukturelle

---

[73] Zitiert nach dem so erhellenden wie unheimlichen Artikel von
Andreas Zielcke, Entwirklichung, in: Süddeutsche Zeitung, 16. Dezember 2016, 11. Zuckerbergs »Letter to Investors« findet sich online etwa unter www.wired.com/2012/02/zuck-letter/.

Dynamik des Netzwerks hat dazu geführt, dass Facebook zum Raum der Freiheit allenfalls im Sinne der Freiheit zur Schamlosigkeit, zur unverschämten Lüge und zur Verantwortungslosigkeit geworden ist. Vor allem aber hat Facebook professionellen Propagandisten, Menschen an den politischen Rändern, Narzissten, Wutbürgern, Verschwörungstheoretikern und Autokraten zu ungeahntem Einfluss verholfen[74]. Auf Facebook wird wie in jeder Technologie der Mensch als zutiefst ambivalentes Wesen offenbar – als ein Wesen, das kommunikativ und wertschätzend, aber auch geltungssüchtig, rücksichtslos und verroht sein kann.

Menschen neigen dazu, sich auf Facebook vorwiegend in jenen Nischen aufzuhalten, in welchen ihre vorgefassten Meinungen bestätigt und bekräftigt werden – und sei es durch sogenannte »alternative« Fakten. »Das Problem der Fake-News ist nicht ihre Produktion, sondern die Empfänglichkeit für sie.«[75] Von einem Raum des herrschaftsfreien kommunikativen Handelns im Sinne der Philosophie Jürgen Habermas' (*1929) kann also nicht die Rede sein. Das Internet bildet keine echte interaktive Gemeinschaft. Es zerfällt dem südkoreanischen Philosophen Byung-Chul Han (*1959) zufolge in Ausstellungsräume des narzisstischen Ich. Wem es in diesen Räumen gelingt, die Vorurteile der individuellen Geister im Netz so zu bedienen und zu befeuern, dass diese Geister in Diffamierung und Hetze ihre eigene, vorgeblich freie Meinung und die objektive Wahrheit wiedererkennen, der hat die

---

[74] Ebd.
[75] Jürgen Kaube, Die Realität ist nicht konsenspflichtig, in: Frankfurter Allgemeine Zeitung, 17. Januar 2017, 11.

Gehirne und Gefühle gewonnen. Facebook ist kein Ort des kritischen Vernunftgebrauchs, sondern des Kampfes um Anerkennung, der nicht selten mit der Waffe der instrumentellen Konstruktion von Tatsachen und mit dem Verweis darauf geführt wird, die sogenannte Wahrheit sei in Wahrheit eine Verdrehung der Tatsachen durch den andersdenkenden Gegner, der auf gar keinen Fall die wirkliche Wahrheit auf seiner Seite haben könne. »›Die Lüge impliziert Freiheit‹, hielt Hannah Arendt (1906–1975; RF) in ihrem ›Denktagebuch‹ fest, ›die Wahrheit zwingt zur Einsicht‹. Lüge hat bekanntlich tausend Gesichter, Wahrheit nur eines. Und wo missfallende Tatsachenbehauptungen dann doch nicht aus der Welt zu schaffen sind, erklärt man sie zu bloßen Meinungen der Gegner. Auf diese Weise lassen die diversen Echo- und Meinungskammern der sozialen Medien eigene politische Realitäten entstehen, die untereinander keinen verbindlichen Wirklichkeitsbezug teilen. Da passt der geniale Begriff ›Entwirklichung‹, ebenfalls von Hannah Arendt.«[76]

Der US-amerikanische Medienwissenschaftler Farhad Manjoo (*1978), der schon im Jahr 2008 von einer »*post-fact society*«, also von einer postfaktischen Gesellschaft sprach, schreibt den sozialen Medien eine welterschütternde Macht zu.[77] Aufgrund ihrer dämonischen Kraft zur willkürlichen Verzerrung der Wahrheit und ihrer unheimlichen Fähigkeit, Bewusstsein zu manipulieren, werden sie zu jenen herrenlosen Gewalten, welche die Bekennende Kirche vor Augen hatte, als sie in Barmen ihre

---

[76] Ebd.

[77] Siehe Farhad Manjoo, True Enough: Learning to Live in a Post-Fact-Society, New York 2008.

Stimme gegen die totale Unterwanderung der evangelischen Kirche durch den nationalsozialistischen Geist der »Deutschen Christen« erhob. So sehr die digitalen Medien – etwa im sogenannten »Arabischen Frühling« – Geburtshelfer einer Revolution des Volkes waren, so sehr können sie auch zu Beschleunigungswerkzeugen der Erosion der Demokratie und des Verfalls der Menschlichkeit werden.

Wenn sich die evangelische Kirche in die digitalen Räume der sozialen Netzwerke begibt und auf sie als Resonanzräume vertraut, sollte sie dies im Blick behalten und darauf achten, dass sie darin nicht umkommt. Ihre Theologie des digitalen Raums sollte eine geistesgegenwärtige dialektische Theologie der Digitalisierung sein, die sensibel für die dunkle Seite des Internet bleibt, ohne das Netz als solches kurzschlüssig zu diskreditieren oder zu divinisieren.

Der digitale Raum ist kein Paradies herrschaftsfreier Kommunikation. Nicht zuletzt deshalb, weil das Internet ein nahezu rechtsfreier Raum ist, zieht er Mächte, Gewalten und Dämonen an, die Menschen dort leichter als auf anderem Wege unter das Bewusstsein greifen. Der digitale Raum ist kein Ort, an dem der Geist der Wahrheit stärker wirkt als anderswo. Im Gegenteil. Das Internet ist ebenso ein Ort der Rückbildung wie der Bildung. Menschen leben im Netz das allgemeinmenschliche Bedürfnis nach Kommunikation ebenso aus, wie sie nahezu jeder kommunizierten Information ungeprüft vertrauen. Nur, wenn man eine optimistische Anthropologie vertritt, wird man davon ausgehen, dass das Netz und die sozialen Netzwerke dieses Netzes Menschen zu emphatischen, sensiblen, wahrheitssuchenden Persönlichkeiten bilden und nicht auch eine Bühne für Soziopathen darstellen, die im Internet prächtig gedeihen. Vertritt man eine realistische theologische Anthropologie, dann wird man damit rechnen, dass das Netz auch ein Verstärker von Egoismus, Narzissmus, sozialer Rücksichtslosigkeit und kommunikativer Verwahrlosung ist. Zu diesen Untugenden wollten die pädagogischen Programme der Reformatoren, die sehr genau um menschliche Ambivalenzen wussten, jedenfalls nicht erziehen.

Die evangelische Kirche sollte die sozialen Netzwerke sicherheitshalber nicht durch die rosarote, sondern durch die kritische Brille des Bekenntnisses von Barmen betrachten. Sie sollte erkennen, dass die Aktualität Barmens auch in der Kritik totalitärer, menschen- und wahrheitsverachtender medialer Eigendynamiken besteht. Sie sollte allerdings wie gesagt auch erkennen, dass sich im Schrei nach Aufmerksamkeit und Anerkennung, der durch die sozialen Netzwerke gellt, die tiefe und legitime urmenschliche Sehnsucht nach Rechtfertigung, Gnade und Liebe artikuliert. Diese Sehnsucht kann in diesen Netzwerken allerdings nicht gestillt werden, weil sie nicht aus Liebe und Güte gestrickt, sondern unbarmherzig und gnadenlos sind.

Rechtfertigung, Gnade und Liebe: kann man sich drei Stichworte vorstellen, die enger mit dem Wesen und der Genese des Protestantismus verbunden wären als ebendiese drei? Die evangelische Kirche der Gegenwart braucht daher nur eine geistesgegenwärtige Bewohnerin und Beobachterin ihrer Welt zu sein, um zu erkennen, wie relevant ihre Botschaft und was ihre wesentliche Aufgabe ist: ein Ort zu sein, an dem Menschen die frohe

Befreiung aus den Verstrickungen, Fesselungen und Abhängigkeiten dieser Welt erfahren können.

Genau dies akzentuierte die Barmer Theologische Erklärung. In ihren ersten beiden Thesen und Verwerfungen führt sie das Verhältnis der Macht Gottes zu den Mächten und Gewalten der Welt als Verhältnis heilsamer Befreiung aus unheilvollen und gottlosen Bindungen vor Augen. Das theologische Bekenntnis von Barmen leugnet damit keineswegs »die Bedeutung weltlicher Mächte und Wahrheiten, sondern bestreitet deren Anspruch auf letzte Verbindlichkeit. So ist es gerade die (...) Klarheit der Ausrichtung am Bekenntnis zu Jesus Christus, die die Kirche zur offenen Wahrnehmung der Wirklichkeit befähigt, ohne die jeweils herrschenden Plausibilitäten übernehmen zu müssen.«[78]

Der ehemalige Ratsvorsitzende der Evangelischen Kirche Deutschlands, Wolfgang Huber (*1942), schreibt im Geleitwort zur Neuauflage des Büchleins »Die Barmer Theologische Erklärung. Einführung und Dokumentation«: »Die Barmer Theologische Erklärung erwartet die entscheidende Orientierung zur Klärung des Auftrags der Kirche von einer verantwortlichen theologischen Reflexi-

---

[78] So ist es in der Stellungnahme des Fachbereichs Theologie der Friedrich-Alexander-Universität Erlangen-Nürnberg zum Vorhaben der Ergänzung der Kirchenverfassung der Evangelisch-Lutherischen Kirche in Bayern um einen Bezug zur Barmer Theologischen Erklärung zu lesen. Siehe dazu Ralf Frisch, Horst Gorski und Karl Schwarz, Zur Frage der Aufnahme der Barmer Theologischen Erklärung in die Kirchenverfassungen der Nordkirche, der Evangelisch-Lutherischen Kirche in Bayern Bayerns und der Evangelischen Kirche A. und H. B. in Österreich, in: Kirchliches Jahrbuch für die Evangelische Kirche in Deutschland, Gütersloh, 142. Jahrgang (2015), in Vorbereitung.

on. Sie ermutigt und nötigt uns heute neu zu guter Theologie, einer Theologie, die öffentlich und elementar zugleich ist. Die Barmer Synode bleibt auch für uns, die wir aus der Perspektive der Nachgeborenen manche kritische Rückfrage an das damals Gesagte (und an das Nicht-Gesagte!) haben können, ein erstaunliches geistliches Ereignis. Sie regt dazu an, Kirche auch heute neu zu entdecken als eine spirituelle Wirklichkeit, als Wirkungsraum des Heiligen Geistes, dessen Gegenwart unser Zutrauen und unsere Aufmerksamkeit verdient. Schließlich erinnert Barmen die Kirche an ihren Auftrag, in der Welt und für die Welt Verantwortung zu übernehmen und diese Dimension der Weltverantwortung zusammenzuhalten mit den beiden anderen Bestimmungen der Kirche, mit ihrer theologischen Ausrichtung und mit ihrer spirituellen Wirklichkeit.«[79]

Was die evangelische Kirche Menschen heute geben kann oder zumindest zu geben versuchen sollte, ist der Zuspruch der Gegenwart einer wirklich lebensschaffenden und lebensvergewissernden Macht, der Zuspruch wirklicher menschlicher Freiheit und die Ermöglichung wirklicher Gemeinschaft mit Gott und den Menschen. Was die evangelische Kirche Menschen heute geben kann, ist das Bewusstsein, vor aller medialer und zwischenmenschlicher Anerkennung und trotz allen medialen und zwischenmenschlichen Entzugs von Anerkennung anerkannt zu sein. Nicht mehr, aber auch nicht weniger.

Wer weiß: vielleicht finden wir, wenn wir den geistlichen Weckruf der Barmer Theologischen Erklärung an unser Ohr dringen lassen, auch eine Antwort auf die Fra-

---

[79] Martin Heimbucher und Rudolf Weth, a. a. O., 7 f.

ge, warum immer mehr Menschen aus der evangelischen Kirche austreten. – Womöglich kehren sie ihr den Rücken, weil sie dort etwas vermissen: Wahrheit und Klarheit und eine theologische Fundierung, die ihrem Leben Tiefe und Sinn gibt. Wenn wir Christen selbst aber geistlich leer und nicht mehr in das Evangelium verliebt sind, können wir zur geistlichen Erfüllung Anderer nichts mehr beitragen. Wenn wir aus unserem Glauben keine Kraft mehr schöpfen, verlieren wir die Widerstandsfähigkeit gegen die wirklich bedrohlichen Keime unserer Zeit.

Viele Menschen fürchten um die kulturelle Identität des ehedem christlichen Abendlandes. Die Barmer Theologische Erklärung kann uns als Kirche und als Individuen dazu anregen, die Frage nach unserem christlichen Profil in einem modernen, pluralen und toleranten, aber zugleich fundamentalismus- und nationalismusgefährdeten Europa neu als die uralte Frage zu stellen, die da heißt: »Wer ist Jesus Christus für uns heute?«

33. SPIRITUALITÄT:
Im Kontakt mit den letzten Dingen

Der Harvard-Psychologe und Philosoph William James (1842–1910) äußerte einmal, er sei davon überzeugt, dass es im Kosmos Realitäten gebe, »*that throw the last stone*«[80]. Mit der Formulierung »*things that throw the last stone*« meinte William James die wirklich letztgültigen Dinge, auf die sich alles, was ist, zurückführen lässt. Er meinte diejenigen Wirklichkeiten und Wahrheiten, die letztlich zählen, weil sie die Welt im Innersten zusammenhalten. William James war davon überzeugt, dass es für den menschlichen Geist sowohl möglich als auch vernünftig sei, eine letzte Realität zu denken. Und diese müsse, wenn die Vernunft nicht unvernünftig werden wolle, als göttliche Wirklichkeit gedacht werden: »Erstens ist es wesentlich, dass Gott als elementarste Kraft im Universum wahrgenommen wird; zweitens muss er als geistige Personalität wahrgenommen werden.«[81] Alles andere wäre nicht vernünftig: »*Anything short of God is not rational.*«[82] William James artikulierte damit einen Sinn für Fundamentalität, der einer Volkskirche abhanden zu kommen droht, deren Theologen und Theologinnen es in

---

[80] William James, The Will to Believe and Other Essays in Popular Philosophy (1896), Cambridge und London 1979, 25.

[81] Ebd., 97: »*First, it is essential that God be conceived as the deepest power in the universe, and second, he must be conceived under the form of a mental personality.*«

[82] Ebd., 93.

den vergangenen einhundert Jahren gelernt haben, dass es unvernünftig, unzulässig und im Gespräch mit den modernen Wissenschaften deplatziert und peinlich sei, zur Erkenntnis Gottes auf dem Wege einer Theologie der Natur zu gelangen und von Gott als schöpferischer personaler Macht zu sprechen, die die Natur durchwirkt.

Indem aber Theologie und Volkskirche von dieser Macht schweigen, rauben sie auch dem sogenannten Volk die Möglichkeit, in der mystisch-numinosen Sehnsucht nach einer solchen Macht eine legitime Gestalt christlicher Religiosität zu vermuten. Zugleich rauben sie ihm die Hoffnung, dass die Kirche ein Ort sein könnte, an dem diese mystisch-numinose Sehnsucht zur Sprache kommt. So kommt es, wie es kommen muss: Je mehr die Volkskirche von den letzten Dingen schweigt, desto weniger rechnet das Volk damit, dass die Kirche ein Ort der letzten Dinge sein könnte. Was bleibt, ist die Kommunikation der vorletzten, weltlichen Dinge. Eine gottesvergessene Kirche kann aber konsequenterweise nicht anders, als sich auf die Zuständigkeit für die weltlichen Bedürfnisse zu beschränken. Denn was außer weltlichen Bedürfnissen sollte eine Kirche erfüllen wollen und können, die blind gegenüber den letzten Dingen und blind gegenüber den tieferen religiösen Bedürfnissen der Menschen ist? Zu dieser Blindheit der Kirche gehört es auch, sich nicht mehr bewusst zu sein, dass gerade die weltlichen Bedürfnisse der Menschen auch außerhalb der Kirche erfüllt werden können und dass die sogenannten weltlichen Bedürfnisse, die Menschen im Raum der Kirche äußern, oft nur die Tarnung tieferer, letzter Sehnsüchte als weltliche Bedürfnisse sind. Dass viele hauptamtlich im Raum der Kirche Arbeitende das weltliche Gewand, in dem die fundamentaleren Bedürfnisse daherkommen, für diese fundamentalen Bedürfnisse selbst halten, ist ein verhängnisvoller, kirchegefährdender Irrtum. Er führt dazu, dass die Kirche aus den Augen verliert, was den Ängsten und Sehnsüchten der Welt zugrundeliegt. Er führt dazu, dass die Kirche keinen Sinn mehr für das Geheimnis und eigentliche Wesen der Welt – sprich: für Gottes Geist – hat. Vor allem aber führt dieser Irrtum dazu, dass kirchliche Mitarbeitende das Gefühl dafür verlieren, was Menschen wirklich umtreibt. Gewiss: viele Menschen sind religiös unmusikalisch. Vielen Menschen fehlt der metaphysische und spirituelle Sinn für das Geheimnis der Welt – vielleicht, weil sie mit den Genüssen, welche ihnen die Welt bietet, zufrieden sind und sich damit abgefunden haben, dass die Welt die letzt- und einziggültige Wirklichkeit ist. Vielleicht fehlt ihnen dieser metaphysische Sinn aber auch deshalb, weil sie mit elementareren, existenzielleren und konkreteren Lebensproblemen zu kämpfen haben. Seelsorge, soziale Wärme und Zuwendung sind ihnen wichtiger als die Erfahrung eines numinosen und ungreifbaren Letzten, von dem man nicht herunterbeißen und sich nichts kaufen kann und das unser Leben nicht zu verändern können scheint.

Folgt man der Bedürfnishierarchie des US-amerikanischen Psychologen Abraham Maslow (1908–1970), dann werden Transzendenzbedürfnisse erst dann wichtig, wenn physiologische Bedürfnisse, Sicherheitsbedürfnisse, Sozialbedürfnisse, Individualbedürfnisse und Selbstverwirklichungsbedürfnisse erfüllt sind. Ich misstraue dieser Hierarchisierung. Ich halte es für sinnvoller, im Sinne einer mehrdimensionalen Perspektive davon auszugehen, dass all diese Bedürfnisse auf einer ähnlichen

Hierarchieebene angesiedelt sind. Dass Transzendenzbedürfnisse – gewissermaßen als Luxusbedürfnisse – erst
dann thematisch werden, wenn alle anderen Bedürfnisse
befriedigt sind, ist letztlich eine Konsequenz der marxis-
tischen Religionskritik, die sich die Kirche dann unversehens zu eigen gemacht hat, wenn sie den Transzendenz-
bedürfnissen des Menschen einen geringeren Stellenwert
zuschreibt als seinen physiologischen und sozialen Bedürfnissen. Für die Kirche, wenn sie eine Kirche der letzten Dinge bleiben will, wäre es fatal, die spirituelle und
die sozialtherapeutische Dimension ihrer selbst und der
Menschen, an denen sie Interesse hat, so gegeneinander
auszuspielen, dass das Sozialtherapeutische zum einzig
und letztlich Realen und Lebenspraktischen erklärt wird.
Wer glaubt, glaubt nicht nur an immanente Erfüllung –
auch, wenn die materialistische Religionskritik des Mar-
xismus den Glaubenden dies einzubläuen versuchte. Wer
glaubt, verlässt sich – und zwar in mehrfacher Hinsicht.
Er verlässt sich selbst, weil er nicht damit rechnet, dass er
selbst durch vorsorgende Aktivität für sich selbst sorgen
und seines Glückes alleiniger Schmied sein könnte. Und
er verlässt sich auf eine Macht, der er sein Leben an-
befiehlt. In der Haltung des Gebets findet diese Haltung
des Sich-Verlassens und des Sich-Empfangens ihren religiösen Ausdruck. Wer betet, transzendiert all das, was
Menschen, die nicht beten, sondern nurmehr handeln,
sorgen, bilden und machen, für letztgültig und für wirklich halten. Wer betet, rechnet mit der Existenz einer letzten Realität inmitten und jenseits jener Realität, die wissenschaftlich auslotbar ist. Freilich: nicht jeder, der eine
metaphysische Weltsicht hat und an letztgültige theologische Realitäten glaubt, betet.

William James regte an, den religiösen Glauben – wir könnten auch sagen: Spiritualität – als Glaube an die Existenz einer unsichtbaren Ordnung zu verstehen, die die Rätsel der natürlichen Ordnung sichtbar macht und das Unerklärliche erklärt[83]. Der Prolog des Johannesevangeliums nennt diese Ordnung den »*Logos*«. Das »*which throws the last stone*« ist der johanneischen Theologie zufolge Gott, dessen Rationalität als Geist die Schöpfung durchwirkt und sich in der Person Jesu von Nazareth als Urbild wahren Menschseins und wahren Gottseins offenbart: »Der Logos ward Fleisch und wohnte unter uns.« (Johannes 1,14). Wenn wir uns das johanneische Wirklichkeitsverständnis zu eigen machen, dann erkennen wir, dass die göttliche Liebe, die in Christus urbildlich in der Welt zum Vorschein gekommen ist, Motor und Treiber allen Seins und Urprinzip allen Lebens ist. Wenn wir wirklich christlich, wirklich philosophisch und wirklich kosmologisch denken wollen, aber zugleich ratlos sind, wie dies geschehen könnte, ohne dass wir in diffuses Schwafeln, vages Phantasieren und parawissenschaftliches Spekulieren geraten, dann brauchen wir uns nur die ersten 14 Verse des Johannesevangelium durchzulesen. Wir werden dort eine Theorie der Ordnung der Schöpfung vorfinden, die so elegant wie anspruchsvoll ist, weil sie sich mit keiner wissenschaftlichen Welterklärung zufriedengibt, die nicht davon ausgeht, dass Gottes Geist die Welt im Innersten zusammenhält. Natürlich ist und bleibt es Glaubenssache, Gott als entscheidende Urkraft des Uni-

---

[83] »*Religious faith is basically faith in the existence of an unseen order of some kind in which the riddles of the natural order may be found and explained.*« William James, a. a. O., 48.

versums zur Sprache zu bringen – genauso, wie es Glaubenssache ist, ihn als Urkraft des Universums auszuschließen.

Ich wünsche mir, dass die christliche Kirche und ihre sinnlich erfahrbaren und betretbaren Räume Orte sind, an denen die irdische Oberfläche der Dinge transparent wird für den Logos, den letzten Grund der Welt. Wenn wir wirklich zur Überzeugung gelangen würden, dass es zwischen Himmel und Erde im Sinne des berühmten Satzes aus William Shakespeares (1564–1616) »Hamlet«[84] mehr gibt, als Naturwissenschaft, Philosophie und gottesvergessene Theologie uns glauben machen wollen, dann hätte diese Überzeugung nicht nur eine intellektuelle Dimension. Was in christlichen Kirchen als Gotteserkenntnis verkündigt wird, würde uns auch als spirituelle Erfahrung erheben und berauschen, weil es unseren Horizont auf eine ungeheure Weise erweitern würde. Wären Kirchen Orte, an denen wirklich eine andere, tiefere Logik und ein anderes, tieferes Schema des Seins glaubwürdig zum Vorschein käme, dann wären die Räume der christlichen Kirche zugleich Kraftorte, an denen Menschen die Quintessenz des Lebens wie ein heilendes Tonicum in sich aufnehmen könnten.

Ich prophezeie, dass es in der entzauberten Welt kälter werden wird, wenn es im Wirklichkeitsraum keine Fenster und Türen mehr gibt, durch die Menschen aus der beschleunigten, verwirrenden, mitunter deprimierenden und oft genug beängstigenden Realität heraus einen Blick auf den Grund der Dinge werfen können.

---

[84] William Shakespeare, Hamlet, Englisch/Deutsch, hrsg., übersetzt und kommentiert v. Holger M. Klein, Stuttgart 2010, 108.

Wenn auch die Kirche sich nicht mehr als Fenster und als Tür zur eigentlichen Wahrheit der Welt versteht, dann ist sie gänzlich in einer Welt aufgegangen, die zur alternativlosen Wirklichkeit geworden ist. Und in einer solchen Kirche wird der Gedanke, dass etwas hinter dieser Wirklichkeit sein und ein liebender Gott in allem wohnen könnte, ebenso irgendwann der Vergangenheit angehören wie in der Welt, mit der diese Kirche sich gemein gemacht hat.

Søren Kierkegaard unterschied zwischen zwei Existenzweisen des Menschen: der ethischen und der ästhetischen Existenz[85]. Wer ethisch existiert, will Kierkegaard zufolge die Welt verändern und bewegen. Er verpflichtet sich, trifft Entscheidungen und handelt verantwortlich. Wer ästhetisch existiert, bevorzugt es, sein Leben in der Schwebe zu lassen und Eventualitäten zu meditieren. Der ästhetisch Existierende ergreift weder sich selbst noch die Welt. Er nimmt die Welt nur als Möglichkeit wahr, ohne sich festzulegen. Der ethisch Existierende dagegen tut genau dies: er legt sich fest, gestaltet und schafft Realität.

Den Beobachtungen meines Buches liegt die Annahme zugrunde, dass die ethische Existenzform unter den Akteuren der evangelischen Kirche deutlich verbreiteter ist als die ästhetische Existenzform, die ja jene religiösen Menschen in Reinform repräsentieren, die über den Kosmos meditieren, über die letzten Dinge sinnieren und ihr Leben aus Gottes Hand empfangen. Das aber ist merkwürdig, weil man ja doch eigentlich erwarten würde, dass die Kirche, wenn sie mit sich als religiöser Institution

---

[85] Søren Kierkegaard, Entweder – Oder. Ein Lebensfragment, herausgegeben von Victor Eremita, München 1975.

ernst machen würde, der natürliche Lebensraum der frommen Spielart dieser ästhetischen Existenzform ist, die ich im Folgenden als metaphysische oder religiöse Existenz bezeichnen will.

Der Theologe und Philosoph Friedrich Schleiermacher äußerte im Jahr 1799 in seinen »Reden über die Religion«, die Religion sei eine »eigene Provinz im Gemüthe«[86]. Religion ist mehr als Ethik, und sie ist mehr als Ästhetik. Wer religiös ist, transzendiert beide Weltverhältnisse, weil er die Welt und sich selbst transzendiert[87]. Ihm liegt die Welt weder nur als Raum der Verwirklichung noch nur als Raum der Möglichkeit am Herzen. Er erfährt und erkennt die Welt vielmehr als Geschenk des Himmels. Wer religiös existiert, lässt Gott in dieser Welt Raum. Neben der ethischen und jenseits der ästhetischen Existenzweise gibt es also ein Drittes: die religiöse Existenz, die der Welt anders auf den Grund geht als die beiden anderen Existenzweisen. Man könnte sie auch spirituelle Existenz nennen. Es ist an der Zeit, diese Existenzweise in der evangelischen Kirche so wiederzuentdecken, dass die Kirche als ein spiritueller Ort in Frage kommt, an dem es um jene Realitäten geht, »*that throw the last stone*«.

---

[86] Friedrich D. E. Schleiermacher, Über die Religion. Reden an die Gebildeten unter ihren Verächtern (1799), in: ders. Kritische Gesamtausgabe, Bd. I/2: Schriften aus der Berliner Zeit 1769–1799, hrsg. v. Günter Meckenstock, Berlin und New York 1984, 204.
[87] Vgl. dazu Hans Joas, Braucht der Mensch Religion? Über Erfahrungen der Selbsttranszendenz, Freiburg 2004.

34. NATURWISSENSCHAFTLICHER DOGMATISMUS:
Selbstverstümmelung des Homo sapiens

Was es heißt, religiös, spirituell oder metaphysisch zu existieren und die Wirklichkeit aus einer theologischen Perspektive wahrzunehmen, muss der christliche Glaube auch im Dialog zwischen der Theologie und den Naturwissenschaften durchbuchstabieren.

Merkwürdigerweise tendieren wir im sogenannten aufgeklärten Europa seit einigen Jahrhunderten dazu, die modernen Naturwissenschaften so zu interpretieren, als würden sie uns den Weg zum Glauben versperren und unweigerlich eine atheistische Weltsicht befördern. Ich habe dies schon an anderer Stelle reflektiert. Dass die Naturwissenschaft nicht über die Sinnesorgane und Instrumente verfügt, um Gott erkennen zu können, heißt aber noch lange nicht, dass es Gott, diese Sinnesorgane und diese Instrumente nicht gibt. Eigentlich müsste es also gar keinen Konflikt zwischen Glaube und Naturwissenschaft geben. Zu diesem Konflikt kommt es erst dann, wenn die Naturwissenschaften die Triftigkeit anderer, nichtnaturwissenschaftlicher Wirklichkeitserkenntnis- und Wirklichkeitserfahrungszugänge bestreiten und beanspruchen, das letzte Wort auch in religiösen und metaphysischen Angelegenheiten zu haben, also alles erkennen zu können – und zwar mit den ihr zur Verfügung stehenden Evidenzsicherungsverfahren.

Manche Naturwissenschaftler behaupten, Naturwissenschaft sei grundsätzlich atheistisch. Sie behaupten dies aber nicht, weil sie Naturwissenschaftler, sondern weil sie Atheisten sind. Wenn wir vom sogenannten naturwissenschaftlichen Weltbild sprechen, meinen wir üblicherweise jenes Weltbild, das davon ausgeht, dass nichts wirklich ist, was nicht naturwissenschaftlich beschrieben werden kann. Aber die Auffassung, »dass die natürliche Welt auf dasjenige beschränkt ist, was durch den Gebrauch der naturwissenschaftlichen Methode entdeckt werden kann, ist lächerlich. Diese Methode ist ein spezifisches Objektiv, eine spezifische Annäherungsweise, die für die Naturwissenschaften charakteristisch ist. Lediglich ein kruder wissenschaftlicher Imperialismus beansprucht arroganter- und fälschlicherweise, in der Lage zu sein, die Natur zur Gänze zu kennen.«[88]

Doch diese Auffassung hat sich als Weltbild der Moderne verfestigt und ist mittlerweile zum Geist unserer Zeit geworden. Viele Menschen setzen die naturalistische Sicht der Dinge derart unhinterfragt voraus, dass sie einzig diese Sicht für intuitiv einleuchtend und daher für alternativlos im Blick auf ihren Wirklichkeitsaufschlussreichtum halten.

Man könnte also Kierkegaards Analyse des menschlichen Existierens noch um eine Existenzform erweitern: um die areligiöse und antireligiöse naturwissenschaftlich-technische Existenzform, die nicht nur – methodisch konsequent – keinerlei Sinn für Fragen hat, die nicht naturwissenschaftlich beantwortet werden können, sondern sich selbst quasireligiös und quasimetaphysisch für

---

[88] Alister McGrath, a. a. O., 73.

das Allein- und Letztgültige hält. Die Reduzierung der Wirklichkeit auf ihre naturwissenschaftlich erfassbare Dimension führt in der westlichen Welt nach dem Siegeszug der wissenschaftlichen Aufklärung jedoch zu spiritueller Leere, religiöser Verarmung, theologischem Analphabetismus und zu einer erschreckenden Gleichgültigkeit hinsichtlich letzter Fragen – sprich: zur Selbstverstümmelung des Homo sapiens.

Denn wenn das Vorletzte zum Letzten geworden ist, droht der Sinn für jene Sinnfragen zu schwinden, die nicht auf dem Wege der Intensivierung des naturwissenschaftlichen Forschens, des Lebensgenusses, des Lebenserfolgs oder des moralischen Handelns beantwortet werden können, die aber wesentlich zum Menschsein gehören und ihm allererst seine Tiefe geben.

Aber vielleicht ist die befürchtete Selbstverstümmelung des Menschen nicht die einzige und unausweichliche Konsequenz unserer Zeit. Es könnte ja auch anders sein. Gerade in einer entzauberten und durch globale Verwerfungen und Konflikte aus den Fugen geratenden Welt könnte die Sehnsucht nach anderen Existenzweisen, nach anderen Weltverhältnissen und nach anderen Wirklichkeitsverständnissen größer werden. Wir erleben diese Rückbesinnung derzeit politisch, religiös und kulturell als fundamentalistische Religiosität, als Isolationismus, Nationalismus, Autokratismus und Terrorismus. Neben diesen pathologischen Formen identitärer Beheimatung gibt es aber auch sehr gesunde Formen der Sehnsucht nach geistlicher und geistiger Heimat. Die Kirche sollte vor diesen gesunden und vitalen Formen nicht die Augen verschließen – etwa, weil sie in ihnen einen reaktionären Geist wittert, der ihr verdächtig ist. Sie sollte vielmehr versuchen, diesen Beheimatungssehnsüchten eine Heimat zu bieten. Die evangelische Kirche sollte sich nicht damit abfinden, dass Menschen, die sich nach spiritueller Heimat sehnen, in Freikirchen, in den Buddhismus und in die Esoterik abwandern. Sie sollte entgegen ihrer pessimistisch-depressiven Tendenz, die Zukunft der Volkskirche kleingläubig als Verfall und Verschwinden zu beschreiben, auf deren geistliches Wachstum hoffen.

35. POSTFAKTIZITÄT UND FUNDAMENTALISMUS:
Ausdrucksformen metaphysischer Leere

Das herrschende Weltgefühl unserer westlichen, religiös entzauberten Welt ist eine Art resignativer Realismus, der mit einem religiösen Agnostizismus, mit ethischer Beliebigkeit und mit einem ungebrochenen Interesse an Brot und Spielen einhergeht. Das asketische Pendant dieses Weltgefühls findet sich in den Gegenwartsrelikten des entsagungsvollen preußischen und calvinistischen Protestantismus, der in Kargheit und Entsagung dieselbe Verbundenheit mit der Transzendenz empfand, die eine säkulare Kultur mit der Immanenz empfindet, wenn sie die Verehrung, ja Verabsolutierung der Gesundheit und der körperlichen Fitness als einen der letzten Kulte der religiös entzauberten Welt pflegt.

Ich vermute, dass mittlerweile gar nicht so wenige Menschen, die haupt-, neben- oder ehrenamtlich im Raum der christlichen Kirche arbeiten, ebenso metaphysisch orientierungslos sind wie diejenigen, denen sie eigentlich Orientierung geben sollen, es aber nicht tun, weil sie sich – mehr oder weniger larmoyant – sagen, dass der moderne Mensch keine Orientierung braucht, sondern sich selbst Orientierung genug ist. Dabei tun sie es möglicherweise deshalb nicht, weil sie ihrerseits geistlich desorientiert, spirituell leer, transzendental obdachlos und nicht mehr verliebt in das Evangelium sind. Wer aber spirituell leer ist, läuft Gefahr, dies so überzukompensieren, dass er sich selbst und nicht Christus für den »*last stone*« hält. Der Theologe Günter Thomas (*1960) hat den Zukunftsstrateginnen und -strategen der Volkskirche, die den Heiligen Geist zu einer rhetorischen Floskel verkümmern lassen und nicht mehr ernsthaft mit ihm rechnen, eine »tiefe theologische Hoffnungslosigkeit«[89] diagnostiziert.

Für diejenigen, die sich in einem Weltbild bewegen, das viele Menschen der Gegenwart für das letztgültige und einzig wahre halten, wird diese transzendentale Obdachlosigkeit und theologische Hoffnungslosigkeit unwillkürlich zur Normativität des Faktischen werden. Sie können vermutlich nicht anders als anzunehmen, dass es aus dieser Welt kein Entrinnen gibt und dass das, was sich naturwissenschaftlich erhärten lässt, alles und dass dahinter und darunter nichts ist. Diese durch eine sich selbst absolut setzende Naturwissenschaft spirituell entleerte Welt ist jedoch eine kalte und gnadenlose Welt. Sie bringt kalte und gnadenlose Menschen hervor, die sich auf die Seite ihrer eigenen Entwürdigung durch den Geist und die Geister unserer Zeit stellen und es begrüßen zu müssen glauben, dass wir Modernen (oder Postmodernen) nun einmal so zu leben haben, als ob es Gott nicht gäbe. Die Kirche sollte dieses Weltbild nicht für sich übernehmen – auch nicht unwillkürlich und stillschweigend.

Die jüngste Ausgeburt der Gottes- und Metaphysikvergessenheit ist deren logische Konsequenz: der Geist des Postfaktischen, der dem abendländischen Relativis-

---

[89] Günter Thomas, Unorthodoxe Beobachtungen zu ausgeschlossenen Alternativen im Management von Kirchenreformprozessen, in: Evangelische Theologie 76/2016, 50–58, dort 57.

mus die Krone aufsetzt und durch jene sozialen Medien befördert wird, die ein Tummelplatz alternativer Fakten und manipulativer und geltungssüchtiger Kommunikation sind.

In der postfaktischen Welt glaubt man an nichts mehr – nicht einmal mehr an jene Fakten, die einen nachdenklich und kritisch machen müssten, weil sie dem Menschen das Wasser abgraben und den herrenlosen Gewalten unserer Zeit in die Hände spielen, die unserer Gegenwart den letzten Funken Gesinnung und am Ende die Menschlichkeit austreiben. Genau dieser Geist aber gebiert den Dämon des religiösen Fundamentalismus, der keinen Deut besser, sondern womöglich noch menschenfeindlicher ist als der nihilistische Modernismus. Denn eine Welt, in der religiöse Intoleranz, religiöser Dogmatismus und religiöse Uniformierung herrschen, ist eine kalte und gnadenlose Welt. Dem Fundamentalismus fehlt ebenso wie dem religiösen oder politischen Nihilismus das tragfähige Fundament.

Der österreichische Schriftsteller Thomas Bernhard (1931–1989) hat passend zu dieser Diagnose einmal formuliert: »Jeder Mensch braucht Mäntel, weil er sonst im Winter derfriert, und die Welt ist eine Art Winter.«[90] Die Fundamentalität des Glaubens an den Geist eines Gottes, der Menschen frei macht und zugleich im Grund des Seins verankert, dessen Wesen im Menschen Jesus Christus zum Ausdruck kommt, ist ein solcher Mantel. Er wärmt – und mit ihm können wir Andere wärmen, weil

---

[90] Thomas Bernhard – Eine Begegnung. Gespräche mit Krista Fleischmann, Wien 1991, 182.

er aus dem Stoff der Güte und Wärme ist, die der Stoff des Universums ist.

Wir kommen nicht aus der Kälte eines sinnleeren Kosmos. Wir sind – so kalt, unmenschlich und böse wir auch sein mögen – kein Neben- oder Abfallprodukt kalter, blinder Naturgewalten, sondern Geschöpfe des schöpferischen und liebenden göttlichen Logos. Güldene Ration und einzig tragfähiges Fundament des christlichen Glaubens ist die Überzeugung, dass sich der wahre Geist des Kosmos im Geist der Liebe zeigt, die als Wirkursache und Ziel des evolutionären Prozesses am Ende Alles in Allem sein wird. Diese Überzeugung muss im Raum der Kirche so Gestalt gewinnen, dass sichtbar, hörbar und fühlbar wird, wofür die christliche Kirche steht und wes Geistes Kind sie ist. Es ist ein Irrtum, wenn die Kirche meint, sie könne der Kälte der Welt nur Herr werden, indem sie allein durch soziale Arbeit, diakonisches Handeln und Weltrettungsappelle dafür sorgt, dass Menschen im globalen Winter nicht erfrieren. Wir sollten als Kirche nicht kurzschlüssig darauf hoffen, dass uns die Flüchtlingsströme nach Deutschland erlösen. Denn sie lösen nicht unser wahres Problem: die Erosion unserer geistlichen Substanz.

Viele Verantwortungsträgerinnen und Verantwortungsträger der deutschen evangelischen Volkskirche ergreifen die Flüchtlinge und ihre Integration begierig als letzten Strohhalm der Relevanzsicherung der Kirche unserer Zeit – vielleicht auch deshalb, weil sie ahnen, dass in unserer entchristlichten säkularen Gesellschaft noch immer Funken der Botschaft des Evangeliums glimmen – Funken, die auf jene überspringen, die sich in der Flüchtlingsarbeit engagieren. Es scheint jedenfalls geradezu, als hätten wir als Kirche nur darauf gewartet, dass unser Land von einer Herausforderung überwältigt wird, auf die wir uns nun stürzen können, um zu demonstrieren, wie unentbehrlich wir sind. Aber täuschen wir uns nicht: die Flüchtlinge sind nicht der Messias – so sehr uns ihr Wohlergehen und ihre Zukunftsperspektiven in Deutschland, in Europa und in ihren Heimatländern am Herzen liegen müssen.

36. HEGELS DIAGNOSE:
»Ein Volk ohne Metaphysik ist zum
Untergang verurteilt.«

Man könnte denken, dass Menschen, die sich nicht mehr um Fakten scheren, Idealisten seien. Leider ist das postfaktische Zeitalter den Fakten genau so fern wie den Idealen. Der postfaktische Mensch ist weder Idealist noch Realist. Die moderne Naturwissenschaft dagegen vertritt die Überzeugung, sie beruhe auf nichts als Fakten. Faktizität heißt dann, dass der Mensch – wie der Philosoph Johann Gottlieb Fichte (1762–1814) notierte – eher geneigt ist, sich für ein »Stück Lava im Monde« als für ein autonomes Ich zu halten[91]. Mit diesen Selbstwahrnehmungen – den faktischen wie den postfaktischen – ist aber das Ende des Humanismus und des Idealismus und möglicherweise sogar der abendländischen Kultur vorprogrammiert. Die christliche Kirche darf und kann diese Ansichten nicht für wahr halten und sich diese Selbstwahrnehmungen nicht zu eigen machen, auch wenn die Versuchung dazu groß ist, weil es scheint, als werde das, was die Kirche zu sagen hat, in der aufgeklärten Welt nur gehört, wenn der christliche Glaube die Selbstwahrnehmungen einer nachmetaphysischen und postfaktischen Kultur teilt. Die Crux besteht allerdings darin, dass dem

---

[91] Johann Gottlieb Fichte, Grundlage der gesamten Wissenschaftslehre (1794/95), in: Gesamtausgabe der bayerischen Akademie der Wissenschaften, Stuttgart/Bad Cannstatt 1962 ff., Bd. I/2, 326 Anm.

christlichen Glauben unserer Gegenwart, der ja eben nicht nur ein Kind Gottes, sondern ein Kind seiner Zeit ist, diese nachmetaphysischen Selbstwahrnehmungen mehr einleuchten als das von ihm selbst Geglaubte, an das er am Ende gar nicht mehr glaubt. Auch die Kirche ist, was der Philosoph Georg Wilhelm Friedrich Hegel (1770–1831) in seiner Vorrede zur Rechtsphilosophie über die Philosophie gesagt hat: sie ist ihre Zeit, in Gedanken gefasst[92]. Die christliche Kirche muss sich aber darauf besinnen, dass sie Fundamentaleres, Metaphysischeres und Humaneres zu sagen hat als die Zeit, in der sie zufällig lebt, denkt und redet. Wenn sie sich fragt, was sie denken und sagen soll und wo das Fundamentale, das Metaphysische und das Humane urbildlich und vorbildlich Gestalt gewonnen hat, braucht sie nur auf Jesus Christus, den Mensch gewordenen Logos, zu blicken. Wenn es der evangelischen Kirche scheint, als würde sie sich damit reaktionär gegen den Lauf der Zeit und den Gang der Erkenntnis aufbäumen, dann sollte sie dies ungerührt lassen, wenn ihr der Lauf der Zeit und der Gang der Erkenntnis nicht als wirklicher Fortschritt und nicht als wirkliche Wahrheit einleuchten. Wenn sich die christliche Kirche auf ihre zeitlosen und zukunftsträchtigen Fundamente besinnt, dann darf sie sich nicht scheuen, dies öffentlich zu tun und zur öffentlichen Theologie im besten Sinn zu werden: zur Theologie, die dem Volk, für das sie Kirche ist, unter den Bedingungen des Vorletzten letzte Wahrheiten zu sagen hat – Wahrheiten, die sie weder wissen-

---

[92] Georg Wilhelm Friedrich Hegel, Grundlinien der Philosophie des Rechts, Theorie-Werkausgabe Bd. 7, hrsg. v. Eva Moldenhauer und Karl Markus Michel, Frankfurt am Main 1979, 26.

schaftlich beweisen noch Anderen aufnötigen kann, sondern zuversichtlich und überzeugend vertreten und ins Gespräch mit der Wissenschaft, der Kultur, der Gesellschaft und den Menschen der Gegenwart bringen soll.

Hegel äußerte in seiner 1812 in Nürnberg geschriebenen Vorrede zur ersten Auflage seiner »Wissenschaft der Logik« über den Zustand des europäischen Geistes nach der Durchsetzung der Philosophie Immanuel Kants, der metaphysische Gedanken nicht als Ausdruck erkenntnisfähiger Vernunft gewürdigt, sondern als Hirngespinste aus der seriösen Wissenschaft verbannt hatte: »Indem so die Wissenschaft und der gemeine Menschenverstand sich in die Hände arbeiteten, den Untergang der Metaphysik zu bewirken, so schien das sonderbare Schauspiel herbeigeführt zu werden, ein gebildetes Volk ohne Metaphysik zu sehen, – wie einen sonst mannigfaltig ausgeschmückten Tempel ohne Allerheiligstes. – Die Theologie, welche in früheren Zeiten die Bewahrerin der spekulativen Mysterien und der obzwar abhängigen Metaphysik war, hatte diese Wissenschaft gegen Gefühle, gegen das Praktisch-Populäre und gelehrte Historische aufgegeben.«[93]

Hegels Analyse gipfelt in dem Resümee, dass ein Volk ohne Metaphysik verloren und zum Untergang verurteilt sei. Diese zweihundert Jahre alte Diagnose ist noch immer geradezu unheimlich aktuell. Man meint fast, Hegel habe sie nicht im Blick auf seine eigene, sondern auf unsere Gegenwart gestellt.

---

[93] Georg Wilhelm Friedrich Hegel, Wissenschaft der Logik, in: Theorie-Werkausgabe Bd. 5, hrsg. v. Eva Moldenhauer und Karl Markus Michel, Frankfurt am Main, 10. Aufl., 1986, 13.

Es könnte sein, dass Hegel Recht hatte – zumal dann, wenn wir auch die großen, immer unhörbarer werdenden gewissheitsstiftenden visionären Erzählungen des Abendlandes als Ausdruck von Metaphysik verstehen und wenn wir uns weigern, das Vertrauen in die kapitalistische Erzählung, in die zeitgenössische Kommunikationstechnologie, in den medizinischen Fortschritt, in Fitness und Work-Life-Balance und in fundamentalistische Autokraten als wahrhaft metaphysische Haltungen zu akzeptieren.

Auch eine Kirche ohne Metaphysik ist zum Untergang verurteilt. Wenn die Volkskirche eine Zukunft haben soll, dann muss sie sich darauf besinnen, dass sie nicht nur aus Handlungsfeldern und Bedarfen, sondern aus großen metaphysischen und mythischen Erzählungen und aus den Kraftfeldern besteht, die diese Erzählungen erzeugen. Wenn die Kirche wieder bei ihrem Anfang, Jesus Christus, anfängt und diesen Anfang für die Ziel- und Zweckursache allen Seins hält, könnte sie – in aller Schwachheit, aber auch in aller Gelassenheit – wieder zu einem Ort werden, an dem hörbar, sichtbar und spürbar wird, dass das Volk Gottes nicht verloren ist, weil es sich in der großen Erzählung der jüdisch-christlich-abendländischen Kultur verorten und verankern kann: in der Geschichte Gottes mit den Menschen. Diese Erzählung ist eine der kraftvollsten Erzählungen der Menschheitsgeschichte. Wenn sie nicht wahr wäre, müsste man sie erfinden.

Als Ort dieser Erzählung könnte die Volkskirche ein Glaubens-, Sprach- und Denkraum sein, an dem die metaphysische Grundierung unseres Lebens öffentlich sichtbar wird. Sie könnte ein Ort sein, an dem das Dasein des Menschen transparent wird für seinen göttlichen Grund und sein göttliches Ziel. Und in den metaphysischen Erzählungen des christlichen Glaubens und der christlichen Kirche könnte öffentlich hörbar werden, dass der Mensch – so sehr er sich auch immer wieder so benimmt – weder ein postfaktisches noch ein postidealistisches noch ein posthumanistisches Wesen, sondern ein unverlorenes Kind Gottes ist, das sich im Universum nicht unendlich fremd, sondern – wie William James sagte – zu Hause fühlen kann.

37. DER METAPHYSISCH ENTWURZELTE MENSCH:
Leichte Beute herrenloser Gewalten

Das Werk des französischen Schriftstellers Michel Houellebecq ist ein Spiegel der von Hegel diagnostizierten metaphysischen Leere und Kälte, die in unserer Gegenwart auch die zwischenmenschlichen Beziehungen erfasst. In der bereits erwähnten Rede zur Verleihung des Frank-Schirrmacher-Preises des Jahres 2016 zitiert Houellebecq den französischen Publizisten, Politiker und Historiker Alexis de Tocqueville (1805–1859), der den spirituell heimatlosen und metaphysisch entwurzelten Menschen als leichte Beute von Mächten beschreibt, die dem Menschen sein wahres Leben nehmen unter dem Vorwand, es ihm zu geben: »›Ich will mir vorstellen, unter welchen neuen Merkmalen der Despotismus in der Welt auftreten könnte: Ich erblicke eine Menge einander ähnlicher und gleichgestellter Menschen, die sich rastlos im Kreise drehen, um sich kleine und gewöhnliche Vergnügungen zu verschaffen, die ihr Gemüt ausfüllen. Jeder steht in seiner Vereinzelung dem Schicksal aller andern fremd gegenüber: Seine Kinder und seine persönlichen Freunde verkörpern für ihn das ganze Menschengeschlecht; was die übrigen Mitbürger angeht, so steht er neben ihnen, aber er sieht sie nicht; er berührt sie, und er fühlt sie nicht; er ist nur in sich und für sich allein vorhanden, und bleibt ihm noch eine Familie, so kann man zumindest sagen, dass er kein Vaterland mehr hat. Über diesen erhebt sich eine gewaltige bevormundende Macht, die allein dafür sorgt, ihre Genüsse zu sichern und ihr Schicksal zu überwachen. Sie ist unumschränkt, ins Einzelne gehend, regelmäßig, vorsorglich und mild. Sie wäre der väterlichen Gewalt gleich, wenn sie wie diese das Ziel verfolgte, die Menschen auf das reife Alter vorzubereiten; statt dessen aber sucht sie bloß, sie unwiderruflich im Zustand der Kindheit festzuhalten; es ist ihr recht, dass die Bürger sich vergnügen, vorausgesetzt, dass sie nichts anderes im Sinne haben, als sich zu belustigen. Sie arbeitet gerne für deren Wohl; sie will aber dessen alleiniger Betreuer und einziger Richter sein; sie sorgt für ihre Sicherheit, ermisst und sichert ihren Bedarf, erleichtert ihre Vergnügungen, führt ihre wichtigsten Geschäfte, lenkt ihre Industrie, ordnet ihre Erbschaften, teilt ihren Nachlass; könnte sie ihnen nicht auch die Sorge des Nachdenkens und die Mühe des Lebens ganz abnehmen?‹. Das«, so Houellebecq, »wurde 1840 veröffentlicht, im zweiten Teil von Tocquevilles Meisterwerk ›Über die Demokratie in Amerika‹. Das ist schwindelerregend. Was die Ideen betrifft, so enthält diese Passage praktisch mein gesamtes geschriebenes Werk. Ich habe dem nur eines hinzuzufügen gehabt: dass das Individuum, welches bei Tocqueville noch Freunde und eine Familie hat, sie bei mir nicht mehr hat. Der Prozess der Vereinzelung ist abgeschlossen.«[94] Der metaphysisch entwurzelte, transzendental obdachlose Mensch, der auf seine Selbstbestimmung zu pochen pflegt, fällt der Fremdbestimmung freiheitsgefährdender Mächte und Gewalten vielleicht auch deshalb umso leichter zum Opfer, weil er nie die Erfahrung einer wirklich

---

[94] Michel Houellebecq, a. a. O.

befreienden Macht gemacht hat, die es ihm ermöglichen würde, lebenszuträgliche von lebensabträglichen Geistern zu unterscheiden.

Es ist die befreiende Macht Jesu Christi, dessen Evangelium den Menschen auch von der Versuchung befreit, Mächte für absolut zu halten, die nur die Macht haben, ihn abhängig zu machen, aber ihn nicht frei machen können. Von dieser Macht Jesu Christi muss eine evangelische Kirche, die wirklich geistesgegenwärtig sein und den Puls ihrer Zeit fühlen will, Zeugnis ablegen.

38. WUNSCHLOSER UNGLAUBE:
Der Atheismus der Gleichgültigkeit

Lange vor Barmen, lange vor Houellebecq und lange nach Tocqueville gelangte der Philosoph Friedrich Nietzsche (1844–1900) zu einer nahezu identischen Diagnose des Elends des metaphysisch und spirituell illusionslosen, wunschlos ungläubigen Menschen, der sein Heil in mehr oder weniger bürgerlich dosierten und gelegentlich auch exzessiv im Rahmen des gesellschaftlich Tolerierten ausgelebten Lüsten sucht: »Was ist Liebe? Was ist Schöpfung? Was ist Sehnsucht? Was ist Stern? – So fragt der letzte Mensch und blinzelt. Die Erde ist dann klein geworden, und auf ihr hüpft der letzte Mensch, der Alles klein macht. Sein Geschlecht ist unaustilgbar wie der Erdfloh; der letzte Mensch lebt am längsten. ›Wir haben das Glück erfunden‹, sagen die letzten Menschen und blinzeln (...) Man ist klug und weiß alles, was geschehen ist (...) Man hat sein Lüstchen für den Tag und sein Lüstchen für die Nacht, aber man ehrt die Gesundheit. ›Wir haben das Glück erfunden‹, sagen die letzten Menschen und blinzeln.«[95]

So scharfsinnig Nietzsche den Atheismus der Gleichgültigkeit beschrieb, der zweifellos auch die Gegenwart der aufgeklärten Kulturen des frühen 21. Jahrhunderts

---

[95] Friedrich Nietzsche, Also sprach Zarathustra, Kritische Studienausgabe Bd. 4, hrsg. v. Giorgio Colli und Mazzino Montinari, München 1988, 19.

kennzeichnet, so wenig wäre es Nietzsche doch eingefallen, eine Rolle rückwärts zu machen und sich in die Arme Gottes zu flüchten, dem Nietzsches Philosophie ja gerade den Garaus zu machen suchte. Gegen den wunschlosen Unglauben des letzten, zum Haustier gewordenen und damit gewissermaßen fehlgezüchteten Menschen hilft, wenn es nach Nietzsche geht, nicht der Glaube an Gott, sondern nur der Glaube an die Verwirklichung des Übermenschen, der die christliche Metaphysik mit Füßen tritt, hart gegen sich selbst und Andere wird und alle Werte des Evangeliums so umwertet, dass die metaphysische Obdachlosigkeit zur elitären Tugend jener geworden ist, die in aristokratischer Einsamkeit und Verachtung der gewöhnlichen Menschen ihre wahre Freiheit finden. Die Christen, die sich und andere mit dem Barmherzigkeitsmantel des Evangeliums gegen die Kälte der Welt zu schützen versuchen, hielt Nietzsche daher für verweichlichte Zeitgenossen, wenngleich er in seiner Spätphase dann doch wieder den Gekreuzigten mit seinem eigenen Wunschbild des schlechthin freien Übermenschen identifizierte: »Offenbar«, so Nietzsche, verstand das Christentum »gerade die Hauptsache nicht: das Vorbild von dieser Freiheit von allem Ressentiment (...) man verstand nicht die Hauptsache: dass eben ein solcher Tod selbst der höchste Sieg über die Welt war.«[96] Der heroisch leidende Jesus erschien dem späten Nietzsche als geradezu übermenschlicher Gegenentwurf zu all jenen verweichlichten Christenmenschen, die sich nicht durch eigene Härte erlösen, sondern durch den sterbenden Jesus erlösen lassen.

---

[96] Friedrich Nietzsche, Nachgelassene Fragmente 1887–1889, Kritische Studienausgabe Bd. 13, 176 f.

Aber der Mensch wird nicht durch Härte gegen Andere und durch Härte gegen sich selbst erlöst. In Letzterem liegt der Irrtum des preußischen, des calvinistischen und des puritanischen Protestantismus, dem die aus Glauben gelebte Härte gegen sich selbst gleichsam immanent war. Und hier liegt auch der Irrtum jeder anderen innerweltlichen Askese, Selbstdisziplinierung und Selbstkonditionierung. Weder Härte gegen sich selbst noch die Abhärtung gegen den Trost und gegen die Sinnstiftungspotenziale der Religion und des christlichen Glaubens machen Menschen wirklich zu freien und souveränen Menschen und Christen zu wirklich frommen Christen. Gewiss: die Egomanien und erfolgsorientierten Abhärtungen der Ellenbogengesellschaft deuten darauf hin, dass viele Zeitgenossinnen und Zeitgenossen Härte und Kälte gegen sich selbst und Andere als Urprinzipien ihrer Subjektivität verinnerlicht haben. Denn sie versprechen sich den größten innerweltlichen Erfolg von der Befolgung der Maxime, dass jeder sich selbst der Nächste ist und dass – wie der deutsche Soziologe Max Weber (1864–1920) analysiert hat – der innerweltliche Asket sich sich selbst zum Opfer bringen muss, um sich seiner Erwählung gewiss sein zu können. Der christliche Glaube kann sich niemals zum Fürsprecher der barmherzigkeitsverachtenden Ideologien der Selbstdurchsetzung machen, die freilich immer wieder gesellschaftlich honoriert und favorisiert werden. Der christliche Glaube sollte sich aber auch nicht zum Fürsprecher jener protestantischen Ideologie der Selbstaufopferung machen, die in der Außenwahrnehmung als Inbegriff des christlichen Berufs- und Lebensethos gilt. Es gibt, wie der deutsche Philosoph Peter Sloterdijk (*1947) bemerkt hat, keine moralische Pflicht zur

Selbstzerstörung.[97] Weil die Kirche Jesu Christi weiß, dass nur die Liebe des Gekreuzigten die Welt erlösen kann, kann sie sich weder Nietzsches Plädoyer für die Härte gegenüber Anderen noch den Glauben an die Erlösungspotenziale einer asketischen Härte gegen sich selbst zu eigen machen. Sie wird es stattdessen mit dem Evangelium der Rechtfertigung des Sünders, mit dem Heiligen Martin und dem zitierten Satz von Thomas Bernhard halten. Der Mensch, das Mängelwesen, das seine Instinktunsicherheit und seine frühgeburtlich bedingte Verlorenheit in der Welt kraft seines Geistes und kraft seiner Religiosität kompensieren kann, braucht Mäntel, um in der Welt nicht zu erfrieren. Der christliche Glaube kann ein solcher Mantel gegen die Kälte einer Welt sein, die der Mensch nur begrenzt verändern kann und besser verschonen sollte, als sie zu verschandeln.

Übrigens bemerkte der englische Schriftsteller Gilbert Keith Chesterton (1874–1936), die beste Weise zu überprüfen, ob ein Mantel einem Menschen passt, bestehe nicht darin, Mensch und Mantel auszumessen, sondern darin, den Mantel anzuprobieren.[98] Genau dafür braucht es aber Erfahrungsräume und Verkörperungen des Christlichen, in denen es Menschen warm ums Herz wird, weil sich ihnen das Gefühl aufdrängt, dass sie in der Begegnung mit diesen Räumen und mit den Menschen der Kirche einer echten Alternative der Wirklichkeitserfahrung, der Wirklichkeitsdeutung und der Lebensverwirklichung begegnen.

---

[97] So Sloterdijk im Magazin »Cicero« am 28. Januar 2016. Siehe online unter http://cicero.de/berliner-republik/peter-sloterdijk-ueber-merkel-und-die-fluechtlingskrise-es-gibt-keine-moralische.

[98] Siehe dazu Alister McGrath, a. a. O., 62.

Nietzsche hatte ganz sicher Recht, als er über die Christen sagte: »Bessere Lieder müssten sie mir singen, dass ich an ihren Erlöser glauben lerne: erlöster müssten mir seine Jünger aussehen!«[99] Christenmenschen sollten es daher nicht für einen illegitimen frommen Wunsch halten, dass Menschen, die Christenmenschen begegnen und christliche Orte aufsuchen, Sehnsucht danach haben, dort eine Antwort auf die Frage nach dem Sinn des Lebens, vielleicht sogar ein metaphysisches Obdach und eine echte und authentische Alternative zum Geist unserer Zeit zu finden. Christen sollten sich unterscheiden und anders sein, so sehr sie auch Kinder dieses Äons und in ihn verstrickt sind. So wahr es ist, dass der Gott der Bibel ein Gott ist, der ins Weite hinausführt und es den Menschen zumutet, im Rückenwind seiner Verheißung auch ungewisse Wege zu gehen, so wahr ist es doch auch, dass der Gott der Bibel den Ruhelosen Heimat gibt und sie in seinem Hause aufatmen lässt, in dessen Wohnungen Menschen zur Besinnung kommen und Frieden finden können. Die evangelische Kirche wird nur eine Zukunft haben, wenn sie auch Rückzugsräume aus der Welt eröffnet.

Im Griechischen heißt »Kirche«: »*ekklesia*«, »die Herausgerufene«. Üblicherweise wird dies so gedeutet, dass die Kirche als Licht der Welt und als Salz der Erde einen Unterschied machen und in engagierter, spürbarer und sichtbarer Weise Verantwortung für die Gegenwart und Zukunft dieser Welt und ihrer Menschen übernehmen, also Kirche für das Volk sein soll. Ich teile diese Deutung,

---

[99] Friedrich Nietzsche, Also sprach Zarathustra II, in: Kritische Studienausgabe Bd. 4, hrsg. v. Giorgio Colli und Mazzino Montinari, München 1988, 118.

füge ihr aber sofort eine andere Deutung hinzu. Denn die Kirche ist nicht nur aus ihrer Verkrümmung in sich selbst in die Welt hinausgerufen. Sie ist auch aus der Welt herausgerufen, sollte daher ihre Weltfremdheit kultivieren und eine im besten Sinne des Wortes weltfremde Kirche sein. Nur eine weltfremde Kirche kann der Welt geben, was die Welt braucht.

39. KIRCHE FÜR DAS VOLK:
Heiliger Zufluchtsort der Weltwunden

Viele Vertreterinnen und Vertreter der Institution Kirche werden über die letzten Sätze des letzten Kapitels lächelnd oder verärgert den Kopf schütteln, weil sie sie für ekklesiologisch inakzeptabel halten. Kirche – so könnten sie einwenden – darf in der Welt weder durch Absonderung von der Welt noch durch allzu konturierte Unterscheidung von der Welt glänzen. Sie darf keine Kontrastkirche sein, weil es ja gerade das Wesen der Volkskirche der Gegenwart ist, Kirche in der Welt und Kirche für alle zu sein und daher den kleinsten oder größten gemeinsamen Nenner der gesellschaftlichen Realität, mit anderen Worten: einen Spiegel dieser Realität darzustellen. Nur so – könnten sie sagen – kann die Kirche überleben. Eine Kirche, die sich entweltlicht und zum heiligen Sein oder heiligen Ort zu werden trachtet, ist weder Volkskirche noch evangelisch. Ebensowenig verträgt es sich mit der Idee der Volkskirche, durch allzu radikale prophetische Positionierungen oder gar durch heiligen Zorn auf sich aufmerksam zu machen und damit viele zu verstören.

Ich halte diese Annahmen für falsch und glaube, dass das Gegenteil wahr ist, sofern unter dem Heiligen nicht allein das Moralische, sondern der Eros für die letzten und fundamentalen Dinge zu verstehen ist.

Nur aus der Differenz und in der Differenz zur Welt kann die Kirche ihre weltverändernde, weltbewegende und welterbarmende Kraft entfalten und zu einer echten

Alternative und zu einem echten Zufluchtsort der mühseligen und beladenen, verwundeten und ruhelosen Ruhesucher unserer Zeit werden. Nur in dieser Differenz macht sie einen Unterschied – »*a difference*«, wie es im Englischen heißt. Nur in dieser Differenz ist sie von Belang. Nur in dieser Differenz kann sie den weltwunden Menschen unserer Zeit die Augen für das Weltwunder öffnen.

Worin aber besteht diese Differenz? Sie besteht nicht in einer parteipolitischen, einer sozialmoralischen oder einer anderen gesellschaftlichen Überzeugung, sondern im Bekenntnis zur Wahrheit Jesu Christi, der die Welt überwunden hat. Dass das Bekenntnis zu dieser Wahrheit auch soziale und politische Konsequenzen haben muss, versteht sich von selbst. Die Sorge aber gerade der überzeugendsten und authentischsten Führungspersönlichkeiten des deutschen Protestantismus, sich nicht des Versäumnisses schuldig machen zu dürfen, den theologischen Akzent einmal nicht auf das Soziale und das Politische gelegt zu haben, ist unbegründet. Denn der deutsche Protetantismus steht derzeit und vermutlich bis auf Weiteres nicht in der Gefahr, seine soziale Dimension unkenntlich zu machen und zu unterschlagen.

Wenn es die evangelische Kirche dagegen versäumt, die Differenz des Christlichen zum Weltlichen zu verkündigen, zu verkörpern und erfahrbar zu machen, wird ihr die Welt bei aller Liebe zur Menschlichkeit der evangelischen Kirche mit Indifferenz und Gleichgültigkeit begegnen, weil sie in dieser Kirche allenfalls sich selbst, aber nicht mehr das heilsame Andere erkennt. Ich will darauf an anderer Stelle noch zu sprechen kommen.

Gewiss ist nicht davon auszugehen, dass alle Menschen Gottsucher sind, die es in die Arme der Kirche treibt, wenn diese nur ihren Schoß öffnet, damit die Welt in ihren heiligen Mutterleib zurückkriechen und ihre heiligen Worte hören kann. Es wird heute und morgen Menschen geben, die weltlich sein und bleiben wollen, die keine religiösen oder spirituellen Bedürfnisse haben und keine religiösen Gefühle zeigen. Es wird heute und morgen Menschen geben, die sich auf der sinnlichen Oberfläche der Dinge und in den Erfahrungsräumen, die diese Welt und ihre Dinge und Menschen eröffnen, so wohlfühlen, dass sie als kirchlich, religiös oder spirituell unansprechbar gelten müssen. Karl Barth und Dietrich Bonhoeffer hatten Recht, als sie dafür plädierten, die Kirche müsse gelassen und ohne Selbstzweifel und Anbiederung akzeptieren, dass die Welt von ihr in Ruhe gelassen werden wolle. Sie hatten aber auch Recht, als sie sagten, Christus sei auch für diejenigen gestorben, die mit ihm und mit dem ganzen Wesen und Unwesen der Religion – sei sie weltfremd, weltgestaltend oder weltverändernd – nichts zu tun haben wollen. Auch eine Kirche der heiligen Orte und Worte wird keine Kirche sein, für die sich irgendwann die Mehrheit des Volkes oder gar das ganze Volk begeistern wird. Dennoch spricht nichts dagegen, dass die Kirche Sprach- und Seinsräume eröffnet, die für diejenigen, die diese Räume betreten möchten, zu Ausgängen aus der entzauberten Welt und zu Orten der Transzendenz werden können.

Ich verhehle nicht, dass ich allen Rettungs- und Bestandssicherungstrategien einer Volkskirche misstraue, die ihre Zukunft so zu sichern und möglichst viele Kirchenaustritte dadurch zu verhindern sucht, dass sie als

Kirche ohne Ecken und Kanten alles für Alle bieten und keine all zu pointierte, elitäre oder exklusive Überzeugung vertreten will. Eine Volkskirche, die als Gesellschaftskirche alle bei der Stange zu halten sucht, indem sie niemanden mehr begeistert, hat keine Zukunft. Eine Kirche, die ihren Relevanzverlust durch eine »Inflation der Relevanzansprüche«[100] zu kompensieren sucht, statt sich zu konzentrieren und sich konzentriert zu profilieren, wird irgendwann irrelevant, so umtriebig, produktiv und effizient sie auch sein mag. Eine Kirche, die sich – mit dem irischen Literaturnobelpreisträger Samuel Beckett (1906–1989) zu reden – nur für alles und nicht auch für etwas Besonderes interessiert, ist langfristig ebenso zum Untergang verurteilt wie eine Kirche, die nur mit jenen besonderen politischen oder gesellschaftlichen Positionen identifiziert wird, mit welchen sich auch andere gesellschaftliche oder politische Akteure identifizieren.

Der beliebige Pluralismus der Meinungen und Positionen innerhalb der evangelischen Volkskirche ist deren große Stärke, aber auch ihre identitätsgefährdende Schwäche. Der Kirchenhistoriker Thomas Kaufmann (*1962) hat den Erfolg der Reformation unter anderem darauf zurückgeführt, dass die Reformatoren eine als heilsam empfundene theologische Konzentration vornahmen, die den Pluralismus individueller theologischer Positionierungen gerade nicht ausschloss, sondern erst ermöglichte. Nicht die vielen Heiligen, sondern der *eine* Christus, nicht die vielen Heilsmittel, sondern der *eine* Glaube, nicht die Vielfalt überlieferter Stimmen und Traditionen des Katholizismus, sondern die *eine* Bibel führen den Reformatoren zu-

---

[100] So Günter Thomas, a. a. O., 52.

folge den Menschen zum Heil.[101] Dass die geistliche Freiheit eines Christenmenschen in unterschiedlichsten Frömmigkeitsprofilen Gestalt gewinnen kann, ist nicht die Konsequenz theologischer Profillosigkeit, sondern einer klaren theologischen Profilierung. Wenn dieses Profil unscharf wird, droht die sichtbare Kirche unsichtbar zu werden. Damit es nicht dazu kommt, gilt es neu nach der Zukunft der Volkskirche in Deutschland zu fragen – und zwar nicht im Sinne einer Besitzstandswahrungsstrategie, welche die Suche nach dem kleinsten gemeinsamen Nenner aller Christen für das Wesentliche hält.

Aber kann eine Kirche, die die Erfahrung des Heiligen in ihr Zentrum rückt, Volkskirche sein? – Gewiss kann sie das. Allerdings nur, wenn sie der Versuchung der Mitgliedschaftsorientierung und der Verweltlichung nicht nachgibt, sondern den Mut zum Rückzug aus der Allzuständigkeit hat. Diese Kirche wird dann allerdings so Kirche für das Volk sein, dass sie nicht mehr für die Vielen, sondern möglicherweise nurmehr für die Wenigen heiliger Zufluchtsort und Inspiration für den Weltalltag ist.

Es gehört auch zur protestantischen Souveränität, der Welt, die im Zuge des Säkularisierungsprozesses der vergangenen fünfhundert Jahre zahlreiche Funktionen der christlichen Kirche übernommen und raffiniert, professionalisiert und perfektioniert hat, zuzutrauen, dass sie manches, was durchaus im evangelischen Sinn ist, ebenso gut oder sogar besser kann als die evangelische Kirche.

---

[101] Diesen Hinweis verdanke ich dem Referenten für theologische Planungsfragen der Evangelisch-Lutherischen Kirche in Bayern, Thomas Prieto Peral (*1966).

Wenn aber dem so ist, dann kann sich diese evangelische Kirche selbstbewusst auf die Kultivierung jener Dimensionen des Christlichen konzentrieren, die in der säkularen Gesellschaft der Moderne nicht in weltlicher Gestalt verwirklicht, sondern schlicht vergessen und als gegenstandslos erklärt wurden: die Verkündigung und die Erfahrung der Nähe und des Wohlwollens Gottes, des Schöpfers, Versöhners und Erlösers der Welt und dessen Erfahrung im heiligen Raum.

40. KIRCHE AM SCHEIDEWEG:
Verweltlichung oder Weltfremdheit?

Ich bin im Dezember des Jahres 2015 von einem befreundeten Dekan darum gebeten worden, für den Studientag einer großen Pfarrkonferenz einen »knackigen Aufschlag« zum bezeichnenden Thema »Entweltlichung der Kirche? Entkirchlichung der Welt?« zu machen. Ich sollte das Auseinanderdriften von Kirche und Welt und beider beklagenswerte Entfremdung voneinander thematisieren. Beim Nachdenken über mögliche Inhalte meines Impulses wurde mir jedoch nach und nach immer klarer, dass die Vision einer ihrer Weltfremdheit beraubten Kirche nicht die Therapie, sondern das Symptom und vielleicht sogar die Ursache der Malaise des modernen Protestantismus fünfhundert Jahre nach der Reformation darstellen könnte. Was ich beklagen sollte, erschien mir irritierenderweise als erstrebenswert. Das stellte mich bei der Konzeption meines Impulses vor ein ernsthaftes Problem, das ich dadurch löste, dass ich das Gegenteil von dem sagte, was nach der Lektüre des Titels des Studientages zu erwarten war. Ich beschloss also, einen evangelischen Denkanstoß zu geben, der ein evangelisches Denkmuster durchbrach.

Mein Nachdenken über die volkskirchliche Situation der Gegenwart des Jahres 2015 wurde für mich zur Initialzündung des Buches, das Sie gerade lesen. Eigentlich ist es aus der Keimzelle meines Impulses für die besagte Pfarrkonferenz entstanden, von dem ich mir erhoffe, dass er auf viele fruchtbare Böden des Nachdenkens über die Zukunft der Kirche fällt[102].

---

[102] Ich habe diesen Impuls am 7. Juli 2016 in einem hochschulöffentlichen Vortrag im Forum »Forschung – Entwicklung – Transfer« an der Evangelischen Hochschule Nürnberg unter dem Titel »500 Jahre nach der Reformation. Hat die evangelische Kirche eine Zukunft?« wiederholt. Er ist auch im Internet zugänglich unter www.youtube.com/watch?v=3qMgn HUR-IQ. Die Thesen des Vortrags finden sich auch im Kirchenkapitel meiner Auslegung des Glaubensbekenntnisses. Siehe: Ralf Frisch, Was können wir glauben?, 305–314.

41. »ZEIGE DEINE WUNDE«:
Heilsames Innehalten statt sinnlose Selbstüberlastung

Als ich meinen »knackigen Aufschlag« machte, geschah etwas, das ich erwartet und zugleich nicht erwartet hatte. Ich glaubte, meine Kolleginnen und Kollegen würden aufgrund der Deutlichkeit des Inhalts meiner Rede und aufgrund der Tatsache, dass meine Überlegungen die Grundfesten einer gewissen besinnungslosen kirchlichen Umtriebigkeit zumindest ein wenig zu erschüttern suchten, wenigstens gespannt aufhorchen und in ein fundamentales Nachdenken geraten. Ich hoffte, es würde ein Ruck neuer Inspiration durch ihre Gesichter gehen. Aber wie konnte ich das denken? Hatte ich wirklich erwartet, meine Kolleginnen und Kollegen würden angesichts des wenig schmeichelnden Spiegelbildes, das ich ihnen vorhielt, verzückt in die Hände klatschen, Buße tun, in Sack und Asche gehen und rotwangig vor Vorfreude bekennen, ab sofort alles anders machen und anders Kirche sein zu wollen? Und überhaupt: Wie konnte ich die Schuld an der spirituellen und metaphysischen Blutarmut der evangelischen Kirche jenen in die Schuhe schieben, die sich seit vielen Jahren bester Absicht und besten Willens für eine Kirche abarbeiten, die ihnen nicht weniger am Herzen liegt als mir?

Dennoch empfinde ich das, was ich in jener Pfarrkonferenz erlebte, als so bezeichnend, dass ich an dieser Stelle doch noch einmal den Finger in die Wunde hauptamtlichen kirchlichen Handelns lege: nicht, um zu verletzen, sondern um die Heilung dieser Wunde, die wie die Heilung jeder Wunde eine gründliche Diagnose voraussetzt, zu befördern. Der Künstler Joseph Beuys (1921–1986) war davon überzeugt, dass – wie er einmal gesprächsweise bemerkte – der König in der Wunde sitzt. Eine seiner berühmtesten Installationen trägt den Titel »Zeige deine Wunde!« Es befindet sich im Münchner Lenbachhaus in Sichtweite des Landeskirchenamts der Evangelisch-Lutherischen Kirche in Bayern.

»*Each man hides a secret pain.*« »Jeder Mensch verbirgt eine geheime Wunde«. So drückt es ein Protagonist der berühmten Science-Fiction-Serie »*Star Trek*« aus. Wer, so Beuys, Zugang zu dieser Wunde findet, mit ihr leben lernt oder sogar Energie aus ihr zieht, wird sich weiterentwickeln. Nicht zuletzt deshalb, weil dies eine zutiefst kreuzestheologische Einsicht ist, darf die evangelische Kirche keine Angst haben, ihrer wunden Punkte gewahr zu werden.

Viele hauptamtliche Mitarbeitende der Kirche sind überlastet. Ihre Stigmata haben im 21. Jahrhundert einen neuen Namen: Burnout. Wer ausgebrannt ist, kann an seiner Wunde zugrundegehen, die sich ihm in Leib und Seele eingebrannt hat, also zum »*Burn-in*« geworden ist. Die Vorstufe dieses Zugrundegehens ist die Depression.

Dies lässt sich so unvermutet wie wunderbar studieren, wenn man sich Tilman Riemenschneiders (1460–1531) berühmten Franziskusaltar in der Franziskanerkirche zu Rothenburg ob der Tauber vor Augen führt – und zwar aus einer Perspektive, die die vertraute Ikonographie in einem neuen, ihre traditionelle Bedeutung aufschlussreich verfremdenden Licht erscheinen lässt.

In Riemenschneiders Schnitzwerk sind Bruder Franziskus und Bruder Leo zu sehen. Leo sitzt niedergeschlagen, in sich gekehrt und in sich gekrümmt über seiner Bibel, während Franz die Arme ausgebreitet hat und seine stigmatisierten Hände zeigt. Wir haben, wenn wir den Altar betrachten, einen introvertierten und einen extrovertierten Christenmenschen vor uns. Man könnte die Ikonographie auch pathologisch deuten. Franz ist der Inbegriff leidenschaftlichen und menschenzugewandten kirchenleitenden Engagements. Er droht von seiner eigenen Leidenschaft verzehrt und verbrannt zu werden. Am Ende gleicht er Bruder Leo, der bereits implodiert und in der Depression erstarrt zu sein scheint, nachdem die Glut in ihm zu Asche verbrannt ist. – Aber diese pathologische Deutung ist nur eine von vielen Facetten des Altars, der auch ein Vexierbild und ein Memento für die Mitarbeitenden der evangelischen Kirche des 21. Jahrhunderts sein könnte. Denn wäre es nicht denkbar, dass Franziskus die Kirche symbolisiert, die zur Einsicht gelangt und sich und Anderen die Wunden ihrer mitunter sinn- und substanzlosen Selbstverzehrung vor Augen führt, während Leo die Kirche symbolisiert, die in sich geht, sich besinnt und Zukunftsstrategien reflektiert, deren Verwirklichung sie eines Tages als Phönix aus der Asche erstehen lässt? »Zeige deine Wunde, Kirche! Denn der König sitzt in der Wunde! Und der Königsweg führt durch die Wunde hindurch und nicht an der Wunde vorbei.« – Auch das ist die Botschaft des Rothenburger Franziskusaltars.

Viele hauptamtliche Mitarbeitende der Kirche sind überarbeitet, ausgebrannt und hochmotiviert zugleich. Besonders frustrierend werden die Überarbeitung, die Überlastung und das motivierte Engagement der Pfarrerinnen und Pfarrer dann, wenn all ihre Arbeit das wachsende gesellschaftliche Desinteresse an der real existierenden Kirche nicht aufhalten kann – wenn also das Tun der überlasteten Pfarrerinnen und Pfarrer einer Sisyphosarbeit, einem Kampf gegen Windmühlen und einem Lauf im Hamsterrad gleicht. Kirchliches Engagement, das in einer Zeit knapper werdender personeller und finanzieller Ressourcen mit dem Anspruch auftritt, den Relevanzverlust der Volkskirche in einen Attraktivitätsgewinn zu verwandeln, aber von kaum einem anderen Erfolg als der erfolgreichen Verwaltung und Bearbeitung binnenkirchlicher Sekundär- oder Tertiärprobleme gekrönt und von heilloser Verzettelung begleitet ist, trägt trostlose Züge. Die Überlastung und die Klage darüber machen deutlich, dass die Institution Kirche eben auch eine Bürokratie ist und dass das oberste Gesetz von Verwaltungen und Bürokratien und Organisationen auch darin besteht, sich selbst am Leben zu erhalten. Das geschieht mitunter so, dass der Sinn des Ganzen, dem die Organisation und ihre Verwaltung ja eigentlich dienen sollten, aus den Augen verschwindet, aber die Dienerinnen und Diener der Institution Kirche trotz oft erlebter Sinn- und Erfolglosigkeit ihres Tuns unermüdlich, erschöpft und ausgebrannt weiterarbeiten – so lange, bis Verwaltung zur Verwesung führt. Besonders grotesk wird es, wenn Pfarrerinnen und Pfarrer auf die Eigendynamik des Bürokratischen so reagieren, dass sie ihren Beruf unwillkürlich nicht mehr als geistlichen Beruf verstehen und ausüben. Was könnte unattraktiver und uninspirierender sein als kirchliche Mitarbeiter, die sich für das, was auch kirchendistanzierte Menschen noch immer mit Kirche verbinden, nämlich die Zuständigkeit für letzte Fragen und Transzendenzerfahrungen, unzuständig fühlen, weil sie in geistlicher Hinsicht längst innerlich emigriert sind, aber gleichzeitig unentwegt darüber klagen, dass diese Menschen der Kirche den Rücken kehren?

Ich weiß, dass ich mit dieser Analyse ein wenig übertreibe. Und ich weiß auch, dass kein einzelnes Individuum und keine einzelne Gruppe von Individuen schuld daran ist, dass die Volkskirche die Gestalt hat, die sie in unserer deutschen Gegenwart hat. Es sind immer auch kulturelle und kirchensystemische Eigendynamiken, epochale Welt-, Menschen-, Kirchen- und Pfarrerbilder, die das Gesicht der Kirche prägen, die zu jeder Zeit ein Kind ihrer Zeit war, ist und sein wird. Individuen, die in einer bestimmten Gegenwart in der Kirche ihren Dienst tun, können sich den Denkschemata, Dynamiken und Dämonen dieser Gegenwart nur schwer entziehen. Es ist daher oft leichter, seinen Frieden mit dem Status quo zu machen, als gegen ihn anzukämpfen und sich am Ende zu verkämpfen. Es ist leichter, sich in die Erfüllung des Erwarteten und in Aktivismus und Management zu flüchten, als wie Bruder Leo im Franziskusaltar innezuhalten und sich zu fragen, ob der Sog dieser Eigendynamiken, Welt- und Pfarrerbilder wirklich auf den richtigen Weg führt und ob der Geist der Kirche, der sich in diesen Denkschemata, Dynamiken und Dämonen manifestiert und reproduziert, tatsächlich der Heilige Geist ist. Vielleicht wollen manche Akteure der Kirche dies aber auch gar nicht wissen. Vielleicht sind sie lieber blind als sehend. Denn Blinde haben es manchmal leichter als Sehende. Sensiblere, sich selbst und die Kirche in Frage stellende Gemüter haben es dagegen schwerer als dickfelligere, abgehärtetere und weniger reflektierte Arbeiter und Arbeiterinnen im Weinberg des

Herrn, die »Weiter so!« sagen und so weiter machen, weil alles andere womöglich noch frustrierender wäre und vielleicht weit größere Ohnmachts- und Sinnlosigkeitsgefühle auslösen würde als dieses »Weiter so!« Wer die Augen vor der Armseligkeit mancher protestantischen Umtriebigkeit verschließt, muss die Dürftigkeit und Nacktheit des ganzen volkskirchlichen Wesens nicht wahrnehmen. Auch Reflexionsmüdigkeit und Reflexionsverweigerung können die Wirkung eines Opiats haben. Überspitzt gesagt, scheint mir die Überarbeitung geradezu das Opium vieler Pfarrerinnen und Pfarrer zu sein. Und in der Tat bewahrt ja die Beschäftigungstherapie, als welche mir manches auf vorsätzliche Überlastung angelegte Pfarrerdasein manchmal erscheinen will, alle Beteiligten davor, genauer hinzuschauen und eine sorgfältige Diagnose zu stellen. Der Kirche hilft aber langfristig kein »Augen zu und durch!«, sondern nur ein geistesgegenwärtiges »Augen auf!« Sie muss ihrer Wunde gewahr werden. Sie muss die Einsicht gewinnen, dass sie an der Quelle sitzt, die sie in ihrer blinden Umtriebigkeit aus den Augen verloren hat.

In der unscheinbaren Mitte von Tilman Riemenschneiders Franziskusaltar ist diese Quelle deutlich zu erkennen – allerdings erst auf den zweiten Blick, den die evangelische Kirche auch auf sich selbst werfen sollte, ehe sie ihr Heil in unreflektierter Umtriebigkeit sucht. Franziskus, Leo und die deutsche evangelische Kirche werden wieder zu neuem Leben erwachen, wenn sie sich von Christus, der Quelle des lebendigen Wassers revitalisieren lassen.

42. DIE CRUX DES PROTESTANTISMUS:
Menschwerdung als Unkenntlichkeit

Ich begann meinen »Aufschlag« bei der erwähnten Pfarrkonferenz mit dem Satz, dass ich nicht die Entweltlichung, sondern die Verweltlichung der Kirche für eines
der größten ekklesiologischen Probleme der deutschen
evangelischen Kirche unserer Gegenwart halte. Der aufgeklärte Protestantismus in der Moderne hat die Menschwerdung Gottes und die Kirchenkritik der Reformation
vielleicht ein bisschen zu konsequent weitergedacht,
indem er Theologie synchron zum neuzeitlichen Säkula-
risierungsprozess theoretisch wie praktisch in Anthropologie, Soziologie, Politik und Ethik verwandelt hat. Diese
Verwandlung führt zu einem hohen Grad der Ununter-
schiedenheit und der Ununterscheidbarkeit einer aufgeklärten Volkskirche von der säkularen Welt.

Offenbar glaubt die evangelische Kirche, nur durch
diese Ununterscheidbarkeit gesellschaftlich anschluss-
fähig und als Volkskirche überlebensfähig zu sein. Ich
habe manchmal sogar den Eindruck, dass es geradezu das
Ziel der Kirche zu sein scheint, nicht als Kirche erkennbar
werden zu dürfen. So gerne und so regelmäßig ich bei-
spielsweise das evangelische Magazin »Chrismon« lese,
so sehr fällt mir doch auf, was natürlich beste publizis-
tische und beste kirchenattraktivitätssteigernde Absicht
und theologisch keineswegs illegitim ist: dass es sich bei
»Chrismon« um Kirche auf den zweiten Blick, um nicht
zu sagen »verschämte Kirche« handelt. Vielleicht täusche

ich mich – aber ich fürchte, das inkarnatorische Konzept dieser Publikation, in dem Kirche ganz Welt wird und sich das Göttliche in Zwischenmenschlichkeit und gute Ratschläge verwandelt, wird nicht jeden überzeugen, der sich nach größerer Kenntlichkeit des Evangeliums in Inhalt und Form sehnt und den Wunsch hegt, Kirche möge mehr als eine Art moderner Lebensweisheit und Lebenskunst für bessersituierte Bildungsbürgerinnen und Bildungsbürger sein, denen vor allem Gewissensfragen und Work-Life-Balance-Themen am Herzen liegen.

Die Unterscheidbarkeit der Kirche von der Welt, in der sie existiert, wäre natürlich dann wieder gegeben, wenn – was Gott verhüten möge, was aber nicht ausgeschlossen ist – die offenen modernen Gesellschaften des vormals christlichen europäischen Abendlandes sich fundamentalistisch, autoritär und identitär zurückentwickeln. In einer reaktionärer werdenden Umgebung und in einer geschlosseneren Gesellschaft würde eine Volkskirche, die ihrem heutigen säkularen, sozialliberalen und durch und durch ethischen Wesen treu bleibt, das ganz Andere ihrer Umwelt darstellen und einen wirklichen Unterschied machen. Dieses Zukunftsszenario könnte ein starkes Argument dafür sein, dass die aufgeklärte protestantische Kirche am besten bleibt, was sie ist: eine Repräsentantin der humanistischen, toleranten, pluralismusfreundlichen, menschenrechtlich orientierten Leitkultur der europäischen Aufklärung – mit anderen Worten: die freiheitlich-demokratische Gesellschaft *in nuce*. Und in der Tat: gerade in einer nationalistischer, undemokratischer und fundamentalistischer werdenden Welt darf die evangelische Kirche in sozialethischer und politikkultureller Hinsicht nicht weniger tolerant, demokratisch und humanistisch sein, als sie es derzeit ist. Sie würde damit nämlich auch ihrer eigenen Geschichte auf ungute Weise untreu werden. Denn die aufgeklärte europäische Neuzeit ist ein Kind des Christentums. Zumal aus römisch-katholischer Sicht war sie allerdings zunächst ein ungeliebtes, nicht angenommenes, verlorenes, ja verleugnetes Kind. Erst, als sich dieses Christentum im Windschatten der beginnenden europäischen Säkularisierung zu Beginn des sechzehnten Jahrhunderts zu reformieren begann, schloss es die Neuzeit als sein Kind in ihre Arme – oder anders gesagt: die Neuzeit, der verlorene Sohn der Kirche, wurde geradezu zum Vater der Reformation. In theologischer Hinsicht muss sich die evangelische Kirche dieser Neuzeit aber fragen lassen, ob sie nicht vielleicht doch das Kind mit dem Bade ausgeschüttet hat. Sie scheint ihre theologische Fundamentalität, ihre christliche Wahrheit und ihre geistliche Erkennbarkeit einer Denk- und Lebensform geopfert zu haben, welche die Menschwerdung Gottes in der Ununterscheidbarkeit des kirchlichen Seins und Handelns von vorbildlichem bürgerschaftlichen Engagement best-, ja einzigmöglich verwirklicht sieht. Sie scheint davon überzeugt zu sein, dass in der sozialen Funktionalität der Kirche deren einzige Legitimation und Überlebenschance in einer säkularen Kultur zu suchen ist.

So ununterscheidbar Gott und Mensch in Jesus Christus tatsächlich sind: der menschgewordene Gott verkörpert gerade in der Person Jesu Christi ein deutlich sichtbares, heilsam irritierendes, seine Mitmenschen an ihre göttlichen und an ihre menschlichen Wurzeln führendes Anderssein. Er geht nicht auf in den Realitäten seiner Zeit und in den Weltbildern und Gesellschaftsschemata seiner Umgebung. Er zieht sich an einsame Orte zurück und betet. Seine spirituelle Kraft wurzelt in seiner Erfahrung der Nähe Gottes. Er weiß sich untrennbar mit dem göttlichen Ursprung und der göttlichen Liebe verbunden. Aus diesem Geist heraus heilt er die Wunden, welche die Realitäten der Welt ihren Bewohnerinnen und Bewohnern zugefügt haben. Aus diesem Geist heraus zürnt er den einflussreichsten politischen und religiösen Repräsentanten der Kultur, in der er lebt. Diese Konfrontation mit den Mächten der Welt überlebt er nicht. Und doch und gerade deshalb begreifen jene, die an ihn glauben, ihn als einziges Heilmittel gegen die Gewalt und gegen die Verwundungen der Welt.

So freundlich Jesus von Nazareth einer Kultur der Achtung und des Schutzes der Menschenwürde gegenüber gesinnt sein würde, wäre er nicht vor zweitausend Jahren, sondern an der Schwelle unseres Jahrtausends zur Welt gekommen, so sicher können wir sein, dass er kein gutes Haar an einer kraftlosen Volkskirche und an einem intoleranten Islam lassen und seine spirituelle Kraft auch heute auf eine Weise entfalten würde, die uns nicht im Geringsten in Versuchung führen würde, seine religiöse Energie auf eine ethische Energie zu reduzieren und das Christliche für den Inbegriff des moralisch Guten und der Kritik der herrschenden Systeme zu halten. Die Herausforderung einer Kirche, die sich im 21. Jahrhundert auf Jesus von Nazareth beruft, liegt in einer welt- und gotteszugewandten Weltfremdheit, in der sich die Unterscheidung der vorletzten Dinge von den letzten Dingen so abbildet, dass sichtbar werden kann, dass Christus nicht von dieser Welt, aber als Grund dieser Welt die Überwindung und die Rettung dieser Welt ist. In einem Manuskript über Ethik[103] hat Dietrich Bonhoeffer dies auf den Punkt gebracht: »Wie Luther das Weltliche polemisch gegen die Sakralisierung der römischen Kirche ins Feld führte, so muss diesem Weltlichen in dem selben Augenblick, in dem es in Gefahr steht, sich zu verselbständigen wie es bald nach der Reformation geschah und im Kulturprotestantismus seinen Höhepunkt erreichte, vom Christlichen, vom ›Sakralen‹ her polemisch widersprochen werden. Es handelt sich dann in beiden Fällen um genau denselben Vorgang, nämlich um den Hinweis auf die Gottes- und Weltwirklichkeit in Jesus Christus.«

[103] Dietrich Bonhoeffer, Ethik, Werke Bd. 6, hrsg. v. Eberhard Bethge u. a., München 1992, 45.

43. VORAUSEILENDE SELBSTABSCHAFFUNG:
Evangelische Theologie an der Universität

Als der Prozess der Vergegenwärtigung der Barmer Theologischen Erklärung in der Evangelisch-Lutherischen Kirche in Bayern an einem Punkt angelangt war, an dem die theologischen Fakultäten und kirchlichen Hochschulen um Stellungnahmen zum geplanten Vorhaben der Aufnahme eines Bezugs zu Barmen in den Grundartikel der Kirchenverfassung gebeten wurden, positionierten sich zahlreiche Vertreterinnen und Vertreter der liberalen akademischen Theologie deutlich gegen das Ansinnen, das Bekenntnis von Barmen als Vertiefung, Pointierung und Aktualisierung des lutherischen Bekenntnisses und des Evangeliums Jesu Christi verfassungsrechtlich zur Geltung zu bringen. Gerade in einer Zeit, in welcher der Dialog zwischen den Religionen und der weltanschauliche Pluralismus die eigentlichen Herausforderungen für den christlichen Glauben darstellten, könne die christologische Unduldsamkeit der Barmer Theologischen Erklärung nur Porzellan zerschlagen, argumentierten sie.

Wer ein starkes Christuszeugnis formuliert, »Christum treibet« und sich die Überzeugung einer Gleichrangigkeit pluraler Gotteszugänge nicht zu eigen macht, gefährdet offenkundig den Grundkonsens einer liberalen theologischen Moderne, der emphatische religiöse Wahrheitsansprüche verdächtig sind, weil sie nach Intoleranz und Gewalt riechen.

Ginge es nach den liberalen Barmen-Kritikern, dann müsste die evangelische Kirche ihre christliche Identifizierbarkeit und Christus selbst auf dem Altar der offenen, multireligiösen Gesellschaft opfern. Sie könnte in dieser Gesellschaft nur so theologisch Position beziehen, dass sie Christus und ihr Christsein verleugnet und in freier Selbstzurücknahme zugunsten Andersglaubender und Andersdenkender in eine positionelle Unsichtbarkeit verdämmert, die das Wesen des Christentums allein als das Wesen des humanistisch-liberalen Geistes der Moderne, der freiheitlich-demokratischen Grundordnung und der interreligiösen Dialog- und Konvivenzbereitschaft offenbart. Die Barmer Theologische Erklärung – so das entsprechende Fazit der Barmen-Kritiker – habe im Grundartikel der bayerischen Kirchenverfassung nichts verloren, ein Bezug zu den Menschenrechten allerdings sehr wohl. Sie, nicht die Barmer Theologische Erklärung, sollten daher Kirchenverfassungsrang erhalten.

Wer die Barmer Theologische Erklärung deshalb kritisiert, weil er sie als Ausdruck christlicher Apodiktizität und christologischer Unduldsamkeit versteht, müsste eigentlich auch das Neue Testament und mit ihm aufgrund der Exklusivität des JHWH-Glaubens auch das Alte Testament aus der Bibel und aus der Kirche eliminieren. Denn die Kritik an Barmen könnte, wenn man sie in dieser Schärfe erhebt, konsequenterweise genauso auch gegen nahezu alle biblischen Texte, insbesondere gegen die ultimativen Worte Jesu in den Evangelien in Anschlag gebracht werden, was – folgt man der Logik der Barmen-Gegner – auf eine Abschaffung der Bibel und auf eine Selbstabschaffung der christlichen Theologie und des Protestantismus hinausliefe.

Es ist so grotesk wie für bestimmte Strömungen des deutschen akademischen Protestantismus bezeichnend, dass evangelisch-theologische Fakultäten und kirchliche Hochschulen ihr Existenzrecht am effektivsten dadurch zu sichern trachten, dass sie der evangelischen Theologie ihre christliche Substanz ausblasen und dem Staat und der Kirche gegenüber als einziges erkennbares Profil ihre Verfassungs-, Grundgesetz- und Menschenrechtstreue sowie ihre religiöse Neutralität hervorkehren.

Aber müsste man nicht vielmehr die Auffassung vertreten, dass die christliche Theologie als positioneller Reflexionsort der letzten Dinge, für die sich die anderen Wissenschaften unzuständig erklären, vor allem dann eine Daseinsberechtigung im säkularen und im kirchlichen Raum hat, wenn sie sich als Kind eines Geistes zeigt, der nicht mit dem Geist seiner Zeit identisch ist, sondern ihn heilsam und kritisch in Frage stellt, ihm auf den Grund geht und ihm Tiefe verleiht? Wenn die evangelische Theologie den Geist Jesu Christi als das innerste Geheimnis und als die letzte Rationalität der Dinge erkannt zu haben glaubt und mit guten Gründen die Überzeugung artikulieren zu können meint, dass die Leitwissenschaften unserer Epoche aus schöpfungstheologischen, christologischen und pneumatologischen Gründen nicht der Weisheit letzter Schluss sind, dann sollte sie dies auch im akademischen Diskurs artikulieren, solange sie vom Privileg zehrt, dies tun zu können. Wenn sie den Logos Gottes als schöpferische Wirkmacht des Kosmos wahrzunehmen bereit ist, dann sollte sie den Anspruch erheben, auf ihre ureigene theologische Weise Wissenschaft des Logos Gottes zu sein. Sie sollte sich nicht freiwillig und weitreichenderen hochschul- oder staatskirchenpolitischen Entscheidungen gehorsam vorauseilend auf Religions-, Kultur-, Geschichts- und Literaturwissenschaft sowie auf Ethik reduzieren, weil sie sich so an der Universität sicherer wähnt oder weil ihre tiefste Überzeugung darin besteht, nichts Anderes sein zu wollen. Wenn aber Letzteres der Fall ist, dann hat sie, weil sie keine Theologie mehr ist, den Platz an der Universität verwirkt, den ihr die Staats-Kirchen-Verträge einräumen.

Faktisch verhält es sich in der deutschen Geisteslandschaft – wie der Journalist Thomas Thiel (*1975) pointiert bemerkt hat – wie folgt: »Wissenschaft und Religion, die Antagonisten der Aufklärung, haben sich auf eine friedliche Koexistenz geeinigt. Die methodisch agnostische Wissenschaft klammert metaphysische Fragen aus. Religion, verstanden als die Synthese von Theologie, Kirche und Gemeinschaft der Gläubigen, verzichtet auf den Wahrheitsanspruch.«[104] Wenn sich die Theologie jedoch selbst metaphysik-, transzendenz-, dogmen- und wahrheitskritisch aushöhlt und gemeinsame Sache mit jenen Natur- und Kulturwissenschaften macht, welche die Religion ihrerseits seit langem naturalistisch aushöhlen, kann und wird sie an den Universitäten nur – und vermutlich nur noch eine Weile – als leere, geisterhafte und substanzlose Hülle überleben.

Vor mehr als achtzig Jahren formulierte Karl Barth eine Vision der Theologie im Raum der Universität. Ob diese Vision auch morgen noch realistisch ist, bleibt fraglich, wenn die Theologie selbst sich nicht mehr als Theologie versteht. Es kann, so Karl Barth unmittelbar vor der

---

[104] Thomas Thiel, Man scheue die nihilistischen Herausforderungen nicht, in: Frankfurter Allgemeine Zeitung, 14. Dezember 2016, 9.

Machtergreifung Adolf Hitlers (1889–1945), »der Universität nichts schaden, durch die Nachbarschaft des Theologen unter demselben Dach daran erinnert zu werden, dass die quasireligiöse Unbedingtheit ihrer Interpretation dieses Begriffs faktisch nicht unangefochten ist.«[105] – Und genau deshalb darf Theologie auch heute nicht zur bloßen Religions-, Geschichts- oder Literaturwissenschaft, zur bloßen praktisch-theologischen Wissenschaft, zur bloßen Pastoralpsychologie, zur bloßen Ethik und zur bloßen Wissenschaft des Kirchenrechts und der Kirchenleitung verkümmern. Sie muss eine Funktion der Kirche bleiben. Sie muss – wie Barth im ersten Paragraphen seiner »Kirchlichen Dogmatik«[106] eingeschärft hat – die theologische Aufgabe der wissenschaftlichen Selbstprüfung der christlichen Kirche hinsichtlich des Inhalts der ihr eigentümlichen Rede von Gott erfüllen. Wer sich dagegen im intellektuellen und interreligiösen Diskurs seiner Zeit als Kirche unsichtbar macht, wird von niemandem vermisst, wenn es ihn eines Tages nicht mehr geben sollte.

Im Übrigen sollte es der wissenschaftlichen evangelischen Theologie nicht um jeden Preis darum zu tun sein, ihren Platz an der Universität zu behaupten, wenn sie ihn nur behaupten kann, indem sie sich selbst untreu wird. Vielleicht würde die akademische Theologie sogar zu einer freieren Theologie werden, wenn sie am Ende die Konsequenz nicht nur nicht fürchten, sondern sogar begrüßen würde, dass sie als Selbstreflexion der Kirche

---

[105] Karl Barth, Kirchliche Dogmatik Bd. I, 1, Zürich, 7. Aufl. 1955, 10.
[106] Ralf Frisch, Was können wir glauben? Eine Erinnerung an Gott und den Menschen, Stuttgart 2017, 299: mit Bezug auf den allerersten Paragraphen von Karl Barths »Kirchlicher Dogmatik«.

über ihren göttlichen Grund und ihre menschliche Gestalt nur noch an Hochschulen der Kirche gelehrt wird. In die Unfreiheit könnte sie sich im Kontext kirchlicher Hochschulen nur begeben, wenn sie der anderen Versuchung erläge: nämlich unkritisches Sprachrohr und unkritisches Legitimationsorgan der real-existierenden Kirche und ihrer Kirchenleitung zu sein oder sein zu wollen. Diese Versuchung wäre nicht weniger theologiegefährdend als die Versuchung, sich durch Selbststerilisation an der Universität unentbehrlich zu machen.

Plausibel ist die Theologie als Rede von Gott und als Wissenschaft des göttlichen Logos letztlich nur dort, wo sie sich von anderen Rationalitäten unterscheidet und dem Rhythmus ihrer eigenen Sachlichkeit folgt. Wenn sie dies tut, wird sie im Diskurs und im Streit der Fakultäten aber zugleich auch sichtbar machen können, dass sie als christliche Metaphysik letzte Realitäten reflektiert, die nicht nur die Kirche, sondern alle Wissenschaften unbedingt angehen.

44. SELBSTERHALTUNG DURCH UNBESTIMMTHEIT:
Die Dialektik volkskirchlichen Überlebenwollens

Individualität, Liberalität, Weltoffenheit und sympathische kommunikative Präsenz sind die Trümpfe, die insbesondere die hauptamtlichen Repräsentanten der evangelischen Volkskirche immer wieder erfolgreich ausspielen. Es könnte aber sein, dass diese Trümpfe zugleich die Sargnägel der evangelischen Kirche sind. Denn religiöse Unverbindlichkeit und Unbestimmtheit erweisen sich bei punktuellen, kommunikationsatmosphärisch überzeugenden persönlichen Begegnungen mit der evangelischen Kirche zwar in der Regel als sehr attraktiv, führen aber nicht zu einer dauerhaften Identifikation mit dieser Kirche, sondern im Gegenteil zu einer Abnahme kirchlicher Bindungsenergie, weil Unverbindlichkeit und Bindung sich ja eigentlich ausschließen.

Evangelische Pfarrerinnen und Pfarrer sollten sich also nicht zu sehr freuen, wenn Menschen, die ihnen erstmals begegnen, beteuern, dass sie sie niemals für Geistliche gehalten hätten, weil sie »so normal« sind. Denn für dieselben Menschen könnte diese Erfahrung der menschlichen Normalität ihrer Pastorinnen und Pastoren gerade kein Grund sein, sich neu der evangelischen Kirche zuzuwenden, weil diese Kirche der gesellschaftlichen Normalität allzu sehr entspricht – zumindest so lange, wie diese Normalität eine weltoffene, liberale und tolerante Normalität ist und der vielerorts in Europa und in den USA beobachtbare Kulturwandel der Öffentlichkeit nicht noch mehr Demokratie- und Toleranzverachtung zeitigt.

Angesichts eines im besten Sinne menschlich-allzumenschlichen Protestantismus wird die Dialektik der theologisch-ekklesiologischen Strategie sich nicht fundamental unterscheiden und die Wahrheit des göttlichen Logos nicht als Differenz zu den herrschenden Wahrheiten oder als treibende Kraft und Tiefenschicht der Wirklichkeit zur Sprache bringen zu wollen, sondern allenfalls die überzeugendere, größere und edlere Menschlichkeit darzustellen, einmal mehr augenfällig. Karl Barth kritisierte sie vor einem Jahrhundert als Vermittlungs- und als Anknüpfungstheologie. Er war davon überzeugt, dass die Selbstpreisgabe des Christlichen dort unvermeidlich ist, wo Christen und Christinnen ihre christliche Position in die Sprache der Welt-, Menschen- und Gesellschaftsbilder ihrer Gegenwart kleiden, um in dieser Gegenwart gehört und ernstgenommen zu werden. Barth ließ sich zeitlebens nicht davon abbringen, dass jegliche theologische Apologetik, also jeglicher Versuch, die Inhalte des christlichen Glaubens in die jeweils plausibelsten Sprachspiele einer jeweiligen Gegenwart zu übersetzen, nur dazu führen könne, diesen Glauben an die Weltbilder jener Menschen zu verraten, die von einem Glauben, der ihre Sprache spricht, angesprochen werden sollen. Barth war davon überzeugt, dass die Theologie nicht einfach in das Gewand eines Weltbilds schlüpfen kann, ohne dass ihr dieses Weltbild zur zweiten Haut wird, in der sie sich am Ende wohler fühlt als in der Haut ihrer ureigenen christlichen Botschaft. Und es könnte heute, einhundert Jahre später, sein, dass gerade jene, die von einer solchen zeit-

und situationsgemäßen Theologie begeistert werden sollen, Letzteres spüren und deshalb gerade nicht davon begeistert sind.

Der erbitterte theologische Kampf, den Karl Barth gegen Emil Brunners (1889–1966) Anknüpfungstheologie, gegen Rudolf Bultmanns (1884–1976) Programm der Entmythologisierung und gegen Paul Tillichs Methode der Korrelation führte, war der Kampf um eine Frage, die heute so aktuell ist, wie sie damals aktuell war. Sie lautet: leben der christliche Glaube und die christliche Kirche dann wahrhaftig weiter, wenn sie sich in Worten und Werken bewusst und demonstrativ von den Logiken und Rationalitäten ihrer Umgebung unterscheiden? Oder leben sie dann wahrhaftig weiter, wenn sie als solidarische Weggefährten ihrer Zeitgenossen die Sprache ihrer Zeit sprechen und zu zeigen versuchen, dass die Fragen, die der christliche Glaube und die christliche Kirche stellen und beantworten, letztlich die Fragen aller Menschen sind? Liest man Karl Barths »Kirchliche Dogmatik« und Paul Tillichs »Systematische Theologie« aufmerksam, dann wird man allerdings feststellen, dass beide großen Denker des zwanzigsten Jahrhunderts sich zwar völlig unterschiedlich an die Mitte des christlichen Glaubens, Jesus Christus, annähern, aber letztlich auf je ihre Weise diese Mitte ins Zentrum ihres Denkens und Redens stellen. Ich glaube nicht, dass es zielführend ist, diese beiden theologischen Ansätze gegeneinander auszuspielen – und zwar aus folgendem Grund: beiden, Barth und Tillich, geht es um die letzten Dinge, um Sein und Nicht-Sein. Überall dort aber, wo es in der Kirche und in der Theologie der Gegenwart nicht mehr um die letzten Dinge und nicht mehr um geistliches Sein oder Nicht-

Sein geht, trifft Kirche und Theologie der Vorwurf Barths zu Recht. Ihre Ununterscheidbarkeit von der Welt, in der sie lebt, droht der Kirche und der Theologie den Geist auszutreiben, von dem sie leben. In dieser Einsicht liegt die bleibende Aktualität von Karl Barths Theologie der Differenz und des ganz Anderen. Wenn Theologie und Kirche aber dem Rhythmus ihrer eigenen Sachlichkeit folgen, dann können und sollen sie getrost die Sprache ihrer Zeit sprechen. Nur, wenn es dem christlichen Glauben gelingt, sichtbar und hörbar zu machen, dass er die Antwort auf die Fragen der Menschen ist und ihrem Leben Sinn gibt, wird er für diese Menschen eine echte Alternative, eine echte Antwort und zugleich wahrhaftiger Glaube sein. In dieser Einsicht liegt die bleibende Aktualität von Paul Tillichs apologetischer Theologie der Korrelation. – Durch Auflösung ihrer ureigenen Sachlichkeit in Unbestimmtheit aber werden Theologie, Kirche und Glaube sich nicht retten können, selbst wenn sie mit dieser Strategie empirisch überleben sollten.

45. INHALTSLEERE REFORMATION:
Konturlose christliche Freiheit

Es stellt sich die Frage, weshalb ein moderner Mensch der Gegenwart Mitglied einer besonderen Kirche sein soll, wenn diese nur das gesellschaftliche Allgemeine, also die Grundwerte der freiheitlich-demokratischen Grundordnung, namentlich die Freiheit des Einzelnen nicht *zu*, sondern *von* bestimmten starken Überzeugungen, verkörpert. – Einmal mehr erinnere ich an Samuel Becketts Bemerkung, dass sich letztlich für nichts interessiert, wer sich nur für alles interessiert.

Es könnte sein, dass der Theologe Jochen Teuffel (*1964) mit folgender Analyse Recht hat: »Da dem gegenwärtigen Protestantismus der evangelische Lehrkonsens im eigenen Pluralismus weitgehend abhandengekommen ist, kann man gemeinsam kaum noch etwas Positives bezeugen (protestare). Der Protestantismus braucht daher die ›liberale‹ Abgrenzung von der römisch-katholischen Kirche, um eine eigene, wenn auch negative Identität auszuweisen. Das Verständnis des Evangelisch-Seins ergibt sich nicht länger über gemeinsame Glaubensartikel. Stattdessen spricht sich die eigene Unbestimmtheit als ein ›Wir sind so frei‹ aus: Wer ›evangelisch‹ ist, muss nicht das glauben oder das tun, was in der römisch-katholischen Kirche gilt. Er ist vielmehr in seinem Gewissen innerlich und äußerlich frei. So hat es ja schon ... Hegel ... gelehrt: ›Dies ist der wesentliche Inhalt der Reformation;

der Mensch ist durch sich selbst bestimmt, frei zu sein.‹«[107]
Je festlegungsfreier und allgemeinverständlicher aber die
Kommunikation des Evangeliums ist, umso weniger vermag sie Menschen unbedingt anzugehen. Wenn Kommunikation alles ist, droht – wie gesehen – ihr Inhalt zweitran-
gig zu werden. Je weniger man als Christ jedoch inhaltlich
beansprucht wird, umso bedeutungsloser erscheint einem
die kirchliche Botschaft. Ihre totale Übersetzbarkeit in
Phänomene des jederzeit von jedem Menschen Erfahrbaren dünnt sie aus. »Der kleinste gemeinsame Nenner des
allgemein zumutbar Bedeutsamen ist aber auf Dauer
nichtssagend.«[108] Eine alles- und nichtssagende Kirche
hat jedoch keine Zukunft, selbst wenn sie eine Zukunft
haben sollte. So sehr Positionsoffenheit und Toleranz gerade in Zeiten des fundamentalistischen Terrors und des
Erstarkens der Feinde der offenen Gesellschaft als großartige humane Errungenschaften unserer pluralitäts-
freundlichen christlich-abendländischen Kultur unbedingt zu würdigen und zu verteidigen sind, so wenig
sind Positionsoffenheit und Toleranz um ihrer selbst willen doch das, was die evangelische Kirche zur Kirche
macht. Sie sind eine Frucht des Evangeliums, aber nicht
Christus selbst.

Näher besehen ist allerdings der deutsche Protestantismus mitnichten nur nichts- und allessagend. Er ist vielmehr vor allem überraschungsarm. Eines seiner größten
Probleme besteht dem Theologen Christian Albrecht

---

[107] Jochen Teuffel, Protestantische Selbstsäkularisierung, in: Christ
in der Gegenwart 68, 2016. Siehe online unter www.christ-in-der-
gegenwart.de/aktuell/artikel_angebote_druckversion?k_beitrag=
4576329.
[108] Ebd.

(*1961) zufolge in der »Berechenbarkeit der Erwartungen«. Als Margot Käßmann (*1958), Botschafterin des Reformationsjubiläums, unlängst von der Zeitung »DIE WELT« gefragt wurde: »Welche Rolle würden Sie der Religion in den Zeiten wie unseren über den persönlichen Glauben des Einzelnen hinaus in der Gesellschaft zuweisen?«[109], musste man ihre Antwort eigentlich gar nicht mehr lesen, weil man auch so ahnen konnte, was sie vermutlich sagen würde: »Gerade in den großen ethischen Herausforderungen unserer Zeit, dem Umgang mit Geflüchteten, die zu uns kommen, aber auch mit Blick auf Sterbehilfe oder die Armut Alleinerziehender ist es gut, wenn unsere Kirche öffentlich die Stimme für diejenigen erhebt, die selbst keine Stimme haben.«

So leicht also Christian Albrecht zufolge prognostizierbar ist, »was der ADAC zur Forderung nach einem Tempolimit sagt, der BDI zu TTIP und die Grünen zur Erleichterung des Hochschulzugangs für bildungsferne Schichten, so vorhersehbar ist, was der EKD-Protestantismus dazu sagt. Es ergäbe sich eine irritierende Störung in der Harmonie des Erwartbaren, wenn Protestanten auch einmal freie Fahrt für freie Bürger forderten, auf die volkswirtschaftliche Bedeutung eines Zugangs zur öffentlichen Auftragsvergabe in den Vereinigten Staaten hinwiesen oder die gezielte Ausbildung von Leistungseliten verlangten.«[110] Faktisch, so Albrecht, übt sich der öffent-

---

[109] Das Interview von Stefan Seewald mit Margot Käßmann trägt im Internet den Titel »In Fragen des Glaubens ist jeder Mensch frei«. Siehe unter https://www.welt.de/sonderthemen/luther-2017/article 159057735/In-Fragen-des-Glaubens-ist-jeder-Mensch-frei.html.
[110] Christian Albrecht, Die Bibel folgt keiner Partei, in: Frankfurter Allgemeine Zeitung, 16. März 2016.

liche Protestantismus aber im Verzicht darauf, »selbstbewusst eigene, liberale oder auch konservative Gegen-
positionen zu artikulieren.« Dabei könnte »in der protestantischen Inszenierung kognitiver Dissonanz«[111] und
Differenz eine heilsam irritierende und überraschende
Position aufscheinen.

Dies wäre freilich nicht nur in sozial-, wirtschafts- und
bildungspolitischer Hinsicht, sondern auch im Blick auf
die genuin theologische Positionalität der Kirche wün-
schenswert. Man stelle sich vor, von den Kanzeln wäre
künftig zu hören, dass die darwinistische Evolutions-
theorie nicht die Wahrheit sein könne – und zwar nicht
aus biblizistischen, die Sechs-Tage-Schöpfung rehabilitie-
renden Gründen, sondern aus kosmologischen und christologischen Überzeugungen heraus, die den göttlichen
Logos als Urkraft des Universums zur Sprache bringen!
Wäre eine solche Position nicht ebenso unerwartbar wie
etwa ein robustes theologisches Bekenntnis zur Unver-
gänglichkeit der Geistseele oder eine Aufforderung zu
selbstbewusster christologischer Kritik am Islam? – Ich
jedenfalls plädiere für einen reflektierten und überzeugenden Bruch mit regelmäßig wiederkehrenden, Desinteresse und Abstumpfung garantierenden protestantischen
Denkmustern – nicht um der Provokation, sondern um
der Vernehmbarkeit der Wahrheit willen.

Der Schriftsteller Franz Kafka (1883–1924) schrieb
am 30. November 1917 in ein Oktavheft: »Der Messias
kommt, sobald der zügelloseste Individualismus des
Glaubens möglich ist – niemand diese Möglichkeit ver-

---

[111] Ebd.

nichtet, niemand die Vernichtung duldet.«[112] Weil das Wirklichwerden dieser Vision identisch wäre mit einem friedlichen Zusammenleben Andersglaubender und Andersdenkender, kann man Kafka nur Recht geben und von ganzem Herzen hoffen, dass dieses Kommen des Messias nahe ist. Auch aus der Sicht eines christlichen Glaubens, der sowohl von Jesus Christus, an den er glaubt, als auch vom Pluralismus unserer Kultur überzeugt ist, wird man ihm nicht widersprechen wollen – insbesondere dann nicht, wenn die Freiheit des Glaubens als Frucht der Rechtfertigung des Sünders begriffen wird. Und man muss eigentlich auch Margot Käßmann Recht geben, wenn sie sagt: »In Fragen des Glaubens und des Gewissens ist jeder Mensch frei.«[113] Aber eint den Protestantismus allein dieses Bekenntnis zur negativen Freiheit von bestimmten religiösen Positionen und zur unendlichen Toleranz gegenüber allen Toleranzwilligen und -fähigen? Bedarf diese negative Freiheit nicht einer positiven Füllung, wenn die Kirche nicht hohl und leer werden will?

So sehr Martin Luthers rechtfertigungstheologische Akzentuierung der Freiheit eines Christenmenschen auch die Entstehung der neuzeitlichen religiösen Individualität und letztlich die Konvivenz der Konfessionen und Religionen befördern half, so wenig war Luthers Freiheitsschrift von 1520 die Programmschrift eines festlegungs- und weltanschauungswahlfreien Individualismus und Pluralismus. Denn frei – so der Reformator – ist und macht allein der gekreuzigte Christus und dessen Selbst-

---

[112] Franz Kafka, Die acht Oktavhefte, Projekt Gutenberg und tradition, Hamburg, o. J., 31.
[113] Margot Käßmann im Gespräch mit Stefan Seewald, a. a. O.

hingabe, die den Menschen aus den Verstrickungen in die Macht der Sünde befreit. Der Mensch ist frei, weil Christus ihn befreit hat. Er ist frei, wenn er Christus, dem freien Menschen, Glauben schenkt und wenn er diesen freien Menschen, über den die Sünde keine Macht hat, in sich Gestalt gewinnen und auch Andere frei sein lässt. Zwar stehen in Luthers Freiheitsschrift Sätze, die auch in Friedrich Schillers (1759–1805) »Don Carlos« und in der Barmer Theologischen Erklärung stehen – Sätze, die sich zur Gedankenfreiheit des Menschen bekennen, über dessen Geist und Seele kein Mensch Macht haben kann noch darf. Aus lutherischer Perspektive ist wirkliche christliche Freiheit aber kein leerer Möglichkeitsraum, den man durch beliebige Überzeugungen füllen kann. Evangelische Freiheit ist vielmehr wesentlich mit einer spezifischen Befreiungserfahrung verbunden, die sich dort einstellt, wo Menschen sich die Passion Christi vor Augen führen und erkennen, dass nur die Liebe des Gekreuzigten, die die stärkste Macht der Welt ist, den Menschen letztlich befreien kann. An der Gestalt Jesu geht Christenmenschen das Licht einer Freiheit auf, die nicht identisch mit jener individuellen Beliebigkeit ist, die eine um ihre christliche Substanz bereinigte evangelische Theologie umstandslos mit Luthers reformatorischer Erkenntnis kurzschließt und identifiziert.

Dass spätestens nach drei Minuten in popularethischen und populartheologischen Diskussionen der Satz zu fallen pflegt: »Das muss jeder für sich selbst entscheiden«, zeigt, wie sehr uns das Leben in einer freien, offenen und pluralen Gesellschaft und die Freiheit, ja Pflicht zum autonomen ethischen Urteil zur zweiten Natur geworden sind. Die in diesem Satz geforderte Freiheit zur Entscheidung ist allerdings weniger eine hilfreiche Freiheit als vielmehr ein Zwang zur Wahl, der Einzelne konstitutiv überfordern kann – zumal dann, wenn sich in dieser Gesellschaft keine Leit- und Vorbilder mehr finden lassen, die für Menschen in Entscheidungssituationen verlässliche Identifikationsfiguren, belastbare moralische Rückenstützen und orientierende Navigationshilfen einer wahrhaft menschlichen Lebenskunst sein könnten. Vor allem aber ist dieser normative Zwang zur Wahl des Beliebigen an sich noch kein evangelisches Phänomen, wenngleich zu beobachten ist, dass der volkskirchliche Protestantismus darauf setzt, diesen Satz zum Hauptsatz seiner Mitgliederbindungsstrategie zu machen – nach dem Motto: »Halten Sie der evangelischen Kirche die Treue! Nur hier können Sie alles glauben und denken, was Sie wollen. Hier kann jeder und jede alles selbst entscheiden – solange es politisch korrekt ist!«

Nicht, dass ich falsch verstanden werde: ich finde es großartig, dass wir in einer aufgeklärten Kultur der freien, auch religiösen Selbstentfaltung leben. Und ich bin stolz darauf, dass der christliche Glaube einer der Geburtshelfer dieser Kultur war. Aber ich bin auch davon überzeugt, dass es in der evangelischen Kirche der Gegenwart über den kleinsten gemeinsamen Nenner negativer Freiheit hinaus starke, geteilte religiöse und metaphysische Überzeugungen geben muss, die sich nicht in den Überzeugungen der menschenrechtlichen Kultur der europäischen Aufklärung erschöpfen und rückstandsfrei darin aufgehen. Der christliche Glaube und die religiöse Existenz haben mehr und Größeres zu bekennen. Wenn der Glaube dies aufgibt und sich ins Wesen der offenen Gesellschaft hinein auflöst, wäre es konsequenter, die evangelische Kirche würde sich als besondere gesellschaftliche Institution auflösen – mit dem ausdrücklichen Hinweis, dass sie in einer Gesellschaft, deren führende politische Parteien christlich-demokratisch, christlich-sozial, sozial-liberal und ökologisch-humanistisch denken und handeln, vollkommen verwirklicht ist und daher fortan nicht mehr als besondere Wirklichkeit innerhalb des gesellschaftlichen Allgemeinen existieren muss. Wenn es sich freilich zeigen sollte, dass die Ideale dieses Gesellschaftsglaubens eines Tages nicht mehr gesellschaftlich verwirklicht oder nicht mehr mit den Mitteln dieser Gesellschaft zu verwirklichen sein sollten, müsste sich diese humanistische evangelische Kirche wieder als gesellschaftlich Besonderes und als kritische Instanz dieser fehlgehenden Gesellschaft materialisieren.

Die *Think Tanks* der Volkskirche der Zukunft werden sich angesichts einer wachsenden Zahl von Kirchenaustritten mit der gewichtigen Frage zu beschäftigen haben, wie Individualismus, geteilte religiöse Überzeugungen, starke metaphysische Vorannahmen und Kirchenbindung zusammengehen können. – Kommt die Beantwortung dieser Frage aber nicht einer Quadratur des Kreises gleich? Oder ist vielleicht tatsächlich die evangelische Kirche der Ort, an dem sich beides – gemeinsamer Glaube an die unbedingte Wahrheit und Individualismus des Glaubens – zugleich verwirklichen lässt? Wenn dem so wäre, dann wäre dies zweifellos die Lösung der Attraktivitätsprobleme der evangelischen Kirche und des christlichen Glaubens, und Glaube und Kirche hätten die große Chance genützt, endlich sichtbar zu machen, wie faszinierend das Christentum in seiner evangelischen Gestalt sein kann.

46. DIE ETHISIERTE KIRCHE:
Stillosigkeit statt Sinn für das Heilige

Ich habe in diesem Buch schon verschiedentlich darauf hingewiesen, dass es mir scheint, als kommuniziere die evangelische Kirche vor allem Sozialmoral, Sozialromantik und bestimmte politische Programmatiken, statt an Gott als Geheimnis, als letzten Grund, als letzten Sinn und als letztes Ziel der Welt zu erinnern. Eine charakteristische Gestalt ethischer Verkündigung droht in der Tradition prophetischer Kultkritik Metaphysik und Ästhetik aus dem Raum der evangelischen Kirche zu verdrängen. Weil sich dieses moralische Bild der Kirche gegenüber ihrem realen Handeln verselbstständigt hat, nehmen Menschen selbst dann an, dass die Kirche nur moralisch mit ihnen kommunizieren möchte, wenn sie es nicht tut. Diese Eigendynamik des moralischen Fremdbildes der evangelischen Kirche ist umso schwerer aufzuhalten, als sie von kirchlichen Akteuren, zu deren Selbstbild es gehört, eine moralische Kirche zu repräsentieren, permanent motorisiert wird.

Paul Tillich hat in seiner »Systematischen Theologie« schon vor mehr als sechzig Jahren darauf hingewiesen, dass in der alttestamentlichen Prophetie, deren vielleicht revolutionärste Kulturleistung die Entdeckung des Ethischen als eigenständige Weltsicht war, eine verhängnisvolle Weichenstellung erfolgte: nur das Ethische verdiente aus der Sicht der vorexilischen Propheten heilig genannt zu werden. Dies wurde durch moralisierende und gesetzliche Auslegungen der Evangelien des Neuen Testaments noch befördert und im neunzehnten Jahrhundert nach Christus durch Immanuel Kants »Kritik der praktischen Vernunft«[114] und durch seine Schrift »Die Religion innerhalb der Grenzen der bloßen Vernunft«[115] vollends zementiert. »Das moralische Gesetz«, so Tillich, »ersetzt das *tremendum* und *fascinosum* der Heiligkeit. Das Heilige verliert seine Tiefe, sein Mysterium, seinen numinosen Charakter.«[116] Im Christentum der Moderne versteht sich nur das Ethische von selbst. Weil Kant Protestant war, erfasste, veränderte und prägte seine metaphysik- und dogmenzermalmende Philosophie den römischen Katholizismus weniger stark als den Protestantismus, in welchem der Sinn und der Geschmack für das Unendliche im Endlichen, die Sensibilität für das Heilige und das Gespür für Stimmungen und für Stil eben in der Tat nicht immer so gepflegt werden, dass Kirche als mystischer Ort der Berührung des Weltlichen durch das ganz Andere erfahrbar würde. Genau diese heilsame Unterbrechung des Alltags, genau diese konkret erfahrbare Transzendierung des wissenschaftlich-rational Weltlichen und auch eine gewisse punktuelle Weltflucht ersehnen aber Menschen, die sich nach Religion und Spiritualität sehnen. Wenn allein das Ethos der alttestamentlichen Propheten und das Ethos Jesu im Sinne von Kants Religionsschrift zur Mitte der Schrift erhoben werden, droht sich das Evangelium

---

[114] Immanuel Kant, Kritik der praktischen Vernunft, hrsg. von Horst D. Brandt und Heiner F. Klemme, Hamburg 2003.

[115] Immanuel Kant, Die Religion innerhalb der Grenzen der bloßen Vernunft, hrsg. v. Bettina Stangneth, Hamburg 2003.

[116] Paul Tillich, Systematische Theologie I, Berlin und New York, 8. Aufl. 1987, 253.

Christi rückstandsarm in Zwischenmenschlichkeit und Humanismus aufzulösen. Am Ende dieser Auflösung kann wie gesehen eigentlich nur die Auflösung der Kirche selbst stehen.

Die moralische Formatierung des Protestantismus hat wie gesehen zur Folge, dass Menschen dem christlichen Glauben und der christlichen, insbesondere der evangelischen Kirche nicht mehr zutrauen, ihre Bedürfnisse nach dem Mystischen und dem Metaphysischen erfüllen zu können. Sie suchen ihr Heil in der Esoterik, im Buddhismus und in katholischen Klöstern. Dass dem so ist, muss sich der Protestantismus zu Recht vorwerfen lassen. Dass er gegenzusteuern sucht, ist daher nur logisch und verständlich. Wenn dies aber so geschieht, dass evangelische Stadtakademien und Erwachsenenbildungswerke alle möglichen fernöstlichen Selbsterfahrungspraktiken theologisch unreflektiert in ihre Programme aufnehmen, um für Sinnsuchende attraktiv zu bleiben, ist dies nicht lobenswert, sondern dann bedenklich, wenn diese spirituellen Formate anstelle der christlichen Spiritualität institutionalisiert werden und auf diese Weise ein eklektizistischer Synkretismus entsteht, der sich einer Haltung verdankt, die von der Spiritualität des christlichen Glaubens letztlich nichts mehr erwartet und dem Christentum – und sei es aus nachvollziehbaren ökonomischen Überlebenssicherungsgründen – additiv und wahllos diverse Spiritualitäten aufpfropft, die allein deshalb interessant und am Ende interessanter als der christliche Glaube selbst zu sein versprechen, weil sie fremd, unvertraut und exotisch sind. Nicht von ungefähr sind die Adressatinnen und Adressaten der evangelischen Bildungswerke oft genug Menschen, die an die Schulmedizin glauben, aber dennoch

Globuli zu sich nehmen und sicherheitshalber auch noch der chinesischen Medizin, schamanischen Energien und ihrem Horoskop vertrauen. Was nichts nützt, kann zumindest nicht schaden.

Ob die evangelische Kirche als spiritueller Ort der Präsenz des Heiligen erfahrbar wird, ist übrigens auch eine Stilfrage. Ich werde mich hüten, an dieser Stelle eine Outfit-Schelte der evangelischen Pfarrer- und Pfarrerinnenschaft vom Zaun zu brechen, aber ich gewinne doch immer wieder den Eindruck, als sei der Protestantismus abgesehen von seiner Kirchenmusikalität in puncto Stil geradezu paralysiert und traumatisiert. Das hat natürlich auch reformationsgeschichtliche Gründe. Weil ästhetischer Stil in der antirömischen protestantischen Kontroverstheologie von Anfang an als heilsunwesentliches Adiaphoron galt und von den reformierten Bilderstürmern vehement bekämpft wurde, wird im Protestantismus auch schlechter Stil in Kauf genommen – und zwar nicht nur in ästhetischer Hinsicht, sondern mitunter auch im zwischenmenschlichen Umgang. Bekanntlich hat das Adjektiv »hässlich« eine ästhetische und eine moralische Dimension.

Der mangelnde Sinn für schlechten und guten Stil im Protestantismus wurzelt wie der mangelnde Sinn für das Schöne aber natürlich auch in der beschriebenen Moralisierung des Heiligen und in der tiefsitzenden, sich im Bildersturm ausagierenden Angst der reformierten Tradition, das sinnlich Schöne könne vom theologisch und ethisch Wahren ablenken. Und in der Tat gilt ja, was der Dichter August Graf von Platen (1796–1835) in seinem Gedicht »Tristan« sagt: »Wer die Schönheit angeschaut mit Augen / Ist dem Tode schon anheimgegeben / Wird für keinen Dienst auf Erden taugen / Und doch wird er vor dem Tode beben / Wer die Schönheit angeschaut mit Augen!«

»Was ist Verführung?«, fragt Hermann Kurzke (*1943) in seiner Thomas-Mann-Biographie: »Die süße, entsetzliche Berührung, von oben kommend, wenn's den Göttern so beliebt: es ist die Sünde, deren wir schuldlos schuldig werden, es ist die Prüfung, die niemand besteht, denn sie ist süß.«[117] Das Schöne droht wie die Liebe, die unkontrollierbar ist, Besitz von uns zu ergreifen. Das Schöne kann geradezu zum Göttlichen werden. Gegen diesen Gott der sinnlichen Verführung hat der Gott des Wortes jedoch kaum eine Chance – es sei denn, das Wort, das mehr ist als Information und mehr als die Wahrheit seines Inhalts, würde stilsicher und sprachmächtig inszeniert und verkündigt.

Gerade die jüdisch-christliche Tradition bekämpfte und verbannte von Anfang an die Gottheiten des Sinnlichen. Gelegentlich wurden diese Gottheiten auch in sterilisierter Form in den jüdisch-christlichen Glauben integriert. Ein Beispiel dafür ist der Marienkult des römischen Katholizismus: Maria, die christliche Gestalt der babylonischen Himmelsgöttin, ist als weibliches Pendant und Partnerin des Vatergottes keine sinnliche Fruchtbarkeitsikone, sondern aller sexuellen Attribute beraubt. Die Marienerotik ist eine sublimierte oder besser gesagt subtile und sublime Erotik. Gerade die Verhüllung weckt, was nicht geweckt werden soll (oder doch?): das Begehren.

---

[117] Hermann Kurzke, Thomas Mann. Das Leben als Kunstwerk. Eine Biografie, München 2001, 462 f.

Die Geschichte der biblischen Verdrängung des Schönen beginnt mit dem alttestamentlichen Bilderverbot[118] und setzt sich mit dem Bildersturm und der konsequenten prophetietreuen Moralisierung des Religiösen in der Aufklärung fort. Dass nach dem Zweiten Weltkrieg der große Stil aus der Bundesrepublik Deutschland, zumal aus dem deutschen Protestantismus, verschwunden ist, hat aber auch noch einen anderen Grund, den der Germanist Karl Heinz Bohrer (*1932) im Trauma des Nationalsozialismus verortet hat[119]. Dass das Nachkriegsdeutschland und der deutsche Protestantismus bis heute ein gebrochenes Verhältnis zum ästhetisch Überwältigenden haben, liegt ganz offenkundig maßgeblich an der Perfektion, mit der die Nationalsozialisten ihr menschenverachtendes Regime als religiösen Kult auch ästhetisch inszenierten.[120] Seither ist großer Stil tabu – auch weil er mit einer Einschüchterungsästhetik einhergeht, die den Menschen klein macht. Der Modeschöpfer Wolfgang Joop (*1944) bemerkte dies im Zusammenhang mit Modetraditionen in Deutschland kürzlich scharfsinnig in einem Interview: »Wir haben keine Tradition, kein Idol, keine Vergangenheit. Die Mode ist hier an dieser unglaublichen Style-Sicherheit der Nazi-Zeit zugrunde gegangen; das kann man 100 Jahre lang als Comic abrufen – perfekter

---

[118] Siehe dazu Ralf Frisch, Islamisch-jüdisch-christlich-abendländische Bildstörungen. Bilder- und Blickverbote in Religion und bildender Kunst, in: Peter Bubmann und Eckart Liebau (Hrsg.), Die Ästhetik Europas. Ideen und Illusionen, Bielefeld 2016, 135–163.
[119] Siehe dazu: Karl Heinz Bohrer, Großer Stil. Form und Formlosigkeit in der Moderne, München 2007.
[120] Siehe etwa: Klaus Vondung, Deutsche Wege zur Erlösung. Formen des Religiösen im Nationalsozialismus, München 2013.

geht es nicht. Und Perfektion ist inhuman. Wir Kinder der Nachkriegszeit, die nichts Perfektes mehr wollten, haben das genau verstanden.«[121]

Alle genannten Faktoren spielen im deutschen Protestantismus der Gegenwart so zusammen, dass im kirchlichen Raum eine im buchstäblichen Sinn sozialdemokratisierte Mehrzweckästhetik dominiert. Man kann dieser Ästhetik wirklich nicht vorwerfen, dass sie den Menschen einschüchtert; allenfalls langweilt sie ihn oder stößt ihn im Falle besonders ausgeprägter Vernachlässigung ab. Zweifellos aber arbeitet diese Ästhetik unterschwellig darauf hin, dass das Heilige ausschließlich als sozialethische Wirklichkeit erfahren werden kann und dass andere spirituelle Sehnsüchte im Raum der evangelischen Kirche allenfalls noch im Hören großer Musik und großer Predigten wach werden können.

Da ich indes nicht glaube, dass großer Stil den Menschen notwendigerweise klein machen muss, plädiere ich nachdrücklich für die evangelische Wiederentdeckung einer Ästhetik, die die Füße der Menschen in Kirchenräumen auf jenen weiten Raum stellt, in dem Leib, Seele und Geist offen werden können für die Gegenwart des göttlichen Grundes des Seins und für das menschliche Geheimnis der Liebe Gottes. Das Ästhetische ist ein Medium. Es kann die vorletzten Dinge für die letzten Dinge durchlässig machen und mystische und metaphysische Erfahrungen auslösen. Wenn das geschieht, verwandelt sich die Kirche in einen Ort, an dem Religion als Sinn und Ge-

---

[121] Simone Herrmann und Oliver Jahn, Immer ein anderer. Interview mit Wolfgang Joop, in: Architectural Digest, Februar 2017. Siehe online unter http://www.ad-magazin.de/ article/wolfgang-joop.

schmack für das Unendliche und für das Endliche ge-
deiht und Menschen Kraft für ihren Alltag schöpfen können.

47. MORALISCHER ATHEISMUS:
Das Wesen der Verkündigung Jesu?

Gegen all das, was ich auf den vergangenen Seiten ausgeführt habe, lässt sich ein sehr starkes Gegenargument in Anschlag bringen. Man könnte nämlich so schlicht wie entwaffnend feststellen, dass die Kirche, der Glaube und die Theologie, die ich mir wünsche, nichts mit dem Christentum und nichts mit Jesus Christus zu tun hat. Wer wolle, so könnte man einwenden, dass sich die evangelische Kirche zu einer Spielart des mystisch-metaphysischen Katholizismus des Hochmittelalters zurückentwickle, müsse sich gesagt sein lassen, dass die Reformation diesen Katholizismus genau deshalb so energisch bekämpft hat, weil er eine zutiefst unchristliche Angelegenheit war. Sich eine Kirche zurückzuwünschen, die dem Wesen dieses mittelalterlichen Katholizismus entspreche, sei deshalb nicht evangelisch, weil es nicht christlich sei. Und nicht christlich sei es deshalb, weil es der Botschaft Jesu von Nazareth zutiefst widerspreche.

Aber war der historische Jesus tatsächlich das Ende von Religion und Metaphysik? War der verkündigte Christus wirklich nur eine theologische Fiktion? Und war die Entstehung der Kirche in der Tat ein bloßes Missverständnis? Ist die rückstandsfreie Auflösung des Christlichen und des Kirchlichen in das Ethische daher die einzig logische Konsequenz der Botschaft Jesu, weil Jesus selbst es war, der den Glauben an Gott noch kompromissloser als die alttestamentlichen Propheten kult- und religionskritisch radikalisierte und in Sozialethik transformierte? Waren alle paulinischen oder lutherischen Versuche, die unbedingte Forderung des Gesetzes dem Evangelium nachzuordnen und ihm dienstbar zu machen, letztlich unchristlich? Und hatten folglich in der Geschichte des Christentums nur jene Recht, die darauf beharrten, das Evangelium müsse als ethisches Gebot und als politisches Gesetz Gestalt gewinnen?

Wenn aber dieser Jesus von Nazareth wirklich der konsequent ethische Mensch, der revolutionäre Religionskritiker und der metaphysikkritische moralische Atheist gewesen sein sollte, als welchen die »Theologie nach dem Tode Gottes«[122] in den sechziger Jahren des zwanzigsten Jahrhunderts ihn wahrnahm, dann steht dieses Buch auf verlorenem Posten. Auf verlorenem Posten stehen dann aber auch alle frommen Christen, deren Frömmigkeit keine legitimerweise christlich zu nennende Frömmigkeit wäre, weil der Christusglaube mit Jesus von Nazareth nichts, aber auch gar nichts zu tun hätte.

Oder verhält es sich doch anders? Konnte Jesus von Nazareth vielleicht nur deshalb so vollmächtig auftreten, weil er sich im göttlichen Grund des Seins geborgen wusste und das unbedingte Vertrauen auf diesen Gott und das Bewusstsein seiner Nähe das Wesen seines Lebens war? Zog Jesus sich deshalb betend an einsame Orte zurück, weil er diesem Gott, den er seinen Vater nannte, nahe sein wollte, um geistliche Kraft für seine Gotteserkenntnis, seine Menschenliebe und sein Erbarmen zu schöpfen? Ist

---

[122] So der Titel eines einflussreichen Buches der Theologin Dorothee Sölle: dies., Stellvertretung. Ein Kapitel Theologie nach dem »Tode Gottes«, Stuttgart 1965.

Jesus von Nazareth am Ende doch das legitime Urbild und Vorbild einer Kirche, die aus der meditativen und kontemplativen Wahrnehmung des göttlichen Seinsgrundes Kraft schöpft, um auch Andere diese Kraft spüren lassen zu können? Und ist die mystische Versenkung in das Bild des gekreuzigten und des auferstandenen Christus am Ende doch die wesentliche Wahrnehmung Gottes und des Menschen?

In einem Gespräch mit Heinrich Bedford-Strohm bemerkte der Schauspieler Edgar Selge (*1948) im Blick auf den muslimischen Vorwurf der christlichen Vergottung des Humanen: »Es gibt in (…) Houellebecqs ›Unterwerfung‹ den Satz, die Idee der Göttlichkeit Christi sei der Grundirrtum gewesen, der unausweichlich zum Humanismus und zu den Menschenrechten geführt habe. Der das sagt, spielt praktisch das christliche Mittelalter aus gegen die Aufklärung. Und an diesem Punkt hat sich bei mir Widerspruch gemeldet. Es ist doch toll, dass die Göttlichkeit Christi zwangsläufig zu den Menschenrechten geführt hat und immer noch führt! Das ist doch nicht gegeneinander aufzurechnen, sondern das gehört zusammen.«[123] Wenn Edgar Selges Beobachtung zutrifft und Gott das Geheimnis des Menschseins und der Menschlichkeit ist, ohne dass sich die Göttlichkeit im Sinne der Religionskritik des Philosophen Ludwig Feuerbach (1804–1872) in der wahren Menschlichkeit erschöpft, dann steht kein Christ, der die ästhetische und die metaphysische Existenz

---

[123] Edgar Selge und Heinrich Bedford-Strohm, Was bedeutet uns eigentlich unsere eigene Kultur? Ein Dialog zwischen Theater und Theologie, in: Jahresbericht der Evangelisch-Lutherischen Kirche in Bayern 2015/2016, hrsg. v. Michael Mädler im Auftrag des Landeskirchenrats der ELKB, München 2016, 22–29, 29.

nicht der ethischen Existenz zu opfern bereit ist, sondern in der Gestalt Jesu Christi die integrale Zusammengehörigkeit beider erkennt, auf verlorenem und unchristlichem Posten.

48. AM HORIZONT:
Die Auflösung der Volkskirche und der
Advent einer neuen Religion

Wenn aber der betende und der glaubende Jesus von Nazareth wirklich die Verkörperung des wahren Wesens des
Menschen und der Kirche wäre, dann wäre die Auflösung
der Dimension des Letzten, die unhinterfragte Akzeptanz
einer säkularen Beschreibung der Wirklichkeit und das
Schweigen von dem, was uns unbedingt angeht und was
höher und tiefer ist als die weltliche Vernunft, fatal. Die
Verwässerung theologischer Inhalte, die geistliche Sprach-
losigkeit begünstigt und zu religiösem Analphabetismus
führt, wäre dann nämlich tatsächlich die Auflösung und
Entleerung des Christlichen und der Anfang vom Ende
der christlichen Religion. Und diese Verwässerung wäre
ein entscheidender Grund dafür, dass die evangelische
Kirche des europäischen Abendlandes weder aus der
kirchlichen Innenperspektive noch aus der nichtkirchlichen Außenperspektive als ein Ort wahrgenommen wird,
an dem spirituelle Erfahrungen gemacht und gedeutet
werden können. Manche Menschen, für die Nächstenlie-
be selbst eine spirituelle, christlich deutbare Erfahrung
darstellt, finden in der Volkskirche zwar noch eine Heimat. Andere sozial Aktive brauchen für diese Gestalt des
Auslebens ihrer Sozialspiritualität aber weder Christentum noch Kirche.

Nicht alle Menschen, die aus der Kirche austreten, treten jedoch aus ihrer Religiosität aus. Sie pflegen diese

vielmehr in der erwähnten charakteristisch modernen, individuellen, diskontinuierlichen und häufig selbstverpflichtungsfreien Gestalt – oder eben in Freikirchen mit höherer religiöser Selbstverpflichtung und näherer emotionaler Bindungsenergie, in welchen sie Erfahrungen des Segens, der Salbung, des Gebets und der Nähe Gottes machen können, die vielen volkskirchlichen Christen und vielen volkskirchlichen Amtsträgerinnen und Amtsträgern in der Regel peinlich oder suspekt sind.

All dies führt zur Frage, ob die christliche Religion in ihrer kirchlich organisierten und institutionalisierten Gestalt überhaupt eine Zukunft hat. Ist die Zeit der vereinsmitgliedschaftlichen Religionszugehörigkeit zu Ende? Ist das abendländische evangelische Christentum selbst am Ende? Hat das öffentlich organisierte Christentum womöglich nur in Gesellschaften, in denen das Evangelium als gesellschaftspolitische Utopie seine Strahlkraft entfaltet, eine Zukunft? Oder bräuchte es, wie Nietzsche schon vor bald einhundertfünfzig Jahren gefordert hat, eine völlig neue Religion? Wie aber sähe diese aus?

Vielleicht dämmert im extremistischen Islam ja gerade eine solche neue Religion herauf, deren nichtreligiöses Pendant jene nihilistischen Haltungen darstellen, die sich von der offenen demokratischen Gesellschaft und ihren Gütern und Werten nichts mehr versprechen und für die auch die Würde des Menschen verhandelbar ist. Eine solche Religion, in der die gesellschaftlich nicht Wahrgenommenen und nicht Anerkannten dadurch auf sich aufmerksam machen, dass sie die Grundfesten dieser Gesellschaft erschüttern und zum Teufel gehen lassen und am Ende sogar so weit gehen, dass sie sich selbst und Andere durch Terror und Gewalt vernichten und in diesem nihi listischen Vernichtungsrausch ein einzigartiges orgastisches Gefühl des Kontakts mit sich selbst und dem Absoluten erleben, in dessen Namen sie zu agieren meinen, wäre nicht nur menschenverachtend. Sie wäre diabolisch. Nicht einmal Friedrich Nietzsche, der *diabolos* der humanistisch-christlichen Moral des Abendlandes, hätte eine solche diabolische Religion gutheißen können.

Nicht weniger diabolisch ist auch die gespenstische Vision einer neuen Religion, die Don DeLillo in seinem bereits erwähnten Roman »*Zero K*« imaginiert. Einige wenige Fanatiker, für die Geld keine Rolle spielt, haben irgendwo in der südrussischen Steppe ein gigantisches Labor errichtet, in dem Menschen sich cryotechnologisch konservieren lassen, um ihrem Tod zu entrinnen. Deren Vertrauen auf eine unbekannte Zukunftstechnologie ist vom Glauben an jene Götter ununterscheidbar, auf die auch die alten Ägypter ihre Hoffnung setzten, wenn die Mächtigsten und Wohlhabendsten von ihnen durch Mumifizierung Unsterblichkeit im Totenreich zu erlangen suchten. Es geht in DeLillos Roman um einen Totenkult, der zugleich ein Technologiekult ist. Der Titel des Buches lässt verlauten, wie hoch die zwischenmenschliche Betriebstemperatur seines Inhalts ist. Einer der Protagonisten von »*Zero K*« offenbart einen Blick in die Zukunft der Menschheit, der auch ein Blick in die Zukunft der Anthropotechnologie unseres und vielleicht jedes Planeten ist: »Irgendwann in der Zukunft wird der Tod inakzeptabel sein – auch, wenn das Leben des Planeten immer gefährdeter wird.«[124] Don DeLillos grandioser

---

[124] Don DeLillo, Zero K, 66: »*At some point in the future, death will become unacceptable even as the life of the planet becomes more fragile.*«

Roman fusioniert Technologie und Religion. Bereits zu Beginn des Buches entspinnt sich zwischen dem technikgläubigen Vater und dem skeptischen Sohn ein Dialog, der das Wesen der gespenstischen Biotechnologie auf den Punkt bringt, der sich Menschen unterwerfen, die sich auf eine Temperatur von »*Zero K*«, also minus 273 Grad Celsius herunterkühlen und einfrieren lassen – in der Hoffnung, eine nichtirdische oder eine unsagbar fortgeschrittene irdische Zivilisation werde sie in irgendeiner fernen Zukunft zum Leben erwecken[125]: »›Glaubensbasierte Technologie. Genau das ist es. Ein neuer Gott. Nicht viel anders, wie sich zeigt, als die alten Götter. Nur wirklich. Und wahr. Ein Gott, der hält, was er verspricht.‹ ›Leben nach dem Tod.‹ ›Letztendlich: ja.‹«

Es sei dahingestellt und vorsichtig angezweifelt, ob die Zukunft tatsächlich einer der beiden beschriebenen Spielarten der Religion gehören wird. Vielleicht sind sowohl der islamistische Kult fanatischer Menschenzerstörung als auch der technophile Kult verzweifelter Selbstkonservierung für eine breitere Mehrheit von Menschen ja doch undenkbar, weil sie zu unmenschlich sind und weil die Menschheit aufs Ganze gesehen eben nicht unmenschlich ist. In beiden imaginierten Visionen fallen der Mensch und seine Menschlichkeit einem Menschen zum Opfer, der letztlich einen Pakt mit dem Teufel schmieden muss, um in einer Gestalt zu überleben, in der nichts mehr an das Ebenbild Gottes erinnert. Das ist womöglich zu viel des Unguten.

---

[125] Ebd., 9: »*Faith-based technology. That's what it is. Another god. Not so different, it turns out, from some of the earlier ones. Except that it's real, it's true, it delivers. ›Life after death.‹ ›Eventually, yes.‹*«

Der französische Philosoph Michel Foucault (1926–1984) prognostizierte vor mehr als fünfzig Jahren, der Mensch werde verschwinden wie am Meeresufer ein Gesicht im Sand.[126] Aber selbst, wenn es so schlimm nicht kommen sollte und auch religiöse oder naturwissenschaftliche Entmenschlichungstechniken den Menschen nicht zum Verschwinden zu bringen vermögen: es könnte sehr wohl sein, dass zumindest die Volkskirche, wie wir sie kennen, keine Zukunft hat. Es könnte sein, dass unser säkulares, vormals christliches Abendland und die Subjekte, welche die Reformation dieses christlichen Abendlandes hervorgebracht hat, so verfasst sind, dass die Prozesse der Distanzierung von der Religion und der Distanzierung Religiöser von der Kirche als unaufhaltsam gelten müssen. Und vielleicht sind diese Distanzierungsprozesse auch deshalb unaufhaltsam, weil die meisten modernen Christenmenschen diese Prozesse gar nicht aufhalten wollen, da sie sich ausdrücklich oder unausdrücklich als Repräsentanten eines europäischen Christentums verstehen, das seinen Weltdeutungsanspruch, sein Wahrheitspathos und seinen Orientierungswillen preisgegeben hat und nurmehr das Hohelied der humanen Menschenzugewandtheit und der freien Selbstentfaltung individueller Weltanschauungsbeliebigkeit singt, seit es »auf den Fortschritt der Wissenschaften mit der Akzentverschiebung von der biblischen Kosmologie zur individuellen Selbstdeutung« und zur Sozialarbeit reagiert und den transzendenten Bezug verloren hat.[127]

---

[126] Michel Foucault, Die Ordnung der Dinge. Eine Archäologie der Humanwissenschaften, Frankfurt am Main 1966, 462.
[127] So Thomas Thiel, a. a. O.

Wenn es stimmt, dass die Reformationen des 16. Jahrhunderts der Anfang vom Ende der Kirche waren, dann dürfte im Blick auf die Reformationsfähigkeit der evangelischen Kirche vorsichtiger Pessimismus angebracht sein. Womöglich wird sich der Knoten der Kirchengeschichte so lösen, dass der Protestantismus, wie er uns heute in organisierter kirchlicher Gestalt erscheint, künftig bestenfalls das ist, was er innerlich ja derzeit schon ist: institutionell unsichtbares humanes Zivilisierungs- und Bindemittel der Gesellschaft, der Politik und der Wirtschaft.

Die sichtbare evangelische Kirche der Zukunft dagegen könnte andere Züge tragen: sie könnte nicht mehr Volkskirche für alle, sondern eine Kirche für diejenigen sein, die inmitten der Gesellschaft, der Politik und der Wirtschaft einen Ort suchen, an dem sich eine Tür zum ganz Anderen und zu einer ganz anderen Erfahrung der Welt und ihrer Gesellschaft öffnet.

49. ABENDLÄNDISCHE KONFRONTATIONEN: Aggressive islamische Religiosität im christlich-religiösen Vakuum

Auf das religiöse Vakuum des Abendlands trifft derzeit die aggressive Religiosität eines überaus kenntlichen und nicht nur in seiner terroristischen Ausprägung konfrontativen, immer mehr zum Feind der offenen Gesellschaft werdenden Islam. Das erzeugt Angst – umso mehr angesichts leerer werdender Kirchen, was nicht heißt, dass diese Angst unbegründet ist. Wenn es stimmt, was Margot Käßmann im Gespräch mit Frank Plasberg (*1957) im TV-Magazin »Hart aber Fair« am 14. September 2015 bemerkt hat: dass Menschen Angst vor vollen Moscheen haben, und wenn die Lösung darin besteht, dass Menschen doch bitte die Kirchen füllen und zu ihrem christlichen Glauben stehen sollten, dann müsste man sich natürlich fragen, wie aus leeren Kirchen volle Kirchen werden können, ob die Sehnsucht nach vollen Kirchen realistisch ist und ob sie das Abendland vom Problem eines militanten Islam zu befreien vermöchten. Wenn aber dies das Ziel wäre, dann wäre der von Maurice Dantec geforderte religiöse Kulturkampf unvermeidlich.

Aber vielleicht wäre ein solcher Kulturkampf ja Ausdruck einer unzureichenden Unterscheidung zwischen der geistlichen und weltlichen Regierweise Gottes. Womöglich lässt sich das Problem der Eindämmung des politischen Islam am adäquatesten nicht durch eine stärker in Erscheinung tretende christliche Religion, sondern nur durch einen stärker in Erscheinung tretenden Staat lösen. Dieser starke Staat darf freilich nicht gegen eine starke Zivilgesellschaft ausgespielt werden, die den vielleicht wirksamsten Schutz gegen radikale politisch-religiöse Gesinnungen darstellt. Allerdings kommen Worte, Haltungen und die Kultur wohlwollender Zwischenmenschlichkeit dort an ihre Grenze, wo zerstörerischen Gesinnungen und Realitäten nur strukturell, also durch die Staatsgewalt ein Riegel vorgeschoben werden kann. Der starke Staat muss also als Instrument der freien und offenen Bürgergesellschaft verstanden werden – als Instrument, das diese Bürgergesellschaft im Sinne von Martin Luthers Obrigkeitsschrift notfalls mit rechtserhaltender Gewalt so schützt, dass in dieser Bürgergesellschaft das friedliche Zusammenleben der Religionen nicht im Namen der Religionsfreiheit gefährdet werden kann.

Aber natürlich kann und darf der Staat gemäß der Logik von Luthers Zwei-Regimente-Lehre nicht dafür sorgen, dass die christlichen Kirchen weniger leer sind, und man wird, wenn man die Möglichkeit einer geistlichen Aufrüstung des Christentums ernsthaft in Erwägung zieht, sehr behutsam und sorgfältig darüber nachdenken müssen, wie damit eine ungewollte fundamentalistische Radikalisierung des Christentums verhindert werden kann, die ja auch eine – wenngleich nicht die wahrscheinlichste – Reaktion auf aggressive islamische Religiositäten darstellen könnte.

A propos leere Kirchen: manche religiös unmusikalischen Zeitgenossen nehmen die Situation, in der Religion ihre Fratze, ihre Schattenseite und ihr Zerrbild, nämlich ihr Gewaltpotenzial zeigt, zum Anlass, der Religion und der Kirche gänzlich den Rücken zu kehren, weil sie Religion nicht als Friedensstifterin, geschweige denn als Opium, sondern entweder als langweilig oder aber als aggressiv betrachten und zur Gegnerin der aufgeklärten, liberalen Gesellschaft erklären. Auch die Einsicht, dass dies ein einseitiges Urteil und ein Missverständnis darstellt, würde an ihrem Entschluss vermutlich nichts ändern.

Viele Christen haben dem nichtchristlichen religiösen Fundamentalismus, aber auch dem zeitgenössischen Atheismus nichts Triftiges entgegenzusetzen, vor allem nicht fundamentale christliche Überzeugungen, die sie in der ersten Person Singular oder in der ersten Person Plural vertreten und artikulieren können oder wollen. Das Einzige, womit die freie, ehedem christlich-abendländische Welt dem religiös sich begründenden Terror derzeit Paroli bietet, ist das tapfere Bekenntnis zur offenen, freizügigen und toleranten Gesellschaft, die individuelles Anderssein und religiöse Differenz begrüßt und schützt. »Sie haben die Waffen. Wir scheißen auf sie. Wir haben den Champagner!«, titelte das religionsfeindliche französische Magazin »*Charlie Hebdo*« mit dem Mut ironischer Verzweiflung in seiner Ausgabe vom 18. November 2015 unmittelbar nach den Anschlägen von Paris. Dieses Bekenntnis verdient Anerkennung, aber es stellt Christen auch vor die Frage, ob sie sich zu mehr bekennen können als zur freiheitlich-demokratischen Gesellschaftsordnung, in der wir heute und hoffentlich auch in Zukunft leben.

50. DER GEKREUZIGTE CHRISTUS:
Gottes letztes Wort zum Thema Religion und Gewalt

Einem geistesgegenwärtigen Protestantismus muss daran gelegen sein, nachdrücklich und theologisch substanziell darauf hinzuweisen, dass die verheerende Liaison von Religion und Gewalt im intoleranten salafistischen Fundamentalismus unserer Zeit nicht das wahre Wesen der Religion offenbart. Das wahre Wesen der Religion offenbart sich vielmehr im Zentrum des christlichen Glaubens, nämlich in der Gestalt des gekreuzigten Jesus von Nazareth, der das Urbild religiöser Gewaltkritik darstellt.

Manche Religionskritiker sehen dies anders[128]. Sie glauben den Ursprung religiös motivierter Gewalt im kalten Herzen der monotheistischen Religion und ihres Gottes aufgespürt zu haben. In der mosaischen Unterscheidung zwischen Wahrheit und Unwahrheit, zwischen Gut und Böse und zwischen Freund und Feind erkennen sie die Ursache der Gewaltausübung gegen Andersdenkende und Andersglaubende. Wenn sie Recht hätten, dann träfe die Religionskritik des alten und neuen atheistischen Humanismus nicht nur den intoleranten dschiha-

---

[128] So etwa Jan Assmann, Monotheimsus und die Sprache der Gewalt, Wien 2006. Vgl. Kurt Flasch, Warum ich kein Christ bin. Bericht und Argumentation, München 2013. Ferner Herbert Schnädelbach, Religion in der modernen Welt. Vorträge, Abhandlungen, Streitschriften, Frankfurt am Main 2009 – und natürlich auch Richard Dawkins, Der Gotteswahn, Berlin 2007.

distischen Islam, sondern jede Religion ins Mark. Denn dann würde nicht nur eine bestimmte Gestalt des exklusiven theologischen Absolutheitsanspruchs Gewalt legitimieren und produzieren, sondern Religion an sich würde aufgrund der ihr innewohnenden Intoleranz gegenüber anderen Wahrheitsansprüchen der Gewalt Vorschub leisten. Wenn aber Gewalt das wahre Wesen der Religion offenbaren würde, dann wäre Religion in der Tat aus Gründen der Humanisierung des menschlichen Miteinanders zu verabschieden, weil sie im Kern menschenfeindlich wäre. An die Stelle von Religion müsste echte Humanität und an die Stelle des Glaubens an das so allmächtige wie blutrünstige Monster Gott müsste das Plädoyer für die Menschenwürde und für ein aufgeklärtes, tolerantes und friedliches Miteinander ohne Religion treten, wie es denn ja auch John Lennon (1940–1980) in seinem berühmten Lied »*Imagine*« besungen hat.

Ich bin allerdings fest davon überzeugt, dass diese Analyse allenfalls die halbe Wahrheit ist, weil sie die Augen vor der innerreligiösen Gewaltkritik, insbesondere vor der gewaltkritischen Pointe der reformatorischen Kreuzestheologie verschließt. Wenn der christliche Glaube, die christliche Theologie und die christliche Kirche mit der Kreuzestheologie Ernst machen, dann müssen sie die Aufgabe wahrnehmen, am Beispiel der Passion Jesu Christi unermüdlich und nachvollziehbar einzuschärfen, dass das Wesen Gottes und das Unwesen lebenszerstörender Gewalt nicht das Geringste miteinander zu tun haben. Was der achristliche Atheismus ins Feld führt, um der Religion ihr Ende zu bereiten, ist in Wahrheit der Anfang des Christentums: die Einsicht, dass die selbstverständliche Zusammengehörigkeit von Religion, Macht und Gott, falsch und verhängnisvoll ist. Nichts anderes als diese Einsicht beschreibt ja Paulus mit seiner Metapher vom Kreuz als Torheit für die Griechen und als Ärgernis für die Juden (1. Korinther 1,18–25). Zugespitzt formuliert: Gerade das Christentum vermag einen tragfähigen und überzeugenden Ausweg aus dem Teufelskreis der Verbindung von Religion, Allmacht Gottes und Gewalt zu weisen, weil Jesus Christus diesen Teufelskreis durchbricht. Der Mann am Kreuz offenbart die Sündenbockmechanismen[129] und fällt dem Rad religiöser, politischer und psychologischer Gewalteskalation in die Speichen. Er zeigt der Welt das wahre Gesicht der Gewalt und zugleich ein neues Gesicht Gottes und des Menschen. Er entschleiert illusionslos die Destruktivität des Menschen und die Abgründe politischer und religiöser Rationalität. Genau darin besteht die Quintessenz der Passions- und Kreuzestheologie.

Diese evangelischen Wahrheiten sollte ein selbstbewusster Protestantismus einem Islam entgegenhalten, in dessen steinernem Herzen die Gewalt wohnt. Der Protestantismus darf keine Angst davor haben, seine kreuzestheologische Gewaltkritik für Gottes letztes Wort zum Thema Religion und Gewalt zu halten.

Ein selbstbewusster Protestantismus darf aber auch nicht vor der erwähnten atheistischen Religionskritik des 21. Jahrhunderts zurückweichen, die Gewalt und Religion identifiziert. Die atheistische Gewaltkritik trifft die christliche Religion schon deshalb nicht, weil sie als Frucht der Passion Jesu selbst a-theistisch und weil ihr Atheismus scharfsichtiger und tiefenschärfer ist als der Atheismus

---

[129] Siehe dazu vor allem René Girard, Der Sündenbock, Zürich 1988.

der Religionsverächter. Denn die Geschichte des jüdisch-christlichen Gottesbegriffs ist eine Geschichte des A-Theismus, weil sie eine Geschichte der Kritik jenes Theismus ist, welcher der Versuchung, auf die dunkle Seite der Macht zu wechseln, durch einen Gottesbegriff Vorschub leistet, der nach dem Ebenbild der Gewalt geschaffen ist.[130]

---

[130] Diese Passage ist ein nahezu wörtliches Zitat aus meinem Aufsatz »Gewalt als Krise der Religion«, a.a.O.

51. KIRCHE OHNE KIRCHENMITGLIED-SCHAFT: Spirituelle Fitnessstudios und heilige Übergangsrituale

Ich glaube nicht, dass das Zeitalter der Religion in religiöser Gleichgültigkeit oder militantem Atheismus zu Ende geht. Ich glaube aber auch nicht, dass der Blutrausch religiöser Gewalt und der religiöse Fundamentalismus die einzig mächtigen Formen gegenwärtiger Revitalisierung der Religion darstellen. Ich nehme vielmehr wahr, dass viele Menschen Religion wieder neu als Inbegriff einer alternativen Wirklichkeitserfahrung entdecken und sich verstärkt danach sehnen, Erfahrungsräume der geheimnisvollen irdischen Gegenwart des Göttlichen aufzusuchen.

Ich nehme aber auch wahr, dass diese Menschen ihrer Verliebtheit in eine bestimmte – vielleicht sogar christliche – Spiritualität nicht durch Kirchenmitgliedschaft Ausdruck verleihen, aber doch gern in den Genuss der traditionellen kirchlichen Übergangsrituale kommen oder für eine begrenzte Zeit spirituelle Krafträume aufsuchen und als religiöse Fitnessstudios nutzen möchten.

Üblicherweise sträuben sich die Repräsentanten und Repräsentantinnen der Institution Volkskirche dagegen, Kirche als punktuelle religiöse Dienstleistung zu begreifen und durch die Zahlungspflichtigkeit ebendieser religiösen Dienstleistungen zu finanzieren. Sie sehen die Gefahr, dass die Kirche dadurch zur Hure werden könnte, wobei allerdings zu fragen ist, ob nicht auch bestimmte volkskirchliche Strategien der Selbsterhaltung als Selbstprostitution der Kirche deutbar sind.

Kirchenmenschen, die mit skeptischem Blick auf eine ausschließlich dienstleistungsorientierte Kirche blicken, befürchten, dass der Gemeinschaftsaspekt von Kirche, die sich in der Verkündigung des Evangeliums und in der Feier des Abendmahls als Leib Christi und als Gemeinde erlebt, in den Hintergrund treten und auf die Gemeinschaft des individuellen Menschen mit Gott reduziert werden könnte. Dass Kirche sich als Gemeinde und als Gemeinschaft versteht, organisiert und institutionalisiert, liegt hauptamtlichen Theologinnen und Theologen und Mitgliedern der Kirchenleitung verständlicherweise auch aus monetären Gründen am Herzen. Denn als Mitarbeitende und Profiteure der Volkskirche können sie naturgemäß nur hoffen, dass diese Volkskirche noch lange Bestand hat und die kirchlichen Versorgungsfonds bis auf Weiteres Sturm und Wellen trotzen.

Wenn es aber so ist, dass gerade die geistlichen Rituale des kirchlichen Christentums als attraktiv und lebensversichernd empfunden werden, warum verwendet die evangelische Kirche dann nicht mehr Energie in deren ästhetische, dramaturgische, sinnliche und emotionale Gestaltung und Intensivierung? Warum investiert die Kirche Jesu Christi nicht mehr Liebe und pastoraltheologische Sorgfalt in die Entwicklung und Kultivierung von geistlichen Formaten und Räumen, welche die sinnsuchenden religiösen Nomaden unserer Gegenwart die Nähe des Heiligen spüren lassen?

Der Theologe Manfred Josuttis (*1936) hat der evangelischen Kirche in Deutschland diese Frage schon vor fünfunddreißig Jahren gestellt.[131] Nicht nur in reformierten, auch in lutherischen Kirchen erlebt man in der Tat meist wenig sinnliche, passionsarme Schwundstufen des Evangeliums, der Mahlgemeinschaft, der Buße, der Taufe, der Trauung, der Bestattung, des Gebets und des Segens. Diese Schwundstufen sind – wie gesehen – auch die Frucht eines Protestantismus, der seit Jahrhunderten mit dem Ästhetischen mehr oder weniger unwillkürlich auf Kriegsfuß steht und daher logischerweise auch einen Hang dazu hat, die liebevolle ästhetisch-liturgische Feier etwa von Kasualien als Adiaphoron, also als heilsirrelevant erachten. Nicht alles aber, was nicht dem Seelenheil dient, verdient einen lieblosen Umgang, der an Vernachlässigung grenzt. Stillosigkeit ist keine unvermeidliche oder gar begrüßenswerte Konsequenz der Nichtheilsnotwendigkeit des Ästhetischen. Der Mensch lebt nicht vom Heil allein, sondern auch vom Wohlbefinden seiner Seele, die die Seele eines Leibes ist, dem körperlich-ästhetisch-atmosphärische Schönheit gut tut. Was nicht schön ist, könne nicht wahr sein, bemerkte der Theologe und ehemalige Benediktinermönch Fulbert Steffensky (*1933) vor einiger Zeit denn auch gesprächsweise – wobei über die eigenartige Schönheit des Gekreuzigten eigens nachzudenken wäre. Die Geschichte der christlichen und der nichtchristlichen Kunst zeugt jedenfalls davon, dass der Gekreuzigte auch ästhetisch faszinierend ist. Das Bild des gekreuzigten Christus ist das stärkste und intensivste Bild der christlichen Kultur – durchaus im Sinne einer Ästhetik des Hässlichen. Es zeigt uns den nicht mehr

---

[131] Siehe etwa Manfred Josuttis, Der Pfarrer ist anders. Aspekte einer zeitgenössischen Pastoraltheologie, München 1982.

schönen Gott und den in ethischer Hinsicht hässlichen Menschen, dessen Gewalt sich am Leib Jesu austobt. Es führt uns erschütternd vor Augen, was Sünde ist, wozu Menschen fähig sind, und dass Gewalt immer eine Niederlage des Menschlichen darstellt. Es zeigt uns aber auch, welchen Weg der Auseinandersetzung mit den lebensvernichtenden Mächten und Gewalten Gott geht: den Weg der beschämenden Liebe.

Mein Plädoyer für die Wiederentdeckung der Ästhetik im Protestantismus ist kein Votum für mehr dekorative Gemütlichkeit im Kirchenraum. Wir können durch das Ästhetische auch irritiert, ja erschüttert werden. Aber auch und gerade das, was uns ästhetisch aufrüttelt, kann uns den Weg ins Innerste des Seins weisen.

Dennoch: das Ästhetische darf auch erhebend sein. Menschen leben dort auf, wo sie dem Schönen begegnen, wo es ihrer Seele gut geht und sie sich wohl befinden. Der Protestantismus läuft von je her Gefahr, dieses Schöne zu vernachlässigen und dasjenige verkümmern zu lassen, was ihn nicht nur am Leben erhalten, sondern wieder ins Herz des Christlichen und ins Herz der Menschen führen könnte. Sicherlich lässt er es auch deshalb verkümmern, weil viele Pfarrerinnen und Pfarrer das Ästhetische für das Uneigentliche halten. Für das Eigentliche halten sie allerdings anders als Martin Luther nicht das lebensrettende, wirklichkeitserschließende und freiheitseröffnende Wort des Evangeliums, sondern das sozialethische Sein und das kybernetische Handeln der Organisation Kirche. In den sakramentalen und nichtsakramentalen Ritualen des Christentums manifestiert sich jedoch die Gewissheit, dass das Heil des Menschen weder kybernetisch noch sozialethisch machbar ist. Gottes Nähe, Gottes Liebe und

Gottes Segen erschließen sich insbesondere jenem Menschen, der sich nicht allein als Tätiger, sondern als Empfangender begreift und Gott in der Haltung der Offenheit, der Selbstzurücknahme, der Empfangsbereitschaft und der Stille begegnet. Diese Haltung des aufmerksamen Empfangens ist die Gegenbewegung zu den vorherrschenden Haltungen der Welt und der Kirche unserer Zeit. Sie ist die wahrhaft metaphysische und die wahrhaft mystische Haltung, weil sie dem Gott, der sich aus der Welt der Moderne zurückgezogen zu haben scheint, Raum lässt und Gott im Raum der Seele und in den mystischen Architektur- und Naturräumen der Welt als Geheimnis der Welt zur Welt kommen lässt. Letztlich ist dieses Geheimnis unaussprechlich. Man kann es mit Worten umkreisen und sich ihm denkend und glaubend annähern. Und doch entzieht es sich. Es zeigt sich am ehesten dem, der es nicht begreifen und entzaubern will, sondern bereit ist, es schweigend zu empfangen.

Der Philosoph Ludwig Wittgenstein (1889–1951) trug dieser Einsicht in seinem »Tractatus Logico-philosophicus« Rechnung. An dessen Ende kapitulierte er als Philosoph vor der Aufgabe, die letzten Dinge vernünftig zur Sprache bringen zu wollen oder zu können. Die einzig adäquate Haltung, dem Metaphysischen und dem Mystischen Rechnung zu tragen, sei das Schweigen: »Es gibt allerdings Unaussprechliches. Dieses *zeigt* sich, es ist das Mystische (...) Wovon man nicht sprechen kann, darüber muss man schweigen.«[132]

---

[132] Ludwig Wittgenstein, Tractatus logico-philosophicus, Werkausgabe Bd. 1, Frankfurt am Main, 7. Aufl., 1990, 85.

Die Idee passiver mystischer Versenkung und die Vorstellung einer gotteserfüllten, sakramentalen Welt können freilich in einer gottesvergessenen, spirituell leeren Welt und in einer Kirche, die Gott nicht empfängt, sondern die unentwegt rackert und schafft, nur Befremden hervorrufen. – Es ist an der Zeit, etwas dafür zu tun, dass die Kirche der Rechtfertigung Gott in sich und für Andere zur Welt kommen lässt.

52. SCHIZOPHRENE SELBSTVERSTÄND-
NISSE: Pfarrer oder Priester?

Die neueste EKD-Kirchenmitgliedschaftsuntersuchung hat unter dem Titel »Vernetzte Vielfalt. Kirche angesichts von Individualisierung und Säkularisierung«[133] wie die Kirchenmitgliedschaftsuntersuchungen vor ihr zu Tage gefördert, dass die evangelische Kirche wesentlich in Gestalt von Personen, weniger aber in Gestalt von Ritualen und Verkündigungsinhalten wahrgenommen wird. Der Protestantismus punktet erwartungsgemäß nicht mit ästhetischen Atmosphären und metaphysischen, sakramentalen oder mystischen Intensitäten, sondern vor allem mit der persönlichen Kommunikation seiner Pfarrer und Pfarrerinnen, die nicht selten als Priester und Priesterinnen erlebt, erfahren oder ersehnt werden, aber ihrem evangelischem Selbstverständnis nach keine Priester sind oder sein wollen. – Oder doch? Gestehen sie dies sich selbst und Anderen gegenüber vielleicht nur deshalb nicht ein, weil es sich um ein protestantisches Tabu handelt, als Pfarrer Priester sein zu wollen? Während in der evangelischen Kirche bei jeder Gelegenheit das Bekenntnis zum Priestertum Aller abgelegt und hochgehalten wird, wagt es kaum jemand, dafür zu votieren, dass das

---

[133] Heinrich Bedford-Strohm und Volker Jung (Hrsg.), Vernetzte Vielfalt. Kirche angesichts von Individualisierung und Säkularisierung. Die fünfte EKD-Erhebung über Kirchenmitgliedschaft, Gütersloh 2015.

besondere Amt des Pfarrers als Priestertum begriffen wird.

Wer als Pfarrer oder Pfarrerin aber gerne Priester oder Priesterin wäre, ohne es sein zu dürfen, könnte auf die Idee kommen, den Wunsch, Führer oder Führerin ins Heilige sein zu wollen, dadurch zu kanalisieren und zu kompensieren, dass er ihn durch die Sehnsucht nach Führungsverantwortung oder zumindest nach Führung ersetzt. Wer die Unfähigkeit oder Unmöglichkeit, geistlich zu führen, durch weltliche Führung sublimiert, isst nicht vom Schwarzbrot Spiritualität, sondern trinkt sozusagen Leitungswasser – womöglich so verdünnt, dass jeglicher *spiritus sanctus* und jedes berauschende Element daraus entwichen sind[134]. Wer kein geistlicher Führer oder keine geistliche Führerin sein kann – sei es, weil er oder sie dieses Bedürfnis abgespalten oder nie empfunden hat –, kann sich dann zumindest damit trösten, eine kirchliche Führungskraft geworden zu sein, auch wenn aus dieser Führung, die sich selbst meist nicht mehr vom Herrn der Kirche führen lässt, viele, wenn nicht alle geistlichen Züge verschwunden sind.

Es bedarf keiner Erwähnung, dass es dennoch zum Selbstverständnis etwa der mittleren kirchlichen Leitungsebene gehört, unentwegt zu unterstreichen, dass es sich beim Amt eines Dekans oder einer Dekanin um einen eminent geistlichen Beruf handelt und dass die, welche ihn innehaben, aus tiefstem Herzen und mit voller Leidenschaft Geistliche sind. Das Zusammenspiel zwischen geistlicher und weltlicher Leitung der Kirche ist aber zu-

---

[134] Siehe Fulbert Steffensky, Schwarzbrot-Spiritualität, Stuttgart 2006.

mal im Protestantismus traditionell keine einfache, sondern vielmehr eine zutiefst schwierige Angelegenheit.
Protestanten haben nicht selten ein zwiespältiges und oft
ungeklärtes Verhältnis zur Hierarchie und zur Wahrnehmung von Macht. Ebenso haben sie nicht selten ein unre-
flektiertes Verhältnis zur geistlichen Dimension kirchlichen Leitungshandelns.

Weil sich das Zusammenspiel zwischen geistlicher
und weltlicher Leitung der Kirche aus systemischen Gründen wie aus Persönlichkeitsgründen oft nicht so leicht realisieren lässt, sollte die Frage erlaubt sein, was aus theologischer und kybernetischer Hinsicht dagegen sprechen
würde, Führungspositionen der mittleren Leitungsebene
zum einen stärker als bisher mit Verwaltungs-, Finanz-
und Rechtsfachleuten zu besetzen und diesen Verwal-
tungsfachleuten und Management-Profis zum anderen
das Amt eines Spirituals, also eines geistlichen Führers
oder einer geistlichen Führerin an die Seite zu stellen.
Strukturell sollte aus meiner Sicht alles dafür getan werden, Pfarrerinnen und Pfarrer in Ruhe und mit ganzer
Kraft und Energie Priesterinnen und Priester sein zu lassen und den Pfarrberuf als geistliches Amt wiederzuentdecken. Es gälte allerdings kirchenrechtlich und organisa-
tional sicherzustellen, dass das weltliche Regiment der
Kirche sich nicht ungeistlich verselbstständigt und am
Ende Menschen ohne christliche Überzeugung die evangelische Kirche leiten. – Aber besteht diese Gefahr nicht
bereits jetzt? Auch die Personalunion von weltlichem und
geistlichem Führungsamt vermag es ja offenkundig nicht
immer zu verhindern, dass – mit Hegel zu reden – das
Allerheiligste aus dem Kirchenregiment entweicht. Fulbert Steffensky hat übrigens scharfsinnig darauf hinge-

wiesen, dass der Protestantismus umso anfälliger für pastorale Klerikalisierung ist, je mehr betont wird, die evangelische Kirche sei weder klerikal noch eine Priesterkirche: »Die Pfarrer und Pfarrerinnen, also die personalen Instanzen, werden umso wichtiger, als Traditionen, Herkömmlichkeiten und selbstverständliche Lehren verblassen. Personale Instanzen werden da wichtig, wo es kaum noch einen Kanon der Lehre und des Verhaltens gibt. Man kann das an dem einfachen Beispiel der Gottesdienste sehen. Sie waren noch nie so klerikal wie heute, und evangelische Gottesdienste sind weit klerikaler als die katholischen. Man kann es schon daran sehen, wieviel ein Pfarrer im Gottesdienst redet. Früher waren er und die Gemeinde einer Tradition und rituellen Vorlagen unterworfen. Seit wir davon freier geworden sind, ist die Gemeinde ganz anders dem Pfarrer und seinen Phantasien ausgeliefert.«[135] – Die protestantische Wiederentdeckung der sakramentalen, rituellen und metaphysischen Dimension des christlichen Glaubens könnte dies verhindern.

---

[135] Fulbert Steffensky, zitiert nach: Jochen Teuffel, a. a. O.

53. EVANGELISCHE PROFESSIONALITÄT:
Sorgfalt, Liebe, Stil, Profil und Konzentration

Die von Fulbert Steffensky beschriebene, trotz der unentwegten Rede vom Priestertum aller Gläubigen faktisch herrschende Dominanz der Pfarrerinnen und Pfarrer in ihren Gemeinden ist dann umso schlimmer, wenn sie mit einer theologischen, spirituellen, ästhetischen, rhetorischen, liturgischen, dramaturgischen und emotionalen Lieblosigkeit einhergeht, für die es keine Rechtfertigung geben kann, auch wenn viele Hauptamtliche immer wieder Überlastung als Grund dieser Lieblosigkeit angeben. Diese Lieblosigkeit ist übrigens nicht mit Dilettantismus zu verwechseln. Man würde dem Dilettantismus damit nicht gerecht. Denn im ursprünglichen Sinn des Wortes »Dilettantismus« steckt zumindest noch die Erinnerung an ein liebendes Tun.

Vielleicht sollten sich die liturgischen und die seelsorgerlichen Akteure der Volkskirche stärker auf das konzentrieren, was sie können und was sie nicht können, was sie tun und was sie besser lassen. Im Raum der Kirche wäre meiner Erfahrung nach weniger manchmal mehr, weil Stil, Aufmerksamkeit, Ernsthaftigkeit und Liebe auch und gerade dann erinnert werden, wenn sie dünn gesät sind. Vielleicht sollten evangelische Geistliche den Mut haben, sich nicht unentbehrlich, sondern gelegentlich rar zu machen, sich zu sammeln und zu konzentrieren, um nicht inflationär Banalitäten zu kommunizieren. Denn eines kann als sicher gelten: Kirchliche und nichtkirchliche

Menschen, die innerhalb des Raums der Kirche Zeugen kirchlichen Redens und Handelns werden, können sehr wohl Ernsthaftigkeit von Banalität unterscheiden – gerade deshalb, weil sie sich danach sehnen, der Banalität und Belanglosigkeit ihres Lebens etwas Substanzielles entgegenzusetzen. Dass nicht wenige evangelische Hauptamtliche zu dieser Unterscheidung offenbar nicht willens und nicht in der Lage sind, ist nicht immer ihnen selbst anzulasten, weil diese Unfähigkeit ja auch in einer theologisch-pastoralen Ausbildung wurzeln könnte, in der theologische, liturgische und ästhetische Sorgfalt und Qualität kirchlichen Denkens, Redens und Handelns nicht groß, sondern klein geschrieben werden.

Auf die sorgfältige und fundierte Ausbildung ihrer Pfarrerinnen und Pfarrer, aber auch ihrer Diakoninnen und Diakone sowie ihrer Religionspädagoginnen und Religionspädagogen wird die deutsche evangelische Kirche der Zukunft aber verstärkt Wert legen müssen – unabhängig davon, in welchem Sinn sie Volkskirche sein will. Sie wird allein schon deshalb darauf Wert legen müssen, weil ihr die Attraktivität kirchlicher Berufsbilder am Herzen liegen muss – und zwar sowohl um der Menschen willen, die diese Berufe ausüben, als auch um der Menschen willen, für die diese Berufe da sind. Dabei gilt es zweierlei im Blick zu behalten: Zum einen muss das Studium einen Raum zweckfreier kritischer Reflexion der Quellen, der Fundamente, der Geschichte und der gegenwärtigen Realität des Christentums eröffnen. Zum anderen muss deutlich werden, dass das Studium in einen kirchlichen Beruf führt. Künftige Prüfungsordnungen müssen sicherstellen, dass das Niveau der akademischen Ausbildung unverändert hoch bleibt. Es ist dafür

Sorge zu tragen, dass die von der bildungs-, geistes- und persönlichkeitszerstörenden Bologna-Reform geforderte Modularisierung der Studiengänge nicht dazu führt, dass das geistliche, theologische und kirchliche Ganze aus dem Blick rückt. Schon in den ersten Ausbildungsphasen sollte durch entsprechende Ausbildungsformate zumal an den kirchlichen Hochschulen darauf geachtet werden, dass das theologische, das diakonische und das religionspädagogische Studium zur Verkündigung des Evangeliums qualifiziert und auf einen geistlichen Beruf vorbereitet. Das Lesen im Buch der Bibel und in den theologischen und philosophischen Büchern der jüdisch-christlich-abendländischen Kulturgeschichte ist im Blick auf die Ausübung eines theologischen, pädagogischen oder diakonischen Amtes im Raum der Kirche dabei ebenso wichtig wie das Lesen im Buch der Wirklichkeit. Um der christlichen Geistesgegenwart willen muss die hermeneutische Kompetenz – also die Fähigkeit zur Wirklichkeitsdeutung – zu einer Schlüsselqualifikation werden. Stärker als bisher sollte bereits die erste Ausbildungsphase des Theologiestudiums die Herausforderungen des Pfarrberufs reflektieren. Es ist Aufgabe kirchlicher Studienbegleitung und Personalentwicklung, bestimmte Gaben noch intensiver als gegenwärtig zu entdecken und zu fördern, ohne die Studierenden ihrer studentischen und akademischen Freiheit zu berauben. In der zweiten Ausbildungsphase wird noch mehr als bisher auf die Entwicklung, Vertiefung und Kultivierung des persönlichen geistlichen Profils und der persönlichen geistlichen Präsenz Wert zu legen sein. Hinsichtlich dieser zweiten Ausbildungsphase sollte auch sorgfältig überprüft werden, ob die Ausbildung zum Generalisten sinnvoll ist. Viel-

leicht wäre es im Sinne einer stärkeren Ausdifferenzierung der geistlichen Ämter und im Sinne der Förderung
individueller Charismen ja angemessener, herausragende
Kompetenzen zu vertiefen, statt weiter jenes Tier zu säu-
gen, das unter dem zwar ironischen, aber gleichwohl das
lieblose Selbstbild vieler kirchlicher Hauptamtlicher prä-
genden Namen »Eierlegende Wollmilchsau« durch den
Protestantismus der Gegenwart geistert.

54. LERNEN DURCH SCHMERZ:
Die Apokalypse als Chance?

Im Blick auf die Zukunft der Volkskirche frage ich mich und Andere manchmal provozierend, ob es nicht noch zu früh sein könnte, um nach der Zukunft dieser Kirche zu fragen und die Weichen für diese Zukunft zu stellen. Ich erinnere nur an Friedrichs Nietzsches Geschichte vom tollen Menschen. Der tolle Mensch zündet am hellen Vormittage eine Laterne an, läuft auf den Marktplatz und schreit unaufhörlich: »›Ich suche Gott! Ich suche Gott!‹ Da dort gerade Viele von Denen zusammen standen, welche nicht an Gott glaubten, so erregte er ein grosses Gelächter.«[136] Sie halten den tollen Menschen für toll, also für verrückt. Wer am helllichten Tag, also in Phasen finanzieller Solidität oder des Nichtwahrhabenwollens der Kirchenaustrittszahlen nach der Kirche der Zukunft Ausschau hält, kann durchaus Gelächter ernten. Und der tolle theologische Denker oder der tolle Kirchenentwickler könnte sich wie Nietzsches toller Mensch im Blick auf das von ihm befürchtete Ende der Volkskirche sagen: »Ich komme zu früh (...) ich bin noch nicht an der Zeit. Diess ungeheure Ereigniss ist noch unterwegs und wandert – es ist noch nicht bis zu den Ohren der Menschen gedrun-

---

[136] Friedrich Nietzsche, Die fröhliche Wissenschaft (1882), Kritische Studienausgabe Bd. 3, hrsg. v. G. Colli und M. Montinari, München, Berlin, New York 1988, 480.

gen. Blitz und Donner brauchen Zeit, das Licht der Gestirne braucht Zeit, Thaten brauchen Zeit«[137].

Könnte es also sein, dass jene, welchen die Zukunft der evangelischen Kirche am Herzen liegt, gar nichts tun können, solange die Volkskirche wie in Kierkegaards Gänseparabel wohlgenährt ist oder es ihr zumindest gelingt, sich einigermaßen durchzuschlagen und durchzuwursteln und ihr Überleben als Institution zu sichern? In der Tat könnten ja die Gelasseneren Recht haben, wenn sie sagen, der Schrumpfungsprozess der Volkskirche sei letztlich ein Gesundschrumpfungsprozess, und man müsse gar nichts tun, sondern abwarten und Tee trinken.

Könnte es sein, dass die Zeit des Tuns erst gekommen sein wird, wenn die Volkskirche wirklich nicht mehr zu retten ist? Könnte es sein, dass der Volkskirche das notwendende Licht erst kurz vor ihrem Ende aufgeht, weil der Mensch tatsächlich nur durch Schmerz lernt? Könnte es sein, dass der tolle Theologe erst dann gehört und gesehen, aber bis dahin für verrückt gehalten wird? Womöglich lässt sich die Volkskirche ja erst beleben und aus dem Schlaf der Sicherheit wecken, wenn sie – wie in manchen Gegenden der neuen Bundesländer – immer bedrängter und marginaler wird, weil sie dann endlich ein deutlicheres geistliches Profil zeigen und ein Kontrastprogramm bieten muss, um auf dem Markt der Sinnstiftungsangebote wahrgenommen und wieder konkurrenzfähig zu werden.

Soll die Volkskirche Jesu Christi also gelassen und voller Gottvertrauen in den Untergang gehen, weil der Dichter Friedrich Hölderlin (1770–1843) Recht hatte, als er in

---

[137] Ebd., 481.

der ersten Strophe seiner Hymne »Patmos« schrieb: »Nah ist/Und schwer zu fassen der Gott. Wo aber Gefahr ist, wächst/Das Rettende auch«[138]? – Aber was oder wer ist das Rettende?

---

[138] Friedrich Hölderlin, Werke in einem Band, auf der Grundlage der Ausgabe v. Günter Mieth, hrsg. v. Hans Jürgen Balmes, München und Wien 1990, 197.

55. SOTERIOLOGIE STATT SELBSTERRETTUNG:
Christ, der Retter, ist da!

Denkt man ernsthaft christlich und folgt man den bisherigen Ausführungen dieses Buches, dann sind das Rettende nicht die Menschen, die die Kirche retten wollen und retten zu sollen glauben. Das Rettende sind nicht Kirchenentwicklungsprogramme. Es ist auch nicht das Geld. Das Rettende ist kein Anderer als Christ, der Retter, selbst. Er wird seine Kirche erhalten – in welcher Gestalt auch immer. Und daher steht am Ende dieser reformatorischen Denkanstöße nochmals ausdrücklich die Relativierung aller – und sei es der ausgeklügeltsten – Selbsterhaltungsstrategien der evangelischen Kirche. Denn es geht nicht um die Selbsterhaltung der Institution Kirche, sondern um das Evangelium Gottes, dessen Geist Formen der Gottesvergegenwärtigung schaffen kann, welche die noch so wackeren, theologisch noch so gut begründeten Kirchenreform- und -umstrukturierungsprozesse womöglich nicht ahnen, geschweige denn zu realisieren vermögen.

Vergessen wir nicht, dass sich Kirche bereits dort ereignet, wo zwei oder drei im Namen Christi versammelt sind und wo ihnen das Licht aufgeht, das sie auch für Andere leuchten lassen: dass die Welt Ausdruck des Heiligen Geistes Gottes und Gott das Geheimnis der Welt ist. Dass dieser Gott nah und schwer zu fassen ist, lässt sich übrigens als kompakteste Verdichtung der vielleicht fundamentalsten christlich-theologischen Einsicht lesen[139]. Gott ist als Grund und Ziel des Seins und als Grund und Ziel der christlichen Kirche und des christlichen Glaubens nahe. Dennoch geht er keiner gesicherten Erkenntnis ins Netz und bleibt Geheimnis des Glaubens. Das ist die Bedrängnis der Christinnen und Christen, die Gott in der Welt der Gegenwart und im Diskurs mit den Leitwissenschaften unserer Epoche zur Sprache bringen und in seiner Kirche Gestalt verleihen möchten. Alles Andere ist daneben Kinderspiel. Die christliche Kirche sollte sich nicht auf das Spielen dieser Kinderspiele – wie sie auch heißen mögen – verlegen, und sie sollte sich nicht mit ihnen bescheiden.

---

[139] Siehe dazu: Michael Welker, Gottes Offenbarung. Christologie, Neukirchen-Vluyn, 2., durchgesehene Aufl., 2012, 20.

56. EVANGELISCH KATHOLISCH:
Eine Verklärung des Mittelalters

Kein Kinderspiel ist es, sich die Zukunft der evangelischen Volkskirche vorzustellen. Wird sie als Kirche des Volkes ein Spiegelbild einer ausdifferenzierten Gesellschaft mit geringen religiösen Bindungsenergien und geringer christlicher Erkennbarkeit bleiben? Oder wird sie anders Kirche für das Volk sein? – Ich will am Ende dieses Buches einmal mehr eine Vision wagen.

Was würde geschehen, wenn die evangelische Kirche dem Wunsch der Menschen nach mehr pastoraler Präsenz tatsächlich entsprechen wollte und dies auch könnte – zum Beispiel, weil die kirchliche Verwaltungsdienstleistungsinfrastruktur so optimiert wäre, dass Pfarrerinnen und Pfarrer nicht mehr nur Sozialmanager und Verwaltungsspezialisten sein müssten, sondern Priester und Priesterinnen oder zumindest Pastorinnen und Pastoren, also geistliche Hirten und Hirtinnen ihrer Gemeinde sein könnten? Was würde geschehen, wenn die haupt- und ehrenamtlich in der Kirche Engagierten dem Priestertum aller Getauften künftig so Gestalt verleihen würden, dass sie sich als quasischamanische christliche Charismatiker und Charismatikerinnen präsentieren, die die heils- und sinnsehnsüchtigen Menschen ins Heilige geleiten und an die Quelle der Antworten auf ihre letzten und tiefsten Fragen führen? Bliebe die Misere der Volkskirche bestehen? Wäre die evangelische Kirche am Ende unversehens katholisch geworden? Und können diejenigen, die sich mit »ihrer« evangelischen Kirche identifizieren, deshalb nicht zulassen, dass es so weit kommt, weil sie eben nicht römisch-katholisch werden, sondern evangelisch-lutherisch oder evangelisch-reformiert bleiben wollen?

Oder sollten Protestantinnen und Protestanten fünfhundert Jahre Reformation am besten und am dialektischsten so feiern, dass sie dem Katholizismus seine stärksten Seiten abluchsen, sie mit den stärksten Seiten der lutherischen Kirchen verbinden und auf diese Weise zu einer wahrhaften Katholizität gelangen? Ich jedenfalls würde eine Ökumene, in der jeder so vom Anderen lernt, dass er die stärksten Seiten dieses Anderen, sofern sie ihn überzeugen, in das Eigene integriert und dennoch nicht aufhört, den Anderen und sich selbst kritisch wahrzunehmen, als bestdenkbares Modell des innerchristlichen Dialogs begrüßen. Sogar im Blick auf den interreligiösen Dialog halte ich diese Ökumene nicht für ausgeschlossen. Dieser Dialog darf dann allerdings nicht so erfolgen, dass die Einen nur mit einem Wunschbild der Anderen kommunizieren.

Die Ironie und die Tragik des Schicksals des aufgeklärten Protestantismus besteht wie gesehen möglicherweise darin, dass die vor fünfhundert Jahren in der Auseinandersetzung mit dem römischen Katholizismus begonnene und als Kontrast zum Katholizismus hinausgeführte Verwirklichung des Projekts einer modernen reformatorischen Kirche mit dem Projekt der Selbstabschaffung dieser Kirche identisch ist. Die evangelische Kirche, die die Welt entsakralisieren und säkularisieren wollte, scheint dazu bestimmt zu sein, in dieser Welt auf- und schließlich unterzugehen. Der Protestantismus wird also, wenn er wirklich zukunftsfähig werden will, nicht umhin können, in sich selbst jene vorreformatorischen Traditionen wiederzuentdecken, die die Wittenberger, vor allem aber die Schweizer Reformatoren der neuen Kirche ausgetrieben haben, als ihrem antirömischen Impetus neben vielem, was für einen authentischen Protestantismus beim besten Willen nicht rettenswert ist, auch die Mystik, die Metaphysik, das Mönchtum und die Klöster zum Opfer fielen.

Wo man sich heute in der evangelischen Kirche der positiven vorreformatorischen Traditionen erinnert oder sie gar beleben will, vollzieht sich dies noch immer in einer gewissen Unsicherheit, der eine gehörige Dosis Scham beigemischt ist. Man fragt sich: Sind wir noch evangelisch, wenn wir uns nach klösterlicher Einkehr, nach Exerzitien, nach Weihrauch und nach Mystik sehnen? Diese Frage ist ernstzunehmen, kann aber aus meiner Sicht gelassen mit Ja beantwortet werden. Denn nicht alles, was die Reformation der Kirche ausgetrieben hat, verdient es, keines protestantischen Blicks mehr gewürdigt zu werden.

Wenn ich mir die fernere Zukunft vor Augen führe, in der die Christen in Europa womöglich eine Minderheit darstellen werden, dann neige ich manchmal dazu, die Hoffnung zu hegen, die getrennten christlichen Konfessionen könnten sich angesichts der zunehmenden antichristlichen und achristlichen Herausforderungen wieder stärker ihrer Gemeinsamkeiten besinnen. Gelegentlich überkommt mich sogar die Versuchung, die Vergangenheit der Kirche des Mittelalters durch eine rosarote Brille zu betrachten und eine – zugegeben verklärte, gleichwohl aber faszinierende – Utopie des Mittelalters in die Zukunft eines noch säkularer werdenden Europas zu projizieren. Ich meine natürlich nicht das finstere Mittelalter der Seuchen, der Armut und des Kampfes ums Überleben. Ich meine nicht das Mittelalter der geistlichen Fürstentümer und der machtzerfressenen Zweiklassenkirche. Ich meine auch nicht das Mittelalter eines degenerierten, dekadenten und korrupten Klerus ohne geistliche Identität. Ebensowenig meine ich das Mittelalter der Kreuzzüge und des Ablasses und das Mittelalter, das weder Individualität noch Religionsfreiheit noch die offene Gesellschaft kannte. Was ich dagegen meine, ist jenes theologisch und spirituell blühende Mittelalter der Klöster, die geistliche, theologische, karitative und wirtschaftliche Gravitationszentren ihrer Zeit waren und in welchen inmitten der nichtchristlichen Landschaften ihrer Welt faszinierende Zentripetal- und Zentrifugalkräfte wirkten. Ich meine das Mittelalter der Mystik, der metaphysischen Reflexion und des theologischen Dialogs mit den aufkeimenden Naturwissenschaften.

Mag dies auch eine belächelnswerte, realitätsverklärende rückwärtsgewandte Utopie sein: ich halte es durchaus für vorstellbar, dass die Zukunft der christlichen Kirche von einer neuen geistlich-theologischen Profilierung und von einer neuen Konzentration auf das Wesentliche geprägt sein könnte, die der Uridee des christlichen Klosters neues evangelisches Leben einhaucht – ein Leben, das nicht von den sogenannten evangelischen Räten, also von Armut und von Gehorsam, von Keuschheit und Ehelosigkeit um des Himmelreiches willen geprägt sein muss, aber von diesen franziskanischen Tugenden geprägt sein kann, wenn es der Gotteserkenntnis, dem Erbarmen, der Gerechtigkeit und der Erfahrung geistlicher Freiheit dient.

Die ersten Klostergründungen in den barbarischen Landstrichen nördlich der Alpen waren missionarische Pionierleistungen der Zivilisierung und Kultivierung der Menschheit. Die Universitäten Europas waren Geschöpfe des christlichen Geistes. Wer weiß: Vielleicht wiederholt sich diese Situation eines spirituellen und intellektuellen Aufbruchs in einer mehr oder weniger fernen Zukunft. Denn dass unsere abendländische Zivilisation trotz ihrer technologischen Möglichkeiten und trotz ihrer avancierten Kommunikationsmedien nicht eines Tages wieder in Barbarei versinkt, halte ich keineswegs für ausgemacht. Ich hoffe, dass die Kirche Jesu Christi voller Energie und voller Kraft des Heiligen Geistes bereit steht und sich nicht längst selbst aufgegeben hat, wenn dieser Tag anbricht.

57. ZUKUNFTSMUSIK: Das Jahr 2068

Die klare Erkenntnis, dass ich die Zukunft der Menschheit über einen bestimmten Tag hinaus nicht mehr erleben werde, hat mich immer schon traurig gemacht. Mit an Sicherheit grenzender Wahrscheinlichkeit werden ich und Sie, die Sie diese Zeilen lesen, im 22. Jahrhundert nach Christus tot sein. Wie es in diesem 22. Jahrhundert und danach um den Homo sapiens bestellt sein, wozu der Mensch sich aufschwingen und in welche Katastrophen und Abgründe er hinabstürzen wird, steht in den Sternen. Wir Heutigen werden nie erfahren, wohin sich unsere Spezies evolutionär entwickeln wird, wie lange der Mensch in der Gestalt, die wir kennen, überleben wird, und ob es ihm gelingt, neue Welten jenseits seines Heimatplaneten zu explorieren und zu besiedeln. Was nach dem Jahr 2100 geschieht, ist und bleibt für uns Science Fiction und Zukunftsmusik, die wir leider – oder Gott sei Dank – nie hören können.

Im Jahr 1819 veröffentlichte der amerikanische Schriftsteller Washington Irving (1783–1859) die erste Kurzgeschichte der amerikanischen Literatur. Sie ist bis heute eine der bekanntesten. Angelehnt an eine deutsche Sage erzählt sie die Geschichte des Bauern Rip Van Winkle, der zur englischen Kolonialzeit in den Bergen New Yorks in einen tiefen Schlaf fällt. Als er nach zwanzig Jahren erwacht, stellt er fest, dass er nicht mehr Untertan des englischen Königs, sondern Bürger der Vereinigten Staaten von Amerika ist.

Wäre es mir vergönnt, ein solcher Rip van Winkle zu sein, nicht zwanzig, sondern sagen wir etwa fünfzig Jahre der Menschheitsgeschichte zu verschlafen und an meinem hundertsten Geburtstag zu erwachen, hätte ich natürlich zu allererst ein brennendes Interesse daran zu erfahren, was aus den mir bekannten, mir ans Herz gewachsenen und geliebten Menschen geworden ist und ob einige davon im Jahr 2068 überhaupt noch am Leben sind. Ich hätte darüber hinaus ein ähnlich brennendes Interesse daran, mich über die naturwissenschaftlichen Entdeckungen und technologischen Erfindungen zu informieren, die der explorierende Geist des Menschen gemacht hat, während ich schlief. Und ich wüsste natürlich gerne, wie es in politischer und kultureller Hinsicht auf unserem Globus aussieht.

Aber nach meinem Erwachen würde mich als Theologe, der ich war und bin, nicht zuletzt auch interessieren, wie es der christlichen Kirche in den vergangenen fünf Jahrzehnten ergangen ist, welche Figur sie mittlerweile macht und ob sie gesellschaftlich und theologisch noch von Belang ist. – Erlauben Sie mir also zum Ende dieses Buches einen spekulativen Blick in die Zukunft. Was wird sein?

Ich fürchte, die sozialen und die politischen Verwerfungen werden im Jahr 2068 weltweit zugenommen haben. Immer mehr Menschen werden an oder unter der Armutsgrenze existieren, während es zugleich immer mehr Menschen geben wird, die in großem Wohlstand und Reichtum leben. Der globale Kampf um Anerkennung, um Ressourcen und Rohstoffe jeglicher Art und um das nackte Überleben wird stärker denn je toben. Weit mehr Menschen als heute werden der Gewalt des Terrors und der aus dem ökologischen Gleichgewicht geratenen Elemente sowie der ökonomischen Perspektivlosigkeit zu entfliehen suchen. Man wird, so fürchte ich, der Völkerwanderungen trotz anfänglich besten christlich-humanitären asylpolitischen Willens nur mit Strategien brutaler und letztlich auch menschenrechtsverletzender Abschottung Herr werden können. Diese Strategien werden in Europa demokratisch legitimiert sein und in nichtdemokratischen Ländern per Dekret durchgesetzt werden. Es wird sich zeigen, dass die linksliberalen und sozialistischen Ideale Luxusphänomene der saturierten Gesellschaften und Nationen der nördlichen und südlichen Hemisphäre waren. Die zweite Hälfte des 21. Jahrhunderts wird als soziale Eiszeit in die Geschichte eingehen. Nicht zwischenmenschliche Wärme, sondern Kälte wird sich als Prinzip der Subjektivität, als Prinzip der Intersubjektivität und als Prinzip der Politik durchgesetzt haben. Der gesellschaftliche Winter wird Realität sein. Die soziale Temperatur wird nicht »Null K« betragen, aber auch nicht herzerwärmend sein.

Im Jahr 2068 hat die Stunde der erbarmungslosen Realpolitiker, aber auch der konservativen Fundamentalisten geschlagen. Der militante politische Islam hat sich in den *failed states*, den gescheiterten Staaten, ausgebreitet. In Europa gehört die Vision einer Europäischen Union, die auf einem gemeinsamen Wertekonsens ruht und zu einer starken, politisch handlungsfähigen Gemeinschaft geworden ist, der Vergangenheit an – auch deshalb, weil die EU an den Identitätsbedürfnissen der Menschen vorbei erstlich und letztlich nur als Wirtschaftsunion konzipiert war. Viele europäische Nationen haben sich isolationistisch oder protektionistisch in sich selbst zurückgezogen. Nach der politischen und humanen Katastrophe der Regierung von Donald Trump, die am Ende des zweiten Jahrzehnts des 21. Jahrhunderts vorzeitig endete, sind die Vereinigten Staaten von Amerika glücklicherweise wieder zur vertrauten Tagesordnung des Wechsels zwischen mehr oder weniger vernünftigen demokratischen und mehr oder weniger vernünftigen republikanischen Präsidentinnen und Präsidenten übergegangen. Bisher ist es Terroristen glücklicherweise nicht gelungen, sich Atomwaffen zu verschaffen.

Die biotechnologische Forschung hat sich, seit mehr und mehr Krebsarten durch Eingriffe in die Keimbahn des Menschen mit der Genschere verhindert und durch in den Körper der Menschen implantierte Nano-Chips frühzeitig diagnostiziert und erradiziert werden können, der Ketten entledigt, welche die Ethik ihr angelegt hat. Immer mehr Menschen setzen, obwohl sie es sich nach dem Zusammenbruch der gesetzlichen Krankenversicherungssysteme immer weniger leisten können, quasireligiöse und quasieschatologische Hoffnungen in den technologischen Fortschritt, der allerdings endgültig als ein Fortschritt offenbar geworden ist, mit dem die moralische Entwicklung des Homo sapiens nicht Schritt halten kann. Weil Leben gemäß der Einsicht Albert Schweitzers (1875–1965) Leben ist, das leben will, grassiert die medizintechnophile Sehnsucht nach individueller physiologischer Unsterblichkeit ebenso wie der Sozialdarwinismus.

Die Zeit der kirchensteuerfinanzierten Mehrheitsvolkskirche ist im Jahr 2068 vorüber. Alle Privilegien der institutionalisierten christlichen Religion in Mitteleuropa sind abgeschafft. Aus der sogenannten hinkenden Trennung von Kirche und Staat ist eine klare und konsequente Trennung geworden. Die Prognose, immer mehr Menschen wären auf spirituelle und metaphysische Sehnsüchte ansprechbar, hat sich nicht bewahrheitet. Die Traditionsabbrüche in den ehedem christlichen Kulturen sind zu Erdrutschen geworden. Nurmehr eine Minderheit in Deutschland versteht sich als christlich. Es gibt geringfügig mehr Christen als Muslime; die große Mehrheit der Bevölkerung lebt und denkt agnostisch. Man kann nicht sagen, dass der Glaube an die Macht des Geldes Züge einer Religion tragen würde, weil immer mehr Menschen auch dem kapitalistischen Narrativ aus Enttäuschung keinen Glauben mehr schenken.

Im Jahr 2068 sucht man vergeblich nach den großen kulturellen Leiterzählungen, die in der Epoche der Moderne Hochkonjunktur hatten. Vielleicht hat die Erzählung von der Persistenz des Körpers, in der eugenische und rassistische Ideen des Nationalsozialismus arglos, als hätte es das Dritte Reich nie gegeben, so unheimliche wie fröhliche Urstände feiern, als einzige Erzählung das Zeug zur Pseudoreligion. Aber ansonsten gibt es in der zweiten Hälfte des 21. Jahrhunderts keine politischen Visionen und keine ethischen Ideen mehr, denen Menschen von Herzen und aus tiefster Überzeugung Glauben schenken könnten. Im Jahr 2068 überleben die großen, sinnstiftenden Erzählungen, in die sich Menschen von jeher eingeschrieben und in denen sie sich verortet haben, um Beheimatung im Sein zu finden, allenfalls in pervertierter Form: als irrationale Fundamentalismen und als bizarre esoterische Weltsichten, durch die immer mehr Menschen einen Salto mortale aus der trostlosen und überkomplexen Welt in eine träumerische Unschuld hinein zu schlagen versuchen. So sehr die Menschen sich im Jahr

2068 an der Hoffnung auf den technologischen Fortschritt festklammern, so sehr blenden sie sich wie Odysseus im homerischen Mythos selbst, um nicht wahrhaben zu müssen, wie es um die Welt bestellt ist. Auch im Blick auf das Jahr 2068 werden Max Horkheimer (1895–1973) und Theodor W. Adorno Recht behalten haben, die am Ende des Zweiten Weltkriegs über ihre Gegenwart äußerten: »Seit je hat Aufklärung im umfassendsten Sinn fortschreitenden Denkens das Ziel verfolgt, von den Menschen die Furcht zu nehmen und sie als Herren einzusetzen. Aber die vollends aufgeklärte Welt strahlt im Zeichen triumphalen Unheils.«[140] Die Menschheit des Jahres 2068 ist nicht in einen »wahrhaft menschlichen Zustand« eingetreten, sondern in eine neue Art von Barbarei. Außerdem ist sie in einen archaisch-reaktionären Aberglauben versunken[141], der sich bestens mit einer zweckrationalen, höchst egoistischen und nach wie vor von Härte gegen sich selbst und Andere geprägten Art zu leben und die Welt zu sehen, verträgt.

Je mehr ich mich nach meinem Erwachen in meiner neuen Gegenwart umsehe, desto unwohler wird mir angesichts der fundamentalen Erosion der humanen Zivilisation zumute. Als Theologiestudent wollte es mir nach der Wende des Jahres 1989 scheinen, als würden sich »Perestroika« und die offene Gesellschaft ob ihrer Unwiderstehlichkeit unweigerlich weltweit durchsetzen. Im Jahr 2068 muss ich erkennen, wie naiv diese Annahme war.

---

[140] Max Horkheimer und Theodor W. Adorno, Dialektik der Aufklärung. Philosophische Fragmente (1944), Frankfurt am Main 1988, 9.
[141] Vgl. ebd., 1ff.

Aber gibt es auch Hoffnungsschimmer in der wenig erhebenden, halszuschnürenden Gegenwart dieses fernen Jahres 2068?

58. EINE NEUE HOFFNUNG:
Kirche mit Sinn für Himmel und Erde

Ja, es gibt Hoffnung – insbesondere aus kirchlicher Sicht. Denn die evangelische Kirche des Jahres 2068 verkörpert eine im besten Sinne öffentliche, ausstrahlungsstarke Theologie – gerade, weil sie nicht mehr um jeden Preis auf sich aufmerksam machen und jedes Bedürfnis erfüllen zu müssen meint. Die Nachfolgeinstitution der ehemals kirchensteuerfinanzierten Mehrheitsvolkskirche ist als Minderheitskirche freier denn je. Viele christliche Gruppierungen, die sich im Jahr 2017 noch der institutionalisierten Volkskirche zugehörig fühlten, haben sich allerdings mittlerweile von ihrer Mutterkirche abgespalten. Aus dem innervolkskirchlichen Pluralismus ist ein Pluralismus verschiedener Kirchen geworden. So kommt es, dass der Protestantismus des Jahres 2068 in zahlreiche Gruppierungen zerfallen ist, die man im Jahr 2017 nicht als Freikirchen, sondern unverhohlen als Sekten bezeichnet hätte.

Dass ich nach meinem Erwachen aus fünfzigjährigem Schlaf ein Fest des euphorischen Nichtwiedererkennens mit meiner Landeskirche und mit der Evangelischen Kirche Deutschlands feiere, hätte ich mir im Jahr 2017 nicht träumen lassen. Was ich in einem Buch dieses Jahres beklagte, gehört im Jahr 2068 der Vergangenheit an. Was ich im Jahr 2017 vermisste, ist Wirklichkeit geworden. Der Protestantismus des Jahres 2068, der unlängst 550 Jahre Reformation gefeiert hat, hat sich seiner stärksten

Ressourcen besonnen und seine besten Seiten kultiviert. Weil es keine Volkskirche mehr gibt, die Angst um ihre Privilegien haben und Kompromisse eingehen müsste, die ihre christliche Substanz bröckeln lassen, kann die evangelische Kirche jenen Unterschied machen, der sie endlich als faszinierende Alternative zum Geist ihrer Zeit erscheinen lässt. In einer Welt, die nicht mehr an Ideale glaubt und keine Visionen mehr hat, erinnert sie an den wahren Menschen. In einer Welt, in welcher der Name Gottes vorwiegend von Fundamentalisten und Terroristen im Munde und im Schilde geführt wird, erinnert sie an Gott als Macht der Liebe, als Geist des Lebens, als Grund des Seins und als Mut zum Sein. In einer Welt, deren offene Gesellschaften gefährdeter sind denn je, erinnert sie an eine ungekannte und beschämend befremdliche, von Offenheit und Toleranz geprägte friedliche Zwischenmenschlichkeit. In einer Arbeitswelt, die Menschen ermüdet und ausbrennt, eröffnet sie klösterliche Räume der Einkehr und der Unterbrechung des Alltags auf Zeit. Zugleich leitet sie Menschen zu spirituellen Exerzitien im Alltag an. Sie nimmt es ernst, dass sie eine Kirche der letzten Dinge ist und kultiviert theologisches Nachdenken im Dialog mit jenen, die über die letzten Dinge ins Gespräch kommen möchten. Das karitative und diakonische Herz der Kirche der Zukunft ist so weit, wie es von jeher war. Allerdings hat sich die evangelische Kirche des Jahres 2068 stärker als in den Jahrhunderten und Jahrzehnten zuvor in Räume und an Orte zurückgezogen, an welchen sie die Kraft sammeln kann, die sie braucht, um Kirche für jene sein zu können, die sie suchen.

Die Kirche des Jahres 2068 erschöpft sich nicht in inflationärer Präsenz und in verschleißender Relevanzdemonstration, sondern konzentriert sich. Wer sie aufsucht, für den ist sie da – was nicht heißt, dass sie nicht punktuell auch dort in Erscheinung tritt, wo sie am nötigsten ist, ohne dass die Menschen, denen sie hilft, ausdrücklich nach ihr verlangen würden. Die Phantasie der Allzuständigkeit hat sie aufgegeben, weil sie sich als Kirche des Evangeliums stärker denn je daran erinnert, dass die Welt trotz allem, was sie bedroht, gerettet ist und die evangelische Kirche daher weder die Welt noch sich selbst retten muss. Die Kirche des Jahres 2068 finanziert sich insbesondere durch die Spenden jener, welchen sie am Herzen liegt, weil sie das ganz Andere zur herrschenden Welterfahrung und zur herrschenden Weltanschauung verkörpert. Das Herz der Kirche des Jahres 2068 schlägt in geistlichen Zentren, in die sie ihre großen Kirchen und Bildungsorte verwandelt hat. Die Kirche des Jahres 2068 hat einen Sinn für die Menschen und einen Sinn für den Himmel und die Erde. Neu gebaute Kirchen sind Architekturen des offenen Himmels. Der Blick in den Kosmos und aus dem kosmischen Raum auf die Erde erinnert die Menschen der Zukunft daran, wie kostbar, zerbrechlich, wunderbar und schutzwürdig der Mensch und sein blauer Planet sind. Christen und Christinnen meditieren in den mystischen Räumen der Kirche des Jahres 2068 nicht nur das Bild des gekreuzigten Christus, der bis ans Ende der Welt im Leiden und in der Liebe ist. Sie meditieren auch das Bild des blauen Erdballs im Schwarz der kosmischen Nacht.

59. DAS LETZTE WORT: Liebe

Was im Jahr 2017 zu selbstverständlich war, als dass man hätte ermessen können, wie unselbstverständlich es doch in Wahrheit ist, wird im Jahr 2068 so unselbstverständlich sein, dass eine Kirche, die die Erinnerung an Gott und den Menschen und an die große christliche Erzählung bewahrt, aufsehenerregender denn je in Erscheinung tritt: als Zeitkapsel, als Flaschenpost und als Keim des Glaubens, der Hoffnung und der Liebe. – Wer weiß: Vielleicht hat die deutsche evangelische Kirche ihre beste Zeit noch vor sich.

Und so bin ich denn im Jahr 2068 trotz allem, was mich angesichts der Welt des späten 21. Jahrhunderts entsetzt, todtraurig und unglücklich macht, glücklicher in die evangelische Kirche verliebt als je zuvor.

Gott sei Dank.